2015 年度中国婚姻家庭研究基金项目
项目编号：15YB03

基层群众性自治组织干预家庭暴力运行机制研究

On the Operation Mechanism of the Intervention
in Domestic Violence
by the Grassroot Mass Autonomous Organizations

卢文捷 著

人民法院出版社 | People's Court Press

图书在版编目（CIP）数据

基层群众性自治组织干预家庭暴力运行机制研究 / 卢文捷著. --北京：人民法院出版社，2019. 12
ISBN 978-7-5109-2719-5

Ⅰ.①基… Ⅱ.①卢… Ⅲ.①群众自治—基层组织—干预—家庭问题—暴力行为—研究—中国 Ⅳ.①D669. 1

中国版本图书馆CIP数据核字（2019）第282997号

基层群众性自治组织干预家庭暴力运行机制研究
卢文捷 著

策划编辑 李安尼
责任编辑 邓 灿
出版发行 人民法院出版社
地　　址 北京市东城区东交民巷27号（100745）
电　　话 （010）67550691（责任编辑） 67550558（发行部查询）
65223677（读者服务部）
客服QQ 2092078039
网　　址 http：//www.courtbook.com.cn
E- mail courtpress@sohu.com
印　　刷 河北鸿祥信彩印刷有限公司
经　　销 新华书店

开　　本 787毫米×1092毫米 1/16
字　　数 210千字
印　　张 14.75
版　　次 2019年12月第1版 2019年12月第1次印刷
书　　号 ISBN 978-7-5109-2719-5
定　　价 45.00元

目　录 contents

引　言 foreword

家庭暴力是世界各国普遍存在的一种不良社会现象。为了遏制和消除家庭暴力，许多国家和地区都在积极开展反对家庭暴力的立法活动。相对于域外立法，我国的反对家庭暴力立法起步较晚，并且经历了较为漫长的一个过程。从 1996 年 1 月的湖南省中共长沙市委办公厅和长沙市人民政府办公厅联合制定的我国第一个反对家庭暴力的地方政策文件——《关于预防和制止家庭暴力的若干规定》起，直到 2015 年 12 月第十二届全国人民代表大会常务委员会第十八次会议正式通过的《反家庭暴力法》，我国的反对家庭暴力立法进行了整整 20 年。在这 20 年的漫长跋涉中，从地方立法的初步尝试到国家立法的正式颁行，反对家庭暴力的法律制度从无到有，立法层级越来越高，立法内容逐渐丰富，家庭暴力干预体系日臻完善。特别是《反家庭暴力法》的颁行，标志着我国在法律层面上已经初步形成了一个较为科学完善的家庭暴力干预体系。

在我国不同层次的反对家庭暴力立法中，无论地方立法，还是国家立法，这些法律、法规与政策文件都将居民委员会与村民委员会作为重要干预主体纳入其所建构的家庭暴力干预体系。根据《宪法》与《城市居民委员会组织法》《村民委员会组织法》之规定，居民委员会与村民委员会并非国家机关，而是基层群众性自治组织。它们是城市居民与农村居民实现自我管理、自我教育、自我服务的一种有效途径。这充分表明它们在家庭暴力干预中的重要性。

然而，这些反对家庭暴力的立法均无关于居民委员会与村民委员会干预家庭暴力的运行机制，仅规定居民委员会与村民委员会应当劝阻、调解家庭暴力，以及配合其他干预主体开展相关家庭暴力干预活动等，至于它们在家庭暴力干预体系中的法律地位、具体功能与主要职责等重要问题都未予以明确。这就使得立法过于简单粗疏、缺乏可操作性，以致居民委员会与村民委员会无法在家庭暴力干预中发挥积极作用，难以达到预期干预效果，只能流于一种形式。因此，为了有效预防和制止家庭暴力，充分发挥居民委员会与村民委员会在家庭暴力干预中的积极作用，需要对它们干预家庭暴力的相关问题进行深入系统的研究，明确它们在家庭暴力干预体系中的法律地位，建立它们干预家庭暴力的工作机制和保障机制，以促进《反家庭暴力法》的立法宗旨早日实现。

导　论　关于基层群众性自治组织一般理论的初步认识

基层群众性自治组织包括居民委员会与村民委员会两种组织形式。尽管它们不是国家机关，但在社会治理中发挥着十分重要的作用。这是我国反对家庭暴力立法将它们纳入家庭暴力干预主体范畴的根本原因。为了深入系统地研究基层群众性自治组织干预家庭暴力，首先有必要对其进行一番初步了解。

一、基层群众性自治组织的概念阐释

在我国制宪史上，基层群众性自治组织这一概念首见于我国1982年宪法，即现行《宪法》。《宪法》第111条第1款规定："城市和农村按居民居住地区设立的居民委员会或者村民委员会是基层群众性自治组织。"这是《宪法》从国家根本大法的层面上明确定位居民委员会与村民委员会的法律地位。依据这一规定，我国分别制定了《城市居民委员会组织法》与《村民委员会组织法》，基层群众性自治组织制度得以具体化，为居民委员会与村民委员会的健康发展提供法律保障。其中，《城市居民委员会组织法》第2条规定："居民委员会是居民自我管理、自我教育、自我服务的基层群众性自治组织。"《村民委员会组织法》第2条规定："村民委员会是村民自我管理、自我教育、自我服务的基层群众性自治组织。"这两部法律进一步明确居民委员会与村民委员会的非国家机关的法律性质。然而，无论《宪法》，还是《城市居民委员会组织法》与《村民委员会组织法》，均未对基层群众性自治组织这一概念予以立法释明。

根据《宪法》和《城市居民委员会组织法》《村民委员会组织法》的有关规定，所谓基层群众性自治组织，是指依照有关法律规定，以城乡居民一定的居住地方为组带和范围设立，并由居民选举产生的成员组成，实行自我管理、自我教育、自我服务的社会组织。[①]它包括以下几个方面的含义：

（一）在性质上，基层群众性自治组织属于一种社会组织

就其性质来看，基层群众性自治组织并非国家政权基层组织，而是一种社会组织。根据《宪法》第30条规定，我国行政区域划为：（1）全国分为省、自治区、直辖市；（2）省、自治区分为自治州、县、自治县、市；（3）县、自治县分为乡、民族乡、镇。由此可见，在我国的省、县、乡三级基本行政区划中，乡是最基层的行政区划。那么，与之相匹配的最基层政权组织就是乡一级的政权组织。因此，居民委员会与村民委员会不是国家的一级政权组织和行政组织，也不是国家机构的派出机关或者附属机构，而仅仅是群众性自治组织，通过依法设立的属于自己的一套组织系统的运行[②]的一种社会组织。它处于整个社会的最基层，来自基层群众，服务于基层群众，是由特定范围内的人民为了实现自我管理、自我教育和自我服务而依照相关法律规定成立的群众性组织，在性质上实属一个社会团体。

（二）在设立上，基层群众性自治组织必须依据法律规定

就其设立来看，尽管基层群众性自治组织不是国家基层政权组织，但其必须依法设立。首先，《宪法》从国家根本大法层面为基层群众性自治组织的产生和存在提供宪法依据。然后，《城市居民委员会组织法》与《村民委员会组织法》对居民委员会与村民委员会的组成、任务（职责）、选举、居（村）民会议以及民主管理和民主监督等有关具体事宜做出明确规定。这就保障居民委员会与村民委员会作为基层群众性自治组织存在的合法性。

（三）在范围上，基层群众性自治组织限于城乡地区居民

就其范围来看，基层群众性自治组织的设立以城乡居民一定的居住地方为纽带和范围。换言之，居民委员会与村民委员会以地区为建设组织单位，

---

① 周叶中主编：《宪法》，高等教育出版社2011年版，第218页。

② 刘雅斌：《基层群众性自治组织的宪法定位》，载《黑龙江省政法管理干部学院学报》2012年第3期。

凡属于一定范围内的居民则被纳入相应的居民委员会或者村民委员会。这就将基层群众性自治组织同其他社会组织区分开来。

（四）在产生上，基层群众性自治组织通过民主程序选举

就其产生来看，基层群众性自治组织不是根据国家或者上级政府的有关指令产生，而是由其城市居民和农村居民通过民主选举程序选举产生。并且，居民委员会与村民委员会的组成成员全部来自城市居民和农村居民内部。对于基层群众性自治组织而言，城乡居民不仅是其产生的群众基础，而且是其服务的特定对象。

（五）在运行上，基层群众性自治组织通过自治途径完成

就其运行来看，基层群众性自治组织具有极强的自治性，即自我管理、自我教育和自我服务。上级政府部门同居民委员会与村民委员会之间并不存在直接的领导与被领导的关系，仅是指导与被指导的关系。一方面，基层人民政府对居民委员会与村民委员会的工作给予指导、支持和帮助，但不得干预依法属于其自治范围内的事务。另一方面，居民委员会与村民委员会应当在上级政府部门的指导下开展具体工作，可以向基层人民政府反映居民或者村民的意见、要求和提出建议。

二、基层群众性自治组织的法律属性

《宪法》与《城市居民委员会组织法》《村民委员会组织法》将居民委员会与村民委员会定位为基层群众性自治组织，使它们的法律属性得以明确化，即表现为基层性、群众性、自治性与民主性等四个特性。

（一）基层性

基层性是基层群众性自治组织的表征属性。从整个国家治理结构的层级上来看，基层群众性自治组织处于社会最基层，其主体为最基层的城市居民和农村居民。因此，它立足于基层，为本居住地区的群众办理公共事务。具

体而言，一是从组织构成上看，居民委员会与村民委员会的成员都由社会最基本单元——个人组成，每个社会成员都平等地参加该自治组织。二是从组织系统上看，居民委员会与村民委员会都只存在于居住地区范围内。它们都没有上级组织，更没有地区性的、全国性的统一组织。[①] 三是从自治内容看，居民委员会与村民委员会的工作都是居民居住范围内的公共事务和公益事业，并不涉及其他领域。

（二）群众性

群众性是基层群众性自治组织的构成属性。居民委员会与村民委员会的组成人员并非公职人员，而是来自基层群众、由群众选举产生。居民委员会组成成员由本居住地区全体有选举权的居民或者由每户派代表选举产生；也可根据居民意见，由每个居民小组选举代表二至三人选举产生。村民委员会组成成员则由村民直接选举产生。

（三）自治性

自治性是基层群众性自治组织的本质属性。基层群众性自治组织不从属于国家机关，也不受基层政权的直接领导，具有自身组织的独立性。[②] 它依据“由城乡居民依法办理自己事情”的立法宗旨，通过自我管理、自我教育、自我服务实现基层自治。其中，居民是自治主体，居民委员会与村民委员会则是自治组织形式。[③] 它们不具有国家强制力，主要通过说服教育的方式开展相关工作。

（四）民主性

民主性是基层群众性自治组织的表达属性。《村民委员会组织法》第 2 条规定：“村民委员会……实行民主选举、民主决策、民主管理、民主监

---

① 周叶中：《宪法学》，法律出版社 1999 年版，第 248 页。

② 卫学莉：《基层群众性自治组织职能定位与优化》，载《人民论坛》2015 年 9 月中旬刊。

③ 刘雅斌：《基层群众性自治组织的宪法定位》，载《黑龙江省政法管理干部学院学报》2012 年第 3 期。

督。"《城市居民委员会组织法》并未像《村民委员会组织法》那样明确规定民主运行机制，但其第1条"为了……促进城市基层社会主义民主"的规定以及第11条"居民委员会决定问题，采取少数服从多数的原则。居民委员会进行工作，应当采取民主的方法，不得强迫命令"的规定均体现出民主作风。这些规定就是保证人民群众直接行使民主权利、实现人民群众基层自治的法律表达。

三、基层群众性自治组织的具体形式

（一）基层群众性自治组织的设立

1. 基层群众性自治组织设立的法律依据

基层群众性自治组织设立的法律依据源于《宪法》第111条第1款之规定。这是基层群众性自治组织制度建立的宪法依据。

尽管基层群众性自治组织不是国家机关，但与之密切相关的城乡基层社会是人民群众的日常生活空间，是人们操持日常生计、进行社会交往和互动的场所，也是人们获得精神支持、进行心理慰藉的精神领域。[①]这就决定居民委员会与村民委员会是基层社会治理的基本单元，是人们社会生活的共同体和基本平台，[②]在社会治理中具有不可替代的重要作用。基层和谐是社会和谐的基础，《宪法》从根本大法层面赋予基层群众性自治组织存在的合法性，以保障居民委员会与村民委员会在社会治理中发挥重要作用，从而实现基层社会和谐。

2. 基层群众性自治组织设立的构成要素

根据《宪法》第111条第1款之规定，基层群众性自治组织设立在城市居民和农村居民的居住地区。这表明设立居民委员会与村民委员会应当考虑的基本要素，即地域、居民与居住地区。三者必须同时具备，缺一不可。

---

① 赫莉：《多元参与与城乡基层社会治理》，载《甘肃社会科学》2013年第6期。
② 陈顺洪：《中国基层社会治理体制创新研究》，湘潭大学2014年硕士学位论文。

（1）地域。

地域即指城市与农村，这是区分居民委员会与村民委员会的地理因素。由于城市居民和农村居民的生产方式不同，则决定居民委员会与村民委员会的具体职责必然存在一定的差异性。

（2）居民。

居民即指城市居民和农村居民，这是区分居民委员会与村民委员会的主体因素。居民必须符合这样几个基本条件：一是长期定居；二是在当地就业或者从事生产经营；三是生产经营方式的差别。这三个基本条件便将城市居民与农村居民区分开来。其中，表明职业特征的第三个条件是区分城市居民与农村居民的关键因素。

（3）居住地区。

居住地区即指一定的聚居范围，这是区分居民委员会与村民委员会的纽带因素。人类自古以来就以群居为业，聚居在一定范围的地区内从事生产劳动。因此，人们赖以生活与生产的这个地区便成为连接居民情感与精神的地缘纽带。

不过，需要注意的是，在设立居民委员会与村民委员会时，不能依据这三个基本要素将一定范围内的人们指定于某一个区域之内便草草了事，尚需深入考量不同地域的自然条件与历史文化、居民的民族成分与生活习俗等情况。往往的，这些要素影响着城乡社会的和谐与稳定，亦是不容忽视的要素。换言之，地域、居民与居住地区为设立居民委员会与村民委员会的外部结构，自然条件、历史文化、民族成分、生活习俗则是其内在聚力。只有将内外要素有机统一起来，才能保障居民委员会与村民委员会设立的客观化与科学化。

因此，根据上述三个基本要素，对于居住在城市一定范围内的居民，设立居民委员会；对于居住在农村一定范围内的居民，则设立村民委员会。

（二）基层群众性自治组织的形式

根据《宪法》第111条第1款的规定，基层群众性自治组织包括两种具体形式，即居民委员会与村民委员会。《城市居民委员会组织法》与《村民委员会组织法》根据这一规定，分别建构较为完善的居民委员会制度和村民委员会制度。但是，《宪法》《城市居民委员会组织法》与《村民委员会组织法》均未对居民委员会与村民委员会的概念予以立法释明。

在此，我们可以借鉴基层群众性自治组织的概念对居民委员会与村民委员会予以定义。所谓居民委员会，是指依照有关法律规定，以城市居民一定的居住地方为纽带和范围设立，并由居民选举产生的成员组成，实行自我管理、自我教育、自我服务的基层群众性自治组织。所谓村民委员会，是指依照有关法律规定，以农村居民一定的居住地方为纽带和范围设立，并由村民选举产生的成员组成，以民主选举、民主决策、民主管理、民主监督的方式实行自我管理、自我教育、自我服务的基层群众性自治组织。

（三）基层群众性自治组织的职责

《宪法》从根本大法层面明确基层群众性自治组织的法律地位，由《城市居民委员会组织法》与《村民委员会组织法》分别规定居民委员会与村民委员会的具体职责。

在《城市居民委员会组织法》中，通篇没有居民委员会职责的规定，仅有居民委员会的任务。而《村民委员会组织法》则在“村民委员会的组成和职责”一章中规定村民委员会的职责。依照《现代汉语词典》的释义，“任务”是指定担任的工作，指定担负的责任。“职责”是职务和责任，其中的“职务”是指规定应该担任的工作。这两个词汇的内涵没有什么不同。并且，对比居民委员会的任务与村民委员会的职责，二者的具体内容大体上相同。那么，同为基层群众性自治组织负担的工作内容，为何《城市居民委员会组织法》将其称作“任务”，《村民委员会组织法》却称之为“职责”？这种差异的根本原因同二者所处立法年代以及立法技术水平有关。《城市居民委员会组织法》制定于1989年12月，改革开放之初的立法工作刚刚起步不久，立法技术不够成熟，以致不能精准把握法律概念。而《村民委员会组织法》制定于1998年11月，并于2010年修订，经过多年的立法活动，立法经验较为丰富，立法技术已经达到较高程度，则可精准把握法律概念。

1. 居民委员会的职责

根据《城市居民委员会组织法》第3条规定，居民委员会应当履行以下任务：

（1）宣传宪法、法律、法规和国家的政策，维护居民的合法权益，教育居民履行依法应尽的义务，爱护公共财产，开展多种形式的社会主义精神文明建设活动。

（2）办理本居住地区居民的公共事务和公益事业。

（3）调解民间纠纷。

（4）协助维护社会治安。

（5）协助人民政府或者它的派出机关做好与居民利益有关的公共卫生、计划生育、优抚救济、青少年教育等项工作。

（6）向人民政府或者它的派出机关反映居民的意见、要求和提出建议。

此外，根据第4条之规定，居民委员会应当开展便民利民的社区服务活动，可以兴办有关的服务事业。

2. 村民委员会的职责

根据《村民委员会组织法》第9条规定，村民委员会应当履行以下职责：

（1）宣传宪法、法律、法规和国家的政策。

（2）教育和推动村民履行法律规定的义务、爱护公共财产。

（3）维护村民的合法权益。

（4）发展文化教育。

（5）普及科技知识。

（6）促进男女平等。

（7）做好计划生育工作。

（8）促进村与村之间的团结、互助。

（9）开展多种形式的社会主义精神文明建设活动。

（10）支持服务性、公益性、互助性社会组织依法开展活动，推动农村社区建设。

此外，如果是多民族村民居住的村，村民委员会应当教育和引导各民族村民增进团结、互相尊重、互相帮助。

第一章　基层群众性自治组织干预家庭暴力的立法进程

我国的反对家庭暴力立法经历了一个渐进过程，即首先始于地方政策文件，然后是地方法规，再到国家综合立法，最后才是国家专项立法。在立法层级上，大体上可分为地方立法和国家立法两个层面。其中，地方立法包括地方政策文件和地方法规，我国目前已有22个省、自治区、直辖市出台了专门预防和制止家庭暴力的地方性法规，7个省级地方制定专门性政策，90余个地市制定了反对家庭暴力的政策文件。[①]国家立法则包括综合立法和专项立法，前者有《婚姻法》《妇女权益保障法》《老年人权益保障法》《未成年人保护法》和《残疾人保障法》等，后者为《反家庭暴力法》。因此，居民委员会与村民委员会作为家庭暴力干预主体从最早进入反对家庭暴力立法视野，到后来随之经历了这样一个渐进过程。

第一节　基层群众性自治组织干预家庭暴力的地方立法

一、立法表现

居民委员会与村民委员会干预家庭暴力的地方立法包括地方政策文件与地方法规。

（一）地方政策文件

面对频发不止的家庭暴力，在国家尚未制定反对家庭暴力法律的情况

① 陈丽平：《反家暴法草案送审稿已报国务院：访全国妇联权益部部长蒋月娥》，载《法制日报》2014年6月3日，第3版。

下，一些政府部门、公安局、人民检察院、人民法院、妇联等单位积极行动起来，联合制定反对家庭暴力的政策文件，以预防和制止家庭暴力、保护受害人。

1996 年 1 月，湖南省中共长沙市委办公厅和长沙市人民政府办公厅联合制定《关于预防和制止家庭暴力的若干规定》（以下简称《长沙规定》）。这是我国第一个反对家庭暴力的地方政策文件。其中，第 2 条规定："各级基层行政机关、乡镇、街道的人民调解委员会、村委会、居委会，要及时调处婚姻、家庭矛盾，防止矛盾激化，预防家庭暴力行为的发生。"这是居民委员会与村民委员会第一次被官方正式确定为家庭暴力干预主体，充分表明它们在家庭暴力干预中的重要性，具有里程碑意义。

1997 年 6 月，浙江省湖州市公安局、人民检察院、人民法院、司法局、市总工会、妇联等联合制定《湖州市预防和制止家庭暴力行为的若干规定》（以下简称《湖州规定》）。其中，第 2 条规定："乡镇（街道）、村（居）委会、厂矿企事业单位调解委员会、司法办、各级工会、妇联等群团组织应及时调解婚姻家庭矛盾，预防家庭暴力行为的发生。"

1999 年，安徽省安庆市社会治安综合管理委员会、人民法院、人民检察院、公安局、司法局、妇联等联合制定《安庆市预防和制止家庭暴力的规定》（以下简称《安庆规定》）。其中，第 2 条规定："各级基层行政机关、企事业单位及村、居委会调解委员会，要及时化解婚家庭矛盾，避免矛盾激化，防止家庭暴力行为的发生。"虽然该条中并未直接使用居民委员会与村民委员会的概念，但"村、居委会调解委员会"是居民委员会与村民委员会的组成机构，代表居民委员会与村民委员会行使调解民间纠纷的具体职能。

此外，杭州、温州、保定、唐山、邯郸、廊坊、秦皇岛、济南、青岛、烟台、东营、泰安、扬州、无锡、镇江、盐城、淮阴、淮北、铜陵、马鞍山、西安、上饶、遂宁、巴彦淖尔盟等地市也先后出台关于预防和制止家庭暴力的政策文件，其中都有关于居民委员会与村民委员会干预家庭暴力的规定。

尽管这些政策文件并非纯粹意义上的法律，最多可将其视为广泛意义上的规范性法律文件，但它们的顺势诞生和成功实施，不仅为预防和制止家庭暴力、保护受害人提供了合法依据，而且为有序、有效地开展地方立法工作提供了必要的准备工作和积累了重要的立法经验，在我国反对家庭暴力立法的历史进程中具有划时代意义，成为我国反对家庭暴力立法的肇始。

（二）地方法规

随着反对家庭暴力的地方政策文件的实施，进一步推动了省、自治区、直辖市反对家庭暴力立法活动的蓬勃开展。

湖南省是我国第一个制定反对家庭暴力地方法规的省份。2000 年 3 月，湖南省人大常委会通过我国第一部反对家庭暴力的地方法规，即《关于预防和制止家庭暴力的决议》(以下简称《湖南省决议》)。它对于反对家庭暴力立法具有深远历史意义，不仅开启了轰轰烈烈的反对家庭暴力的地方立法序幕，而且推动了我国反对家庭暴力立法进程。之后，四川、河北、辽宁、海南、重庆与内蒙古等省、直辖市、自治区先后通过预防和制止家庭暴力条例、规定或者决议。这些反对家庭暴力的地方法规都将居民委员会与村民委员会纳入家庭暴力干预体系，要求居民委员会与村民委员会在其职责范围内做好预防和制止家庭暴力工作。具体而言，主要包括四个方面：第一，开展法制宣传教育，增强公民的法制观念、道德观念和防范家庭暴力的法律意识、维护自身合法权益意识，提高自我保护能力。第二，及时调解家庭纠纷，化解矛盾，防治和制止发生家庭暴力行为。第三，家庭暴力受害人本人或者委托他人提出请求的，应当予以劝阻、调解。对调解无效或者矛盾激化的，应当及时采取相应措施或者报警。第四，根据诉讼需要，应当如实提供有关证明。

同地方政策文件相比，这些地方法规的进步性主要表现在这样几个方面：一是立法层次更高。地方法规的立法主体都是省级立法机关，是地方最高立法机关，立法层次明显高于地方政策文件。二是内容愈加丰富。在这些地方法规中，关于居民委员会与村民委员会干预家庭暴力的条款数量多于地方政策文件的相关规定。例如，《河北省预防和制止家庭暴力条例》有5个条款，《辽宁省预防和制止家庭暴力规定》有3个条款，《海南省预防和制止家庭暴力规定》有7个条款，《内蒙古自治区预防和制止家庭暴力条例》有5个条款。条款数量的增加，拓宽了立法空间，丰富了立法内容，相关规定得以具体化，并在较大程度上增强可操作性，有利于这些地方法规发挥积极作用。三是完善婚姻立法。这些地方法规多颁行于《婚姻法》修订之后，地方立法机关根据《婚姻法》关于禁止家庭暴力的原则性规定，制定本地区反对家庭暴力的地方专项立法，在一定程度上弥补了《婚姻法》的立法不足。总之，这是我国反对家庭暴力立法层级上的第一次飞跃，在反对家庭暴力立法进程中具有承前启后的深远意义。

二、立法评价

（一）地方立法的价值

尽管地方立法层级较低，但其率先进行反对家庭暴力的探索立法，价值弥足珍贵。

1. 树立居民委员会与村民委员会的家庭暴力观念

在我国反对家庭暴力的地方政策文件出台之前，家庭暴力尚非严格意义上的法律概念，在当时任何一部法律中都找不到家庭暴力的有关规定。直到《长沙规定》的颁布，家庭暴力方得首次出现在我国的规范性法律文件中。尤为可贵的是，《湖南省决议》首次对家庭暴力概念予以释明，即第13条规定："本决议所称家庭暴力，是指发生在家庭成员之间的、以殴打、捆绑、禁闭、残害或者其他手段对家庭成员从身体、精神、性等方面进行的伤害和摧残行为"。并且，在《婚姻法》修订之后出台的不少地方法规还参考《最高人民法院关于适用〈中华人民共和国婚姻法〉若干问题的解释（一）》［以下简称《婚姻法解释（一）》］专门就"家庭暴力"的含义予以立法释明。从此以后，家庭暴力在我国正式成为一个法律概念。这就使得包括居民委员会与村民委员会在内的所有家庭暴力干预主体通过这一法律概念正确认识家庭暴力现象，树立家庭暴力观念，准确判断家庭暴力行为，了解干预家庭暴力的必要性与紧迫性。

2. 确定居民委员会与村民委员会干预家庭暴力地位

尽管地方立法机关居于我国立法体系的较低层次，但其属于国家一级立法机关，其立法权源于国家授权，代表国家针对地方事务开展相关立法活动，其所立之法充分反映国家意志。这些地方立法都将居民委员会与村民委员会同国家公权力机关一并纳入家庭暴力干预主体范畴，不仅表明居民委员会与村民委员会在干预家庭暴力中的重要性，而且意味着干预家庭暴力并非只是国家公权力机关的分内事务，而是需要各方面社会力量的共同积极参与。因此，这就初步确立居民委员会与村民委员会的干预家庭暴力地位，为它们积极开展家庭暴力干预工作提供基本法律依据。尤其是《长沙规定》开启居民委员会与村民委员会干预家庭暴力的立法先河，为其以后的地方立法和国家立法提供了借鉴经验。

3. 促进居民委员会与村民委员会积极干预家庭暴力

公民的个人生活具有私密性，除非依据法律规定且在特定条件下，否则包括国家公权力机关在内的任何他人不得擅自介入公民私人生活。尤其是人们长期以来都将夫妻之间或者家庭成员之间的矛盾纠纷视为家务事，即使夫妻之间大打出手或者父母对子女拳脚相加，也常会被以清官难断家务事的借口而消极待之，以致愈加放纵家庭暴力。而这些地方立法明确规定预防和制止家庭暴力，帮助人们正确认识家庭暴力的违法性，改变人们长期以来对于家庭暴力的错误看法，彻底打破数千年来“法不入家门”的传统思想。通过明确规定居民委员会与村民委员会以及其他干预主体的各自职责，积极地推动干预主体及时介入家庭纠纷，不仅实现了国家公权力依法适时介入公民私人生活，而且为居民委员会与村民委员会干预家庭暴力提供了法律依据，有利于化解家庭矛盾，预防发生家庭暴力，可以为家庭暴力受害人提供及时救济。

（二）地方立法的不足

尽管地方立法值得充分肯定，但其亦有不足之处。

1. 立法机关层级明显偏低

我国立法体制是一元多层次的立法体制，即以国家宪法为基础的统一的一元化的基础上，有中央和地方两个大的层次。[①] 由于地方立法机关在国家立法体系处于较低层级，同国家立法机关相比，其所制定的规范性法律文件的效力偏低。尤其是地方政策文件，并不属于法规。根据上位法与下位法冲突之优先适用上位法原则，这些地方性规范性法律文件一旦同国家相关立法发生冲突，则陷入不能适用的困窘。并且，地方法规的效力范围仅限于该立法主体所及的相应行政区划，其适用的广泛度和影响的广泛性受到限制。

2. 规范性文件名称不统一

尽管各地都是针对预防和制止家庭暴力的立法，但在相关规范性文件的命名上却存在决议、规定与条例之别，给人一种难以辨析的眼花缭乱之感。

《立法法》赋予我国以统一宪法为核心的一元多层次立法体制下的不同层级地方立法机关相应的立法权，但却并未对不同层级立法机关所立之法的名称予以统一规范。毕竟不同层级立法机关的立法权限不同及其所立之法的适用范围不同，所立之法的名称应当有所区别，以示法律适用范围及其效力之不同。而同一层级立法机关所立之法，虽然适用于其各自行政区域，但因其处于相同的立法层级，所立法之法的名称应当统一，以保障立法的严谨性、规范性、统一性和科学性。然而，《立法法》并未对地方立法的名称问题予以规范。

《行政法规制定程序条例》在一定程度上弥补了《立法法》的这一立法缺陷。依照该条例第 4 条第 1 款之规定，行政法规的名称一般称“条例”，也可以称“规定”“办法”等。第 2 款规定，国务院各部门和地方人民政府制定的规章不得称“条例”。“条例”“规定”与“办法”作为行政法规的名称，各有不同。其中，“条例”是地方立法名称中适用最为广泛的，一般是

① 沈宗灵主编：《法理学》，北京大学出版社 2009 年版，第 251 页。

在国家没有直接上位法的情况下，由地方立法机关制定的，全面、系统调整及规范特定社会关系、某一方面领域的地方性法规。“规定”是对某一事项或者特定内容做局部调整、专项规范的地方性法规。调整范围较小、内容比较单一是规定的主要特征。“办法”是为了贯彻、实施国家法律而结合当地实际制定的执行性和操作性地方性法规。[①]然而，同为地方立法机关，同是关于预防和制止家庭暴力的立法，湖南省人大常委会和四川省人大常委会称之为“决议”，辽宁省人大常委会和海南省人大常委会称之为“规定”，河北省人大常委会和内蒙古自治区人大常委会则称之为“条例”。这种规范性文件名称的不统一，在一定程度上体现出立法态度的不严谨。我们以为，即使《立法法》对地方立法的名称未予明确，但法律的严肃性和权威性则要求同层级地方立法机关在制定相同法律规范时，相互应当予以参照与借鉴，保持法律规范名称的相一致。

3. 突出表现为原则性规定

综观这些规范性法律文件，除了内蒙古、海南等个别省、自治区的条例与规定的内容较多外，早期的地方法规一般都只有十几个条款，甚至有的还不足十个条款，地方政策文件表现尤为突出。由于条款较少，立法空间有限，地方立法规定仅是粗疏的框架式立法，多为原则性规定，未能建立起居民委员会与村民委员会干预家庭暴力的运行机制，只是在宏观上明确居民委员会与村民委员会应当做好预防和制止家庭暴力工作，至于它们应该具有什么样的具体职责、如何做好预防和制止家庭暴力工作，以及预防和制止家庭暴力不力时应当承担什么样的不利法律后果等诸项具体问题，并未进一步予以明确化、具体化与详尽化，缺乏可操作性，只能成为倡导性规范，在一定程度上削弱居民委员会与村民委员会干预家庭暴力工作的积极作用，难以收到预防和制止家庭暴力成效。

---

① 赵立新:《地方性法规名称初探》，载《吉林人大》2014 年第 8 期。

第二节　基层群众性自治组织干预家庭暴力的国家立法

一、立法表现

（一）国家综合立法

1. 国家综合立法的肇始

国家层次的反对家庭暴力立法始于2001年4月28日修订的《婚姻法》。《婚姻法》修正案明确禁止家庭暴力，并规定对家庭暴力受害人的救助措施和加害人的法律责任。这是我国第一次在基本法层面对家庭暴力问题作出的明确回应，也是我国自湖南省制定第一个反对家庭暴力地方法规以来，在一年有余的时间内，实现反对家庭暴力立法的又一次重大飞跃，成为国家反对家庭暴力立法的里程碑，具有标志性意义。从此，家庭暴力成为国家法律禁止的行为，反对家庭暴力立法得到进一步的深化和发展。

2001年《婚姻法》修正案关于家庭暴力的规定共有5个条款，即第3条第2款、第32条第3款第（2）项、第43条、第45条、第46条第（3）项。其中，同居民委员会与村民委员会干预家庭暴力有关的立法规定只有三个条款，即第3条第2款与第43条第1款、第2款。第3条第2款规定："禁止家庭暴力。"第43条第1款、第2款规定："实施家庭暴力……受害人有权提出请求，居民委员会、村民委员会以及所在单位应当予以劝阻、调解。对正在实施的家庭暴力，受害人有权提出请求，居民委员会、村民委员会应当予以劝阻。"这三个条款共同构成《婚姻法》视阈下的居民委员会与村民委员会干预家庭暴力体系。当然，这个干预体系较之14年之后（即2015年12月27日）出台的《反家庭暴力法》所建构的居民委员会与村民委员会干预家庭暴力体系稍显粗陋。这主要在于：一是《婚姻法》作为关于婚姻家庭关系的基本准则，其所调整的婚姻家庭关系具有综合性和全面性，不可能对禁止家庭暴力的规定着力过多。否则，有失偏倚而导致婚姻立法结构的失衡，严重影响婚姻立法的质量和效果。二是《婚姻法》关于禁止家庭暴力的规定属于综合性立法，无法像专项反对家庭暴力立法那样做到系统化、具体化、详尽化，使其具有较强的可操作性，但还是尽其所能地设计家庭暴力救济条款，以便于为受害人提供相关救济。这对于仅有51条的《婚姻法》修正案来说，在其极为有限的立法空间中，能够拿出3个条款为居民委员会与村民委员会干预家庭暴力建构这么一个干预体系已属不易。因此，尽管这个干预体系还有诸多不尽人意的地方，但《婚姻法》将居民委员会与村民委员会作为家庭暴力干预主体纳入家庭暴力干预体系，表明国家已经充分认识到它们在干预家庭暴力中具有无以替代的绝对优势和重要作用。特别的,《婚姻法》第一次将居民委员会与村民委员会干预家庭暴力提升至国家层级法律上来，一方面，以国家基本法律形式正式确立它们在家庭暴力干预体系中的地位；另一方面，赋予它们工作职责的新内涵，使得干预家庭暴力成为它们的一项法定职责。这为居民委员会与村民委员会开展家庭暴力干预工作提供了国家层级法律上的直接依据，对于它们及时介入家庭纠纷有效干预家庭暴力起到积极的促进作用，将更有利于发挥它们干预家庭暴力的积极性和有效性。

2. 国家综合立法的发展

（1）修订相关法律。

《婚姻法》修正案颁行之后，反对家庭暴力的国家综合立法进入蓬勃发展阶段。随后修改的《妇女权益保障法》《未成年人保护法》《残疾人保障法》和《老年人权益保障法》等法律均增加关于禁止家庭暴力的规定。在此需要特别指出的是，尽管这些法律属于保护妇女、未成年人、残疾人与老年人等特殊主体的专项立法，但因这些法律涉及受保护特殊主体多方面的权益，而禁止家庭暴力仅是关涉人身权益中的一个具体方面，故从这个角度将这些法律作为本研究框架下的综合立法。

①《妇女权益保障法》。2005年8月28日修订的《妇女权益保障法》第46条1款、第3款规定："禁止对妇女实施家庭暴力""公安、民政、司法行政等部门以及城乡基层群众性自治组织、社会团体，应当在各自的职责范围内预防和制止家庭暴力，依法为受害妇女提供救助。"这是我国首次关于居民委员会与村民委员会针对特定人群干预家庭暴力的立法规定。透过该条款可见，一是其中并未出现"居民委员会"与"村民委员会"的概念，而是表述为"城乡基层群众性自治组织"。毫无疑问，在我国现阶段，城乡基层群众性自治组织即是对居民委员会与村民委员会的概括性称谓。但是，我们以为，不同立法涉及相同问题时，后立之法一定要对先立之法进行认真的考察研究，彼此之间应该就此问题有所照应。否则，不仅凸显立法不严谨，而且造成法律概念的混乱。不过，"城乡基层群众性自治组织"的表述并不影响居民委员会与村民委员会在《妇女权益保障法》视阈下干预家庭暴力中的应有作用。二是同《婚姻法》相比，《妇女权益保障法》扩大干预家庭暴力的主体范围，增加民政部门、司法行政部门与社会团体等干预主体，使得家庭暴力干预主体更加广泛与多元。这种多机构合作模式形成了立体式的家庭暴力干预体系，将更加有利于预防和制止家庭暴力。

②《未成年人保护法》。2006年12月19日修订的《未成年人保护法》第10条第2款规定："禁止对未成年人实施家庭暴力"，第48条规定："居民委员会、村民委员会应当协助有关部门教育和挽救违法犯罪的未成年人，预防和制止侵害未成年人合法权益的违法犯罪行为。"单就第48条来看，关于违法犯罪的立法规定，似乎同第10条第2款并无太大关系。然而，作为一个具有完全独立人格的自然人，未成年人合法权益的内容包括人身权益与财产权益两个方面。对未成年人实施家庭暴力则是侵害其人身权益，当然属于"侵害未成年人合法权益的违法犯罪行为"。因此，居民委员会与村民委员会协助有关部门预防和制止侵害未成年人合法权益的违法犯罪行为，固然包含干预家庭暴力。另外，作为家庭成员中的一员，未成年人遭受家庭暴力

的，其作为受害人也可以基于《婚姻法》第 43 条之规定向居民委员会与村民委员会提出救助请求。

③《残疾人保障法》。2008 年 4 月 24 日修订的《残疾人保障法》中，只有第 9 条规定“禁止对残疾人实施家庭暴力”，并无关于居民委员会与村民委员会干预家庭暴力的规定。众所周知，对残疾人实施家庭暴力者，只能是与其共同生活的其他家庭成员。如果残疾人遭受家庭暴力侵害的，可以直接适用其他相关法律规定向有关干预主体提出救助请求。其中，首先是《婚姻法》，也可以视具体情况而选择结合适用《妇女权益保障法》《未成年人保护法》或者《老年人权益保障法》。因此，针对残疾人的家庭暴力干预主体应当包括居民委员会与村民委员会。

④《老年人权益保障法》。2015 年 4 月 24 日修订的《老年人权益保障法》第 25 条规定：“禁止对老年人实施家庭暴力”。第 75 条规定：“……对老年人实施家庭暴力的，由有关单位给予批评教育……”然而，该立法规定并未对干预家庭暴力的主体予以明确化和具体化，仅以“有关单位”概而括之。那么，“有关单位”到底应该包括哪些具体单位？由于《老年人权益保障法》是专门针对保障老年人合法权益的专项立法，它并不影响老年人合法权益在其他相关法律中可以获得同样保护。因此，除自然人外，凡是其他相关法律规定的家庭暴力干预主体都属于广义上的“有关单位”。居民委员会与村民委员会理当被纳入“有关单位”之列。当老年人遭受家庭暴力侵害时，其可以根据《婚姻法》第 43 条第 1 款、第 2 款之规定，有权向居民委员会与村民委员会提出救助请求。

（2）出台操作规范。

尽管《婚姻法》《妇女权益保障法》《未成年人保护法》《残疾人保障法》和《老年人权益保障法》等法律都明确禁止家庭暴力，且多有居民委员会与村民委员会干预家庭暴力的明确规定，但这些规定并非具体的干预家庭暴力操作规范。因此，最高人民法院中国应用法学研究所和有关党、政、群等部门为了指导涉及家庭暴力的婚姻家庭案件的审理以及有效预防和制止家庭暴力，分别出台相关操作规范。

①《涉及家庭暴力婚姻案件审理指南》。基于涉及家庭暴力的婚姻家庭案件与普通婚姻家庭案件的不同特点和规律，人民法院逐渐认识到其处理方式应当与普通案件有所不同，传统经验和知识已越来越不适应该类案件的高质量办案需求，许多人民法院尤其是基层人民法院呼唤能有一本办理涉及家庭暴力的婚姻案件操作指南。于是，最高人民法院中国应用法学研究所于2008年3月发布《涉及家庭暴力婚姻案件审理指南》。其中，第32条是关于人身安全保护申请条件的规定，第2款规定："受害人因客观原因无法自行申请的，由受害人近亲属或其他相关组织代为申请。相关组织和国家机关包括受害人所在单位、居（村）委会、庇护所、妇联组织、公安机关或检察机关等。"第48条第2款规定："家庭暴力受害人在提起诉讼之前曾向公安机关、人民调解组织、妇联组织、庇护所、村委会等国家机关、社会团体和组织投诉，要求庇护、接受调解的，或者家庭暴力受害人曾寻求过医学治疗、心理咨询或治疗的，上述机构提供的录音或文字记载，及出具的书面证词、诊断或相关书证，内容符合证据材料要求的，经人民法院审查后认为真实可靠的，可以作为认定家庭暴力发生的重要证据。"

指南是一本指导法官审理涉及家庭暴力婚姻家庭案件的专业资源手册，意在帮助法官做好法律规则、性别平等理念、家庭暴力理论知识、审判组织保障等方面的准备，以利于提高办案效率和分配正义的质量，更好地保障家庭暴力受害人的人身和财产权利。因此，指南不可能就居民委员会与村民委员会干预家庭暴力做出具体规定。但从该指南的第32条第2款和第48条第2款来看，前者规定居民委员会与村民委员会可以代受害人申请人身安全保护，后者规定受害人向村委会求助的录音或者文字材料可以作为家庭暴力的证据，这些行为和材料都是居民委员会与村民委员会介入干预家庭暴力的具体体现。

②《关于预防和制止家庭暴力的若干意见》。为了进一步做好预防和制止家庭暴力工作，依法保护公民特别是妇女儿童的合法权益，促进社会主义

和谐社会建设，中央宣传部、最高人民检察院、公安部、民政部、司法部、卫生部、全国妇联等党、政、群以及司法机关依据《婚姻法》《妇女权益保障法》《未成年人保护法》《治安管理处罚法》等有关法律之规定，于2008年7月31日联合下发《关于预防和制止家庭暴力的若干意见》(以下简称《家庭暴力意见》)。它对于推动中国的反对家庭暴力工作，推动中国出台统一的专门性反家庭暴力防治法迈出重要的一步。[①] 其中，第7条规定："公安派出所、司法所，居（村）民委员会、人民调解委员会、妇代会等组织，要认真做好家庭矛盾纠纷的疏导和调解工作，切实预防家庭暴力行为的发生。对正在实施的家庭暴力，要及时予以劝阻和制止。积极开展对家庭成员防范家庭暴力和自我保护的宣传教育，鼓励受害者及时保存证据、举报家庭暴力行为，有条件的地方应开展对施暴人的心理矫治和对受害人的心理辅导，以避免家庭暴力事件的再次发生和帮助家庭成员尽快恢复身心健康。"

尽管该《家庭暴力意见》是由党、政、群与司法机关联合颁布的一个非法律性质的规范性文件，但对各地各部门开展预防和制止家庭暴力工作做出了统一的规范性指导，具有十分重要的现实意义。就其第7条来看，其中所涉及的干预家庭暴力主体，直接产生于人民群众的居民委员会、村民委员会与人民调解委员会，都与基层人民群众保持最紧密的联系。因此，就它们干预家庭暴力的时效性上来说，要比其他家庭暴力干预主体干预家庭暴力会更及时更奏效，现实意义更强。正是基于这一深刻认识，该《家庭暴力意见》明确将居民委员会与村民委员会纳入家庭暴力干预体系。

综观上述两个操作规范，虽然都不是法律，但因其为人民法院审理涉及家庭暴力的婚姻家庭案件以及有关部门预防和制止家庭暴力提供规范性指导，故对于实施《婚姻法》及其他有关法律关于禁止家庭暴力的具体规定具有十分重要的积极意义。尤其是这两个操作规范将居民委员会与村民委员会纳入家庭暴力干预体系，是对它们长期以来干预家庭暴力实践经验的有益总

① 夏吟兰主编：《家庭暴力防治法制度性建构研究》，中国社会科学出版社2011年版，第6页。

结和充分肯定。

（二）国家专项立法

2015年12月27日，第十二届全国人民代表大会常务委员会第十八次会议通过《反家庭暴力法》。这是我国有史以来的第一部专门针对反对家庭暴力的专项立法。如果以“款”作为《反家庭暴力法》条文的计算单位，该法共计38条56款。其中，明确规定居民委员会与村民委员会干预家庭暴力的条款共有10个，约占整部法律条款数量的17.8%。在一部只有56款的法律中，居然有17.8%的条款同居民委员会与村民民委员会干预家庭暴力有关，这充分表明居民委员会与村民委员会再一次进入反对家庭暴力的国家专项立法视野，不仅是对它们长期以来积极参与家庭暴力干预工作的高度褒扬，而且是对以往相关立法的进一步发展，尤其是对《婚姻法》等相关法律法规关于居民委员会与村民委员会干预家庭暴力立法的继续巩固。

《反家庭暴力法》关于居民委员会与村民委员会干预家庭暴力的10个条款具体如下：

第4条第2款：县级以上人民政府有关部门、司法机关、人民团体、社会组织、居民委员会、村民委员会、企业事业单位，应当依照本法和有关法律规定，做好反家庭暴力工作。

第8条：乡镇人民政府、街道办事处应当组织开展家庭暴力预防工作，居民委员会、村民委员会、社会工作服务机构应当予以配合协助。

第13条第1款：家庭暴力受害人及其法定代理人、近亲属可以向加害人或者受害人所在单位、居民委员会、村民委员会、妇女联合会等单位投诉、反映或者求助。有关单位接到家庭暴力投诉、反映或者求助后，应当给予帮助、处理。

第14条第1款：学校、幼儿园、医疗机构、居民委员会、村民委员会、社会工作服务机构、救助管理机构、福利机构及其工作人员在工作中发现无民事行为能力人、限制民事行为能力人遭受或者疑似遭受家庭暴力的，应当及时向公安机关报案。

第 17 条：公安机关应当将告诫书送交加害人、受害人，并通知居民委员会、村民委员会。

居民委员会、村民委员会、公安派出所应当对收到告诫书的加害人、受害人进行查访，监督加害人不再实施家庭暴力。

第 21 条第 1 款：监护人实施家庭暴力严重侵害被监护人合法权益的，人民法院可以根据被监护人的近亲属、居民委员会、村民委员会、县级人民政府民政部门等有关人员或者单位的申请，依法撤销其监护人资格，另行指定监护人。

第 22 条：工会、共产主义青年团、妇女联合会、残疾人联合会、居民委员会、村民委员会等应当对实施家庭暴力的加害人进行法治教育，必要时可以对加害人、受害人进行心理辅导。

第 23 条第 2 款：当事人是无民事行为能力人、限制民事行为能力人，或者因受到强制、威吓等原因无法申请人身安全保护令的，其近亲属、公安机关、妇女联合会、居民委员会、村民委员会、救助管理机构可以代为申请。

第 32 条：人民法院作出人身安全保护令后，应当送达申请人、被申请人、公安机关以及居民委员会、村民委员会等有关组织。人身安全保护令由人民法院执行，公安机关以及居民委员会、村民委员会等应当协助执行。

第 35 条：学校、幼儿园、医疗机构、居民委员会、村民委员会、社会工作服务机构、救助管理机构、福利机构及其工作人员未依照本法第 14 条规定向公安机关报案，造成严重后果的，由上级主管部门或者本单位对直接负责的主管人员和其他直接责任人员依法给予处分。

上述这些条款分别处于《反家庭暴力法》各章之中，即使第 13 条与第 14 条、第 21 条与第 22 条分别属于前后顺接的条款，但其内容之间并没有什么必然关联。尽管如此，单就居民委员会与村民委员会干预家庭暴力而言，这些条款共同构成居民委员会与村民委员会的家庭暴力干预体系。其中，第 4 条第 2 款属于总则性质的规定，第 8 条、第 13 条第 1 款、第 14 条第 1 款、第 17 条、第 21 条第 1 款、第 22 条、第 23 条第 2 款、第 32 条是关于居民委员会与村民委员会干预家庭暴力的具体工作内容的规定，第 35 条则是关于有关法律责任的规定。应该说，《反家庭暴力法》关于居民委员会与村民委员会干预家庭暴力的规定较为明确、具体、系统，有利于它们摆正位置、找准方向、增强责任感、履行好职责，以保障它们在多机构合作模式下积极开展预防与制止家庭暴力工作。

同《婚姻法》相比，《反家庭暴力法》关于居民委员会与村民委员会干预家庭暴力的立法规定具有十分明显的进步性，在条款数量、干预阶段、干预方式、干预体系完善程度以及干预效果等几个方面使得立法内容更加丰富，立法成就更为显著。此乃盖因二者的立法立场不同之结果。《婚姻法》是关于婚姻家庭关系的基本准则，重在调整婚姻家庭关系。家庭暴力只是影响婚姻家庭关系中的一个不良因素，即使立法者明知家庭暴力的残虐性和后果的严重性，但立法必须通盘考虑在有限的立法空间内如何科学分配立法资源，以保证整部法律结构的均衡性。在这种立法背景下，《婚姻法》无法使居民委员会与村民委员会干预家庭暴力的规定具体化、系统化，以致干预效果饱受流于形式的非议。《反家庭暴力法》则不然，作为针对家庭暴力的专项立法，所有立法内容都是围绕预防和制止家庭暴力这一中心思想展开，在多机构合作模式下所形成的立体式家庭暴力干预体系中，必然要考虑如何发挥居民委员会与村民委员会干预家庭暴力的应有效能和积极作用。因此，《反家庭暴力法》为居民委员会与村民委员会干预家庭暴力量身定制较为完善、系统的规定，以便于它们开展相关预防和制止家庭暴力工作。这就使得居民委员会与村民委员会干预家庭暴力更容易取得较为理想的成效。从而造成《婚姻法》与《反家庭暴力法》关于居民委员会与村民委员会干预家庭暴力的立法规定在条款数量、干预阶段、干预措施、干预体系与干预效果等方面存在巨大差异。具体见表 1 所示。

表 1 《婚姻法》与《反家庭暴力法》
关于居民委员会与村民委员会干预家庭暴力立法情况对比表

项目 法律	条款数量	干预阶段	干预措施	干预体系	干预效果
婚姻法	2	事中救助 事后救济	劝阻 调解	不完善	不理想
反家庭暴力法	10	事前预防 事中救助 事后救济	配合协助预防工作 投诉受理 报案 查访 监督 申请撤销监护 法治教育 心理辅导 代为申请人身安全保护令 协助执行人身安全保护令	较完善	较理想

通过表 1 可见：

第一，在条款数量上，《反家庭暴力法》关于居民委员会与村民委员会干预家庭暴力的条款数量是《婚姻法》的 5 倍之多。这是最为直接的外观特征。法律条款的作用在于表彰法律规则，根据立法需要而被表述为一个个具体条文。由于每一个条文所表述的具体内容都是经过仔细考量之后做出的科学安排，即便一个条文的容量再大，毕竟它所能容纳的元素十分有限。这就意味着，无论如何，2 个条文的容量也不可能与 10 个条文的容量相等。因此，条款数量的绝对优势作为外在客观条件为丰富立法提供了可能。《反家庭暴力法》完全可以在这么充裕的立法空间中尽其所能地建构一个较为完善的居民委员会与村民委员会的家庭暴力干预体系。这就使得《反家庭暴力法》关于居民委员会与村民委员会干预家庭暴力的立法规定要比《婚姻法》丰富得多。

第二，在干预阶段上，从《婚姻法》第 43 条第 1 款、第 2 款的规定来看，第 1 款仅规定实施家庭暴力，受害人提出请求，居民委员会与村民委员会应当予以劝阻、调解。至于该“实施家庭暴力”是指正在实施还是已经实施完毕，语焉不详，尚无法判断。不过，第2款明确规定对正在实施家庭暴力，受害人提出请求后，居民委员会与村民委员会应当予以劝阻。这就为我们提供了一个判断基准。综合这两款，可见第1款中的“实施家庭暴力”应该是指在实施家庭暴力完毕之后更为科学合理。否则，不仅第1款与第2款之间逻辑失恰，而且第2款则失去存在的价值和意义。因此，《婚姻法》仅规定居民委员会与村民委员会为受害人提供事中救助与事后救济的家庭暴力干预模式。而从《反家庭暴力法》的这10个条款可以看出，居民委员会与村民委员会干预家庭暴力贯穿始终，包括事前预防、事中救助与事后救济。

由于《婚姻法》只关注家庭暴力正在实施之时与实施完毕之后两个阶段，居民委员会与村民委员会为家庭暴力受害人所能提供的干预只能是事中救助和事后救济。尽管也会取得一定的干预效果，但因其忽略事前预防的重要性，未能事前从源头上做好预防工作，这就无法从根本上遏制家庭暴力，以致家庭暴力干预主体永远都在扮演救火队员的形象。《反家庭暴力法》增加居民委员会与村民委员会的事前预防，其重要意义就在于这种干预模式将干预工作前置。干预重心随之前移，可以做到防患于未然、未雨绸缪。除了做好日常的反对家庭暴力宣传教育工作、普及反对家庭暴力知识、增强公民反对家庭暴力意识外，一旦发现家庭暴力倾向，即可提前及时介入，有利于及早消灭尚处于萌芽中的家庭暴力。事中救助与事后救济不再是简单地使家庭暴力行为停止下来即为达到干预目的，而是全方位、无死角的介入，更加注重事后救济效果，特别是对收到告诫书的加害人与受害人的查访、对加害人进行法治教育、必要时对加害人与受害人进行心理辅导以及人身安全保护令的代为申请与协助执行等具体干预工作，尽可能地为家庭暴力受害人提供全方位的干预与救济，有利于降低家庭暴力的复发率，有助于彻底遏制家庭暴力。

第三，在干预体系上，《婚姻法》仅规定事中救助与事后救济，可以合作的其他干预主体也仅有公安机关以及家庭暴力的加害人和受害人所在单位，无法开展深层次的多机构合作干预家庭暴力，以致《婚姻法》建构的居民委员会与村民委员会的家庭暴力干预体系并不完善。《反家庭暴力法》则包含事前预防、事中救助和事后救济三个阶段，实现全程干预，干预措施多样化，可以合作的其他干预主体呈多元化、广泛性，包括县级以上人民政府有关部门、司法机关、妇女联合会、工会、共产主义青年团、残疾人联合会、乡镇人民政府、街道办事处、医疗机构、学校、幼儿园、社会工作服务机构、救助管理机构、福利机构等，这就使居民委员会与村民民委员会可以同其他干预主体建立有效沟通机制，实现多机构合作模式对家庭暴力进行立体式干预，从而建立起来一个较为完善的居民委员会与村民委员会的家庭暴力干预体系。

第四，在干预效果上，《婚姻法》仅规定居民委员会与村民委员会可以劝阻和调解家庭暴力，所谓劝阻，包含两层含义：一是劝说行为人停止侵害家庭成员合法权益的违法行为；二是对于劝说无效的情形可以采取适当的手段阻止行为人的侵害行为，及时解救受害人。[①] 所谓调解，是指要针对侵害行为发生的原因，引导和帮助加害人和受害人化解矛盾、解决纠纷，以防止此类违法行为继续发生。[②] 在劝阻中，大多数的劝阻者都是发自内心地希望行为人能够真诚悔改，但行为人是否愿意接受劝阻或者是否真诚接受劝阻，以及即使行为人真诚悔改但能否保证下不再犯，等等，都无从知晓。可见，这种干预措施无法深入行为人的内心世界。并且，劝阻者还要注意言辞的轻重有度，切忌狂风暴雨式的严厉批评与轻描淡写般的形式主义。过重则难平息其怨怒，过轻则无关乎其痛痒，但如何取乎其中，实在不好把握这个分寸。在调解中，调解必须遵循合法与自愿的原则，一旦当事人一方或者双拒绝调解，甚至调解和好后又反悔的，都不得强制调解。此外，也不排除调解者在调解中一味无原则地“和稀泥”。最终只能是调而不解。应该说，劝阻与调解是《婚姻法》为不能行使国家公权力的居民委员会与村民委员会量

① 杨大文主编:《婚姻家庭法》，中国人民大学出版社 2015 年版，第 233 页。
② 同上。

身定做的家庭暴力干预措施，但在事实上，劝阻与调解难以达到理想的干预效果。

家庭暴力干预是一项复杂的系统工程，干预措施过少，在一定程度上影响居民委员会与村民委员会对家庭暴力的干预效果。尽管《反家庭暴力法》并未规定居民委员会与村民委员会应当劝阻和调解家庭暴力，但根据其第 4 条第 2 款规定，居民委员会与村民委员会应当依照本法和有关法律规定，做好反家庭暴力工作。其中，“有关法律”的内涵十分丰富，凡是明确规定干预家庭暴力的法律都属于“有关法律”，应当包括《婚姻法》《妇女权益保障法》《未成年人保护法》《残疾人保障法》和《老年人权益保障法》等法律。并且，根据《反家庭暴力法》第 13 条规定，家庭暴力受害人及其法定代理人、近亲属向加害人或者受害人的居民委员会、村民委员会投诉、反映或者求助的，其应当给予帮助、处理。这与《婚姻法》第 43 条的立法态度相一致。因此，《反家庭暴力法》暗含了居民委员会与村民委员会可以采取劝阻和调解两种措施干预家庭暴力。此外，《反家庭暴力法》还为居民委员会与村民委员会规定多种其他干预措施，涵盖事前预防、事中救助与事后救济三个阶段，它们可以针对不同家庭暴力干预阶段的情况采取某一种或者几种干预措施，有利于实现全方位、立体式干预家庭暴力。特别是第 35 条的责任条款，尽管仅是专门针对无民事行为能力人与限制民事行为能力人的救助，但在一定程度上能够促进居民委员会与村民委员会积极开展家庭暴力干预工作。这就极大地方便居民委员会与村民委员会开展家庭暴力干预工作，有利于深入干预家庭暴力，并达到较好的干预效果。

二、立法评价

（一）国家立法的特点

综观《婚姻法》和《反家庭暴力法》，居民委员会与村民委员会干预家庭暴力的国家立法具有显著特征。

1. 高级性

国家立法机关处于我国一元多层次立法体制的最高层级，其所立之法的效力要高于那些处于层级较低的立法机关所立之法。从而产生上下位法之分的法律效力层级问题，即法律位阶。尽管地方立法较早地将居民委员会与村民委员会纳入家庭暴力干预主体范畴，但同国家立法相比，地方立法属于试验性立法，尚未上升到国家层级立法，效力层级较低。而国家层级的反对家庭暴力法律由国家立法机关制定，无论综合立法还是专项立法，其效力都要高于地方法规和地方政策文件。居民委员会与村民委员会在干预家庭暴力时，以国家立法为依据，有国家强制力作为后盾，更加有助于它们积极开展干预工作，收到良好干预效果。

2. 统一性

地方立法最重要的特点就是地方立法机关只能根据本行政区划内的具体情况开展相关立法活动。即便同一个立法主题，则因各地情况不同，所立之法差异较大。国家立法为全国提供统一的法律规范，需要着眼于全国，通盘考虑国内各个地区的不同情况，以求法律统一，便于法律适用。否则，失之统一适用标准的法律规范，必然严重悖离法律的公平价值。因此，国家层级的反对家庭暴力立法作为通行于全国的基本法律，它必须要考虑法律内容的统一性与保证法律适用的统一性。内容统一是适用统一的基本前提，适用统一是内容统一的必然结果，只有实现二者有机统一，才能预防和制止家庭暴力，保护受害人，彰显法律价值。

3. 普适性

地方法规在适用上受到地域的严格限制，仅可适用于各自行政区域内，而法律效力则及于国家的全部主权领土范围之内（我国港澳台地区除外）。因此，国家层级的反对家庭暴力立法突破了地方法规的行政区域限制，普遍适用于全国范围之内。这种普适性的重要意义在于，由于各个地方具体情况不同，地方法规差异性较大，规范性法律文件的适用标准无法统一，将会导致各地区干预家庭暴力的力度深浅不一。以地方法规的适用为参照，国家法律为预防和制止家庭暴力提供统一的法律规范适用标准，有利于统一开展家庭暴力干预工作。

4. 明确性

国家层级的反对家庭暴力立法，以国家基本法律形式确认居民委员会与村民委员会干预家庭暴力的法律地位。这不仅是对地方立法成功试验的高度认同，而且也是对居民委员会与村民委员会长期以来在干预家庭暴力中发挥重要作用的充分肯定。特别的，虽然居民委员会与村民委员会不是国家机关，不具备行使行政职权的资格与能力，但它们可以依照《婚姻法》与《反家庭暴力法》的规定积极开展干预家庭暴力工作，意味着法律赋予它们一项新的职责，从而解决“身份”问题。

（二）国家立法的意义

1. 突出居民委员会与村民委员会在干预家庭暴力中的重要性

家庭暴力后果的严重性和家庭暴力干预的复杂性，决定反家庭暴力是国家、社会和每个家庭的共同责任。因此，干预家庭暴力既需要公权力机关的介入又离不开群众组织和民间力量的参与。《婚姻法》首先以国家基本法律的形式正式明确居民委员会与村民委员会干预家庭暴力的主体地位。《反家庭暴力法》在吸收《婚姻法》与地方立法经验及其干预实践的基础上，则将包括居民委员会与村民委员会在内的一些群众组织和民间力量纳入家庭暴力干预体系。但是，需要指出的是，居民委员会与村民委员会同其他群众组织和民间力量干预家庭暴力的最大不同之处在于，自湖南省长沙市出台第一个反对家庭暴力的地方政策文件起，直到《反家庭暴力法》的诞生，居民委员会与村民委员会始终都是相关反对家庭暴力立法不曾缺席的干预主体。这就更加突出国家层级的反对家庭暴力立法将居民委员会与村民委员会纳入家庭暴力干预体系的重要意义，充分表明它们在干预家庭暴力中无可替代的重要性。

2. 实现居民委员会与村民民委员会干预家庭暴力制度的体系化

在国家立法中，居民委员会与村民委员会干预家庭暴力实现了由《婚姻法》的初步确立到《反家庭暴力法》系统化的过程。《婚姻法》将居民委员会与村民委员会干预家庭暴力正式确立为一项基本制度，奠定居民委员会与村民委员会在家庭暴力干预体系中的地位。《反家庭暴力法》则在前者的基础之上初步实现居民委员会与村民委员会干预家庭暴力的制度化、体系化和完善化，更有利于居民委员会与村民委员会系统地开展干预家庭暴力工作。

3. 保障居民委员会与村民民委员会干预家庭暴力地位的合法性

基于《宪法》对居民委员会与村民委员会之基层群众自治性组织的法律属性定位，因它们处于整个国家治理结构的社会最基层，只能对于基层群众自治性组织内部日常生活中的一些事务进行自我管理。原因不外乎有二：一是行政机关的管理工作不可能事无巨细，有些问题交由群众自己处置更为妥当；二是有些事情往往不是直接依靠行政权力的强制就能够得以解决，相反，通过群众的自治管理却会收到更为理想效果。然而，家庭暴力并非普通、简单的家庭纠纷，早已超出基层群众自治性组织的自我管理范围，但居民委员会与村民委员会面对正在实施的家庭暴力却又不能袖手旁观。可是，由于没有相关法律明确居民委员会与村民委员会作为家庭暴力干预主体的情况下，是否介入、如何介入等问题则使得它们陷入两难的尴尬境地。国家层级的《婚姻法》与《反家庭暴力法》将居民委员会与村民委员会纳入家庭暴力干预体系，正式确认它们合法的家庭暴力干预主体地位，将它们从干预主体资格的尴尬境地中解放出来，实现它们干预家庭暴力地位合法化，使它们干预家庭暴力有了法律依据。

（三）国家立法的不足

1. 在立法技术上，依然表现为原则性规定

在综合立法阶段，《婚姻法》与《妇女权益保障法》只有一两个条款对居民委员会与村民委员会干预家庭暴力作出原则性规定。《未成年人保护法》与《老年人权益保障法》则语焉不详。在专项立法阶段，尽管《反家庭暴力法》实现居民委员会与村民委员会的家庭暴力干预体系得以系统化，但依然

未能建立起居民委员会与村民委员会干预家庭暴力的运行机制。就相关条款来看，仍然多为原则性规定，并不具体，可操作性不强。例如，《反家庭暴力法》第 8 条规定，居民委员会、村民委员会应当配合协助乡镇人民政府、街道办事处组织开展家庭暴力预防工作；第 32 条规定，居民委员会、村民委员会等应当协助人民法院执行人身安全保护令。这两个条款中均要求居民委员会与村民委员会给予协助，至于应当如何协助，却并未进一步予以明确化与具体化。实际上，协助工作包含时间安排、人员动员、具体措施以及费用负担等诸多方面。如果不宜在本法中做出规定的，可以考虑专门设置一个授权性条款，就此问题另行制定其他规范性法律文件。再如第 17 条规定，居民委员会、村民委员会对收到告诫书的加害人、受害人进行查访，监督加害人不再实施家庭暴力。具体如何查访与监督，同样没有下文。在这种情况下，居民委员会与村民委员会只能按照其所协助的主体的要求或者命令开展有关协助、查访与监督等工作。这种缺乏主动性与自主性的工作，往往多会造成增加工作成本、工作效率低下等不良效应。特别是第 22 条规定，居民委员会、村民委员会等应当对实施家庭暴力的加害人进行法治教育，必要时可以对加害人、受害人进行心理辅导。其中，法治教育与心理辅导属于专业化工作，要求相关工作人员必须具备相应的专业水平，但就我国目前的居民委员会与村民委员会的组成人员来看，整体上文化程度偏低，更不具备相关专业知识。因此，这个条款并未考虑到我国城乡基层社会的现实，明显与社会现实脱节，实施起来会有一些困难。

2. 在制度构造上，混合立法是其突出特征

无论综合立法，还是专项立法，均将居民委员会与村民委员会同其他家庭暴力干预主体置于同一个条款之中就某一事项做出相关规定。在此，姑且将这种立法表达形式称之为“混合立法”。这是从地方立法到国家立法一直延续过来的不变模式。这种立法表达形式的最大优点在于，一是可以节省立法资源，二是立法操作上简便易行。如果说在地方立法时期，由于当时的立法技术还不够成熟，采这样处置方式尚可理解，但到了国家立法时期，我国

的立法技术已经比较成熟，延续这种立法模式实属不妥。退一步讲，在国家综合立法中出于对相关法律整体性结构的考量，还可以延续这种立法模式的话，而专项立法则须居于统摄全局的高度，对于纳入家庭暴力干预体系的不同主体，应当考虑它们之间法律属性的差异性。尽管无法实现对每一干预主体的独立关切，但对于特殊主体还是应当有所考量，不能贪图方便而简单处置。如《反家庭暴力法》第4条第2款规定："县级以上人民政府有关部门、司法机关、人民团体、社会组织、居民委员会、村民委员会、企业事业单位，应当依照本法和有关法律规定，做好反家庭暴力工作。"该条款中的家庭暴力干预主体分别属于行政机关、司法机关、事业单位、人民团体、群众组织等不同系统，尽管它们在家庭暴力干预中的作用都很重要，但毕竟因其法律属性不同而在家庭暴力干预体系中的地位还是有所差异。比如，为了预防和制止家庭暴力，国家行政机关可以制定相关法规，司法机关可以采取强制措施，而其他干预主体则不能。然而，该条款却将它们放在同一个条款中，这就混淆了它们的法律属性及其法律地位，不够科学严谨。因此，在构造该条款时，必须对不同干预主体的法律属性有所体现以示区别。如果在该条款中的"做好反家庭暴力工作"前面加上"在其各自职责范围内"这一状语成分对其加以限制的话，即"县级以上人民政府有关部门、司法机关、人民团体、社会组织、居民委员会、村民委员会、企业事业单位，应当依照本法和有关法律规定，在其各自职责范围内做好反家庭暴力工作。"这就因各干预主体的职责不同而使它们的法律属性差别体现出来。

再如《反家庭暴力法》第21条第1款规定："监护人实施家庭暴力严重侵害被监护人合法权益的，人民法院可以根据被监护人的近亲属、居民委员会、村民委员会、县级人民政府民政部门等有关人员或者单位的申请，依法撤销其监护人资格，另行指定监护人。"这个条款实际上是与《民法通则》

以及其他规范性文件相对接。[①] 根据《民法通则》第16条、第17条[②] 规定，如果未成年人没有第16条第1款、第2款规定的监护人的，由未成年人的父、母的所在单位或者未成年人住所地的居民委员会、村民委员会或者民政部门担任监护人；如果精神病人没有第17条第1款规定的监护人的，由精神病人的所在单位或者住所地的居民委员会、村民委员会或者民政部门担任监护人。根据《民法通则意见》第20条规定，监护人不履行监护职责，或者侵害被监护人的合法权益，《民法通则》第16条、第17条规定的其他有监护资格的人或者单位，可以向人民法院起诉要求变更监护关系。根据最高人民法院、最高人民检察院、公安部与民政部联合发布的《关于依法处理监护人侵害未成年人权益行为若干问题的意见》第27条规定，如果未成年人遭受监护人侵害的，未成年人住所地的村（居）民委员会、民政部门等有关单位和人员有权向人民法院申请撤销监护人资格。应该说，《反家庭暴力法》第21条第1款与《民法通则》以及其他规范性文件对接得很好，并在条款的立法构造上以混合立法形式将这些有监护资格的干预主体置于同一条款中也未尝不可。这些干预主体之所以可以申请人民法院撤销侵害被监护人的监护人资格，是基于《民法通则》赋予其的监护资格，该条款应当有所突出表达出来。这是关键所在。也就是说，如果在条款中的“等”与“有关人员或

---

① 《民法总则》于2017年3月15日通过，制定《反家庭暴力法》时，《民法总则》也在制定之中。故《反家庭暴力法》第21条第1款是与《民法通则》以及其他规范性文件相对接。

② 《民法通则》第16条规定：“未成年人的父母是未成年人的监护人。未成年人的父母已经死亡或者没有监护能力的，由下列人员中有监护能力的人担任监护人：（1）祖父母、外祖父母；（2）兄、姐；（3）关系密切的其他亲属、朋友愿意承担监护责任，经未成年人的父、母的所在单位或者未成年人住所地的居民委员会、村民委员会同意的。对担任监护人有争议的，由未成年人的父、母的所在单位或者未成年人住所地的居民委员会、村民委员会在近亲属中指定。对指定不服提起诉讼的，由人民法院裁决。没有第1款、第2款规定的监护人的，由未成年人的父、母的所在单位或者未成年人住所地的居民委员会、村民委员会或者民政部门担任监护人。”第17条规定：“无民事行为能力或者限制民事行为能力的精神病人，由下列人员担任监护人：（1）配偶；（2）父母；（3）成年子女；（4）其他近亲属；（5）关系密切的其他亲属、朋友愿意承担监护责任，经精神病人的所在单位或者住所地的居民委员会、村民委员会同意的。对担任监护人有争议的，由精神病人的所在单位或者住所地的居民委员会、村民委员会在近亲属中指定。对指定不服提起诉讼的，由人民法院裁决。没有第1款规定的监护人的，由精神病人的所在单位或者住所地的居民委员会、村民委员会或者民政部门担任监护人。”

者单位”之间加入“有监护资格的”这一定语时，即“监护人实施家庭暴力严重侵害被监护人合法权益的，人民法院可以根据被监护人的近亲属、居民委员会、村民委员会、县级人民政府民政部门等有监护资格的有关人员或者单位的申请，依法撤销其监护人资格，另行指定监护人”，就可以将居民委员会与村居民委员会以及民政部门申请人民法院依法撤销监护人资格的具体理由清楚地表达出来。然而，由于该条款丢失了这一关键的修饰成分，以致无法区分同一条款中的居民委员会与村居民委员会同国家行政机关的法律属性及其地位。

3. 在干预措施上，没有必要的强制性措施

根据《婚姻法》第 43 条第 2 款之规定，对于正在实施家庭暴力的，居民委员会与村民委员会可以予以劝阻。但是，劝阻并不属于强制措施，是否接受完全取决于加害人。如果加害人拒不接受劝阻，这种并不奏效的干预没有任何实际意义，等于没有干预。此时，除非加害人自动放弃，否则，家庭暴力一直处于持续状态。这种情况下，只能求助于公安机关予以制止。然而，由于从加害人拒绝接受劝阻到公安机关及时赶至现场制止家庭暴力尚需要一段时间，姑且称之为干预间隙，如果在这段时间内不能及时采取更加有效的其他干预措施，后果恐怕不堪设想。我们以为，为了防止家庭暴力愈演愈烈，在公安机关不能及时赶来制止之前，居民委员会与村民委员会应当采取一些强制性措施阻止家庭暴力。可是，反对家庭暴力的综合立法和专项立法都没有意识到问题的严重性，并未对此作出任何规定。这是《婚姻法》与《反家庭暴力法》的立法疏漏。最终只能使得一些干预措施流于形式化和无效化。因此，综合立法和专项立法都应当规定居民委员会与村民委员会在必要时，可以采取一些强制性措施阻止正在进行的家庭暴力。这就可以使它们对家庭暴力的干预同公安机关的干预有效对接起来，从而弥合加害人拒绝劝阻与公安机关及时赶来制止之前的家庭暴力干预间隙，有利于保护受害人。

4. 在法律责任上，缺乏相应法律责任条款

法律责任是针对行为人的违法行为而使其承受的一种不利后果，目的在

于保障法律上的权利、义务、权力与自由得以生效而不受任何阻碍，但其初衷并非惩罚与救济，更大程度上应当在于预防，即警醒和督促社会成员依法办事，不做有损于国家、社会、集体和他人合法权益的行为。因此，法律责任条款设立的意义在于督促相关主体积极履行职责或者义务，以保障权利主体的正当权益。尽管这几部国家层级的反对家庭暴力立法均有法律责任一章，但除《反家庭暴力法》外，均没有关于居民委员会与村民委员会的法律责任条款。即使《反家庭暴力法》有所规定，也不完善。该法第 35 条仅就居民委员会与村民委员会在工作中发现无民事行为能力人、限制民事行为能力人遭受或者疑似遭受家庭暴力而未依照该法第 14 条规定向公安机关及时报案，造成严重后果的，由上级主管部门或者本单位对直接负责的主管人员和其他直接责任人员依法给予处分。我们知道，法律责任包括民事责任、行政责任与刑事责任，根据违法后果的严重程度选择适用不同的法律责任。从这个条款来看，上级主管部门对直接负责的主管人员和其他直接责任人员依法给予的处分仅是行政责任，而居民委员会与村民委员会不是国家机关，其作为本单位所给予直接负责的主管人员和其他直接责任人员的处分并不属于法律责任，对于责任人的处罚力度远远不够，几乎流于形式。既然明确将居民委员会与村民委员会纳入家庭暴力干预体系，就应当职责与责任并重，不能只规定职责而遗漏责任。否则，法律责任缺失之下，必然造成法律监督缺位。一旦居民委员会与村民委员会未能履行好职责造成严重后果，仅凭上级主管部门或者本单位的处分根本不足以消弭这一不良影响。可见，这种违反基本逻辑常识的立法设计并不利于开展家庭暴力干预工作。

第三节　基层群众性自治组织干预家庭暴力的立法竞存

一、地方性法规、政策文件与全国性法律的竞存关系厘清

面对我国在反对家庭暴力立法上的地方立法与国家立法并存局面，十分有必要厘清它们之间的关系。

（一）地方立法与国家综合立法

就笔者目前所掌握的一些地方性法规与政策文件来看，除了地方政策文件与极少部分地方法规制定于2001年《婚姻法》修订之前，绝大部分地方法规都制定于《婚姻法》修订之后。并且，这些地方法规的制定时间比较密集，大都是在《婚姻法》修订之后的大约10年之内完成。如2000年，湖南省与四川省的相关决议；2001年，宁夏回族自治区的相关决议；2002年，陕西省的相关决议、江西省的相关决定、江苏省的相关意见；2003年，山西省与黑龙江省的相关决定、湖北省的相关决议；2004年，河北省的相关条例、山东省与安徽省的相关决议、福建省与甘肃省的相关意见；2005年，青海省与海南省的相关条例、贵州省与广西壮族自治区的相关决议、辽宁省的相关规定；2006年，重庆市与内蒙古自治区的相关条例、河南省的相关决定；2007年，吉林省的相关条例；2008年，新疆维吾尔自治区的相关条例等。我们臆测这一大规模的密集立法活动绝非偶然现象，它与《婚姻法》修正案不无关系。《婚姻法》修订之际，恰是反对家庭暴力的立法从地方政策文件向地方法规过渡之时。除了个别地方立法机关已于《婚姻法》启动修订之前出台地方法规外，其他地方立法机关都在观望《婚姻法》的修改动向。待《婚姻法》修正案颁行后，处于观望之中的这些地方立法机关便以《婚姻法》

关于禁止家庭暴力的立法规定为依据，迅速启动本省、自治区、直辖市的相关立法活动。从这一重意义上说，《婚姻法》为地方法规提供了相关立法依据，改变了以前没有直接立法依据的困窘与尴尬。

反过来，地方性法规与政策文件对于《婚姻法》同样具有重要意义。首先，由于地方性法规与政策文件属于反对家庭暴力的专项规范性法律文件，其在条款数量上要远多于《婚姻法》仅有的5个反对家庭暴力条款，内容自然也就要比《婚姻法》的相关规定丰富得多。其次，鉴于《婚姻法》关于禁止家庭暴力的规定过少，可操作性不强，而地方性法规与政策文件则是针对地方具体情况的专项立法，弥补《婚姻法》的这一立法不足，增强反对家庭暴力法律规范的可操作性，更加有利于预防和制止家庭暴力。因此，在一定程度上，地方性法规与政策文件对《婚姻法》起到了必要和有益的补充作用。

（二）地方立法与国家专项立法

《反家庭暴力法》的颁行，不仅是我国二十年来的反对家庭暴力立法与实践的科学总结，而且是在借鉴域外相关先进立法经验基础之上结出的丰硕成果。从立法理念、立法技术、制度设计、体系构造等方面来看，它的科学性、系统性、完善性都要远远胜于地方立法，为预防和制止家庭暴力提供国家标准。然而，这并不意味着《反家庭暴力法》颁行之前的关于预防和制止家庭暴力的地方性法规与政策文件就要被废止。

在我国以统一的宪法为核心的一元多层次的单一制国家立法体制下，根据《立法法》第72条第1款规定，省、自治区、直辖市的人民代表大会及其常务委员会根据本行政区域的具体情况和实际需要，在不同宪法、法律、行政法规相抵触的前提下，可以制定地方法规。由于地方法规的制定在先，貌似并不符合《立法法》第72条第1款规定，但这纯属历史原因造成的一种结果，并非地方立法机关有意为之。因此，尽管《反家庭暴力法》晚于地方法规出台，但只要地方法规同其并不存在抵触，就不会影响地方法规的效力。

至此，我国形成了国家和地方两个层次的反对家庭暴力立法局面。它们在本质上并没有什么不同，都是开展预防和制止家庭暴力工作的重要法律依据。其根本区别主要有二：一是立法立场的不同，地方性法规与政策文件着眼于地方行政区域，《反家庭暴力法》着眼于全国范围。这就势必导致二者在立法内容上的差异性，并成为最直观的外在特征。二是效力层级的差异，地方性法规与政策文件属于下位法，《反家庭暴力法》属于上位法。这就需要注意二者在具体适用中的竞存关系。

二、地方性法规、政策文件与全国性法律的竞存价值判断

虽然地方性法规、政策文件的效力层级较低，但其对全国性法律具有重要价值。

（一）有利于弥补国家层面法律的立法不足

囿于立法的时代背景、立法技术、前瞻性等多方面因素影响，世界上的任何一部法律都不可能完美无缺而一劳永逸，难免有其不足之处。我国关于反对家庭暴力的国家立法亦不例外。无论是《婚姻法》，还是《反家庭暴力法》，都不可回避地有其与生俱来的先天性缺陷。弥补立法不足的重要路径之一就是修改法律。但是，为了保持法律的稳定性和发挥法律的功能，绝不可以朝令夕改，除非达到必修不可之地步，否则不会启动修律程序。因此，对于地方性法规、政策文件而言，恰好可以发挥其地方立法优势，针对国家立法不足而立足于本地区实际情况，因地制宜地制定更加符合本地区的法律解决方案。尤其是这些地方性法规、政策文件在制定时间上跨越了 2001 年《婚姻法》修订前后，在此之前，国家早期尚无反对家庭暴力立法，它们成为预防和制止家庭暴力的基本法律依据；在《婚姻法》修订之后，尽管禁止家庭暴力得以明确化，但因《婚姻法》对于禁止家庭暴力立法规定不过寥寥数款，过于简单，它们在一定程度上丰富了干预家庭暴力的内容，使相关规定更加具体化。这就有利于保护家庭暴力受害人，使其能够及时得到法律救

济。而对于《反家庭暴力法》来说，这些地方性法规、政策文件依然可以继续发挥弥补国家立法不足的积极作用。在地方开展家庭暴力干预工作中，一旦《反家庭暴力法》的相关规定不够具体或者没有规定的情况下，则可以直接适用地方立法的有关规定。由此可见，地方性法规、政策文件弥补了国家层面立法不足所带来的法律适用盲区，有利于遏制家庭暴力，维系婚姻家庭稳定和实现社会和谐。

（二）有利于实现地方与国家间的立法联动

我国一元多层次立法体制下的国家立法与地方立法两个立法系统，分别属于不同层次的立法系统，各自有其独立运行体系。但是，这两个立法系统仅是相对独立，彼此之间一直保持着密切联系，始终处于联动状态。尽管反对家庭暴力在地方和国家两个层面上的立法活动存在前后时间差距，但这并不妨碍两者之间的立法联动。在反对家庭暴力的地方政策文件出台之时，恰逢我国社会主义市场经济确立初期，限于当时的经济发展需要、立法资源匮乏、立法技术落后等因素影响，立法活动只能本着“先急后缓”的原则，优先安排那些主要的、急需的法律。因此，在我国当时制定专项反对家庭暴力法律的时机尚不成熟的情况下，一些地方立法机关和有关单位根据国家有关法律规定，在同现行法律不相抵触的原则下，结合本地实际情况，[①]先于国家立法机关积极探索反对家庭暴力立法，制定了一批预防和制止家庭暴力的规范性法律文件。在理论上，这不仅弥补法律空白，而且为今后的国家反对家庭暴力立法积累丰富经验和创造可行条件。在实践中，尽管这些规范性法律文件仅实施于一市或者一省之内，但其对调动各级政府、公检法机关、社会团体、企事业单位、基层群众性自治组织合力预防和制止家庭暴力具有积极作用。[②]这种自发性、探索性的立法活动和立法经验弥足珍贵，尤为值得肯定和褒扬。特别是经过地方性法规、政策文件的多年实践，为国家反对家庭暴力立法提供了十分宝贵的立法经验，不仅有力地推动了国家反对家庭暴力

① 张莉：《家庭暴力问题研究》，厦门大学 2002 年硕士学位论文，第 48 页。
② 同上。

立法进程，而且在提高立法质量、制定科学制度等方面都极具参考价值。

（三）有利于织就反对家庭暴力的法律网络

任何一个法律体系都由若干不同层次的法律制度组成。在我国目前已经初步形成的反家庭暴力法律体系中，地方性法规、政策文件是这个法律体系的重要组成部分。它同《反家庭暴力法》与《婚姻法》《妇女权益保障法》《残疾人保障法》《老年人权益保障法》等法律的相关规定共同织就一个从国家到地方的缜密而又系统的反对家庭暴力法律网络，基本上实现了全方位、立体化的反对家庭暴力格局，必将推动家庭暴力防治工作不断迈向纵深，并取得良好成效。

（四）有利于满足符合地方特点的立法需要

国家立法立足全国层面，具有高瞻性、全局性、概括性等特点，但因其面对我国的幅员辽阔与风土人情各异，无法照顾到每一个地方的具体情况。这就难免造成全国性立法用一把尺子丈量不同地区的呆板、僵化局面，在一定程度上不能很好地适应一些地方的具体需求。而地方性法规、政策文件则可以因地制宜、因事制宜、因需制宜，具有地区性强、针对性强、实用性强的突出特征，能够在最大程度上较好地满足本行政辖区内的法律适用需求，有效化解全国性立法灵活性不够的僵局。

三、地方性法规、政策文件与全国性法律的竞存冲突适用

居民委员会与村民委员会在干预家庭暴力时，需要科学选择适用全国性法律和地方性法规、政策文件，以妥善处理二者之间的竞存关系。

在我国以统一的宪法为核心的一元多层次的单一制国家立法体制中，在以宪法为基础的统一的一元化的基础上，有中央和地方两个大的层次，而在每一个层次的权力机关、行政机关内部还有不同层次的机关制定不同效力

的法律、法规或者规章。[①]国家立法机关所立之法具体表现为法律，为狭义上的法律；而地方立法机关所立之法具体表现为法规，为广义上的法律。其中，地方立法包括地方政策文件和地方法规。由于这些法律、法规或者规章的立法机关处于不同层级而使得他们之间的效力存在一定差异，处于高层级的立法机关所制定的法律效力高于处于低层级的立法机关所制定的法律效力，即上位法的法律效力高于下位法的法律效力。因此，在法律适用上，如果上下位法在适用中发生效力冲突，应当按照“上位法优于下位法”与“特别法优于普通法”的原则，选择优先适用上位法与特别法。

就《婚姻法》与地方性法规、政策文件而言，《婚姻法》是上位法，地方性法规、政策文件为下位法，但由于《婚姻法》关于禁止家庭暴力的规定属于原则性规定，且救济条款也较为简单，它同地方性法规、政策文件之间并不存在适用上的冲突问题，按照相关规定适用即可。

就《反家庭暴力法》与地方性法规、政策文件来看，《反家庭暴力法》是上位法，地方性法规、政策文件为下位法。由于各自的条款数量较多，内容较为丰富，导致二者之间在一些方面会存在较大差异。下面试举几例，以示例证。

如关于家庭暴力的定义，根据《反家庭暴力法》第2条规定，家庭暴力是指家庭成员之间以殴打、捆绑、残害、限制人身自由以及经常性谩骂、恐吓等方式实施的身体、精神等侵害行为。而地方性法规、政策文件多是参照或者借鉴《婚姻法解释（一）》关于家庭暴力的定义。其中，直接参照《婚姻法解释（一）》关于家庭暴力定义的，如重庆、浙江、吉林、青海、海南等省、直辖市的预防和制止家庭暴力条例，即家庭暴力是指行为人以殴打、捆绑、残害、强行限制人身自由或者其他手段，给其家庭成员的身体、精神等方面造成一定伤害后果的行为。借鉴《婚姻法解释（一）》关于家庭暴力的定义并在此基础上改造的，如内蒙古自治区与新疆维吾尔自治区的预防和制止家庭暴力条例/规定。前者的家庭暴力是指行为人以殴打、捆绑、残

① 沈宗灵主编：《法理学》，北京大学出版社2009年版，第251页。

害、恐吓、威胁、强行限制人身自由或者其他手段，给其家庭成员的身体、精神等方面造成一定伤害后果的行为。后者的家庭暴力是指行为人以殴打、捆绑、残害、恐吓、威胁、强行限制人身自由、实施性侵害或者其他手段，给其家庭成员的身体、精神等方面造成一定伤害后果的行为。它们与《婚姻法解释（一）》关于家庭暴力定义的不同之处在于，前者增加了“恐吓、威胁”两种手段，后者增加了“实施性侵害”的手段。这就造成家庭暴力的认定出现多个标准的冲突现象，仅就这些例证中已达四种之多。

再如家庭暴力干预经费的保障，根据《反家庭暴力法》第 4 条第 3 款规定，各级人民政府应当对反家庭暴力工作给予必要的经费保障，而在大多数的地方性法规、政策文件中根本找不到相关规定。即使个别地方性法规有所涉及，但也难尽人意。就手头所掌握的地方法规来看，只有《浙江省预防和制止家庭暴力条例》明确规定家庭暴力干预经费由政府财政依法予以保障，《北京市关于预防和制止家庭暴力的若干意见》则要求开展预防和制止家庭暴力工作的相关单位和部门保障必要经费，《内蒙古自治区预防和制止家庭暴力条例》仅要求旗县级以上人民政府保障家庭暴力受害人庇护场所的经费，其他费用则鼓励和支持社会组织、企业事业单位和公民捐赠。《重庆市预防和制止家庭暴力条例》却鼓励和支持社会组织、企事业单位、公民为预防和制止家庭暴力提供捐赠。

还有干预措施，《反家庭暴力法》中有告诫书与人身安全保护令的规定，而地方性法规、政策文件中并没有类似规定。

此外，在干预主体范围上，《反家庭暴力法》与地方性法规、政策文件的范围大小也不尽相同。

正是存在上述这些差异，就会出现全国性法律和地方性法规、政策文件在适用中的冲突问题。这就需要注意如何科学选择适用全国性法律和地方性法规、政策文件。当《婚姻法》《反家庭暴力法》同地方性法规、政策文件相冲突时，根据“上位法优于下位法”原则，应当优先适用《婚姻法》和 / 或《反家庭暴力法》。尤其是在由《反家庭暴力法》与其他反对家庭暴力的法律法规组成的反家庭暴力法律体系中，《反家庭暴力法》居于主体地位，具有“纲领性”，[①] 是反家庭暴力法律体系中的上位法。而当《婚姻法》与《反家庭暴力法》相冲突时，鉴于《反家庭暴力法》是保障家庭暴力受害人基本人权的法律，它可弥补一般法中防治家庭暴力措施和制度的不足与缺失，[②] 为特别法，而《婚姻法》则属普通法，根据“特别法优于普通法”原则，特别法有规定的，适用特别法，应当优先适用《反家庭暴力法》。只有特别法无规定时，才可适用一般法。

① 李明舜：《制定反家暴法需要正确处理的几个基本问题》，载《妇女研究论丛》2014 年第 5 期。

② 薛宁兰：《论我国家庭暴力法的定位与宗旨——基于反家庭暴力法（征求意见稿）的思考》，载《中华女子学院学报》2015 年第 2 期。

第二章　基层群众性自治组织干预家庭暴力的实证调查

为了了解居民委员会与村民委员会干预家庭暴力的现状，我们深入部分基层群众当中，就它们干预家庭暴力情况进行实地调查。其中，既有值得肯定之处，又存在一些不足。对此，针对居民委员会与村民委员会干预家庭暴力的不足，深刻剖析主要原因，并提出可行的具体建议，以充分发挥它们干预家庭暴力的积极作用，进一步提高家庭暴力干预成效。

第一节　基层群众性自治组织干预家庭暴力的调查情况说明

一、调查基本情况概述

（一）调查方式

调查采问卷调查法。

（二）调查对象

调查对象为居民委员会与村民委员会及其一般群众。其中，居民委员会与村民委员会为其相关工作人员，一般群众为年满 18 周岁以上的城乡居民。鉴于我国幅员辽阔，并限于我们的人力、财力、物力与时间等调查条件，对全国所有的居民委员会与村民委员会进行调查既不可能又不现实。经过慎重考虑，初步确定对 100 个居民委员会与村民委员会进行抽样调查，并在每一个居民委员会、村民委员会内随机选择 10 名一般群众，即总数为 1000 名一般群众。

（三）调查内容

调查问卷由两部分构成。第一部分针对居民委员会与村民委员会干预家庭暴力情况的调查，包括对于家庭暴力的一般认识、关于干预家庭暴力的态度及其具体做法、反对家庭暴力宣传等内容。第二部分针对一般群众遭受家庭暴力向居民委员会与村民委员会求助情况的调查，包括对于家庭暴力的一般认识、发生家庭暴力是否向居民委员会与村民委员会求助等内容。调查问卷附在本章之后。

（四）调查区域

出于对调查数据的广泛性与代表性考虑，在招募调查人员时，尽可能覆盖更多区域。最后，共招募到 130 名调查人员，调查区域有北京、天津、河北、河南、湖北、江苏、广东、浙江、福建、江西、安徽、四川、贵州、云南、甘肃、广西、辽宁、吉林、黑龙江、山东、山西、新疆、内蒙古等 23 个省、自治区、直辖市。虽然无法对这些调查区域平均分配调查对象数额，但保证每个区域至少有 1 个调查对象。

二、调查问卷回收情况

发出针对居民委员会与村民委员会的调查问卷 210 份，回收 175 份，回收率约为 83.3%；其中，居民委员会调查问卷 81 份，约占调查问卷总数的 46.3%；村民委员会调查问卷 94 份，约占调查问卷总数的 53.7%。发出针对一般群众的调查问卷 1800 份，回收 1456 份，回收率约为 80.9%；其中，城市居民调查问卷 736 份，约占调查问卷总数的 50.5%；农村居民调查问卷 720 份，约占调查问卷总数的 49.5%。有效调查问卷的数量实现既定目标，并满足研究需要。

三、调查数据分析说明

由于调查区域较多，若逐一对调查区域进行分析则过于繁琐，故本调查问卷的统计分析只是针对调查数据的基本分析。

首先，将调查区域分为东西两大区域。其中，东部地区有北京、天津、河北、河南、湖北、江苏、山东、山西、浙江、福建、广东、辽宁、吉林、黑龙江14个省、直辖市，西部地区有江西、安徽、云南、贵州、广西、四川、甘肃、新疆、内蒙古9个省、自治区。在针对居民委员会与村民委员会的175份调查问卷中，东部地区为81份，其中居民委员会调查问卷有38份，约占46.9%，村民委员会调查问卷有43份，约占53.1%；西部地区为94份，其中居民委员会调查问卷有43份，约占45.8%，村民委员会调查问卷有51份，约占54.2%。在针对一般群众的1456份调查问卷中，东部地区为737份，其中城市居民调查问卷有372份，约占50.5%，农村居民调查问卷有365份，约占49.5%；西部地区为719份，其中城市居民调查问卷有364份，约占50.6%，农村居民调查问卷有355份，约占49.4%。

其次，对调查问卷采等额数据对比分析法，即用以分析数据的调查问卷数量相等，并且以调查问卷的最低数额作为分析数据的基准。其中，关于居民委员会与村民委员会的调查问卷数量以东部地区居民委员会的38份作为分析基数，东西部地区的居民委员会与村民委员会的调查基数之和作为调查总数，即调查总数为152份；关于一般群众的调查问卷数量以西部地区农村居民的355份作为分析基数，但考虑到分析的方便性，则采350份作为分析基数，东西部地区的城市居民与农村居民的调查基数之和作为调查总数，即调查总数为1400份。

尽管调查涉及23个省、自治区、直辖市，但相对于我国数以万计的居民委员会与村民委员会以及13亿多人口而言，关于这152个居民委员会与村民委员会以及1400名一般群众的调查仅是管中窥豹。因此，调查分析结果无法全面反映我国居民委员会与村民委员会干预家庭暴力的全貌。不过，在这略见一斑之下，至少能够看到我国部分居民委员会与村民委员会干预家庭暴力的现状。它为进一步完善我国反对家庭暴力立法以及积极开展家庭暴力干预工作提供可以借鉴的审察视角与思考方向。

第二节　基层群众性自治组织干预家庭暴力的调查结果分析

一、居民委员会与村民委员会干预家庭暴力调查的对象构成

在走访调查 152 个居民委员会与村民委员会时，接待我们的调查对象有党支部书记、主任以及一般工作人员。具体见图 1。

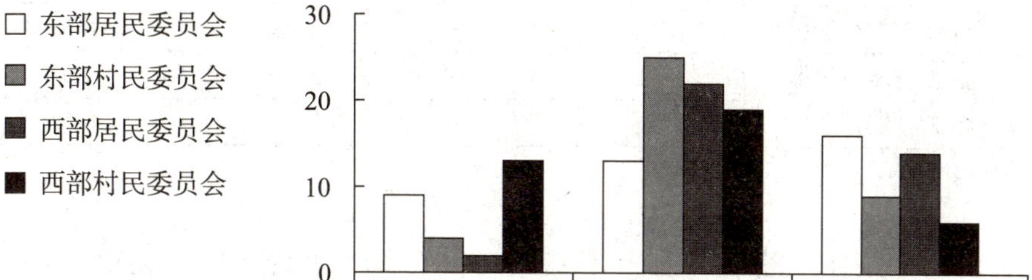

	党支部书记（人）	主任（人）	一般工作人员（人）
□东部居民委员会	9	13	16
■东部村民委员会	4	25	9
■西部居民委员会	2	22	14
■西部村民委员会	13	19	6

图 1

由图 1 整体上来看，党支部书记与主任共 107 人，约占调查总数的 70.4%；一般工作人员共 45 人，约占调查总数的 29.6%。其中，在东部地区，党支部书记与主任共 51 人，约占该地区调查总数的 67.1%；一般工作人员共 25 人，约占该地区调查总数的 32.9%。在西部地区，党支部书记与主任共 56 人，约占该地区调查总数的 73.7%；一般工作人员共 20 人，约占该地区调查总数的 26.3%。这表明大多数的居民委员会与村民委员会的党支

部书记与主任及其他一般工作人员都能积极配合本次调查活动，使得本次调查活动得以顺利完成。

在接受调查的 1400 名一般群众中，主要了解调查对象的学历构成情况，具体见图 2。

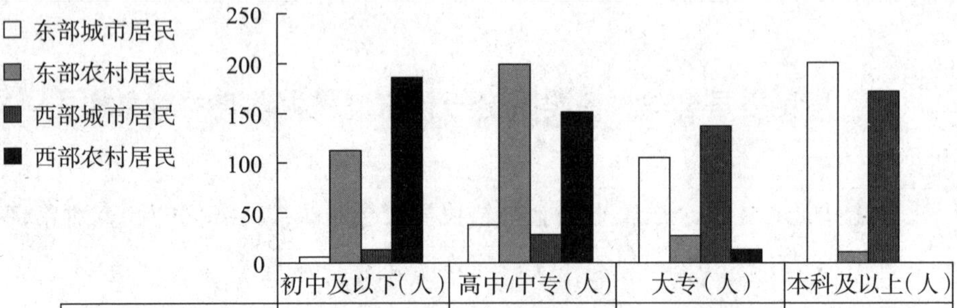

	初中及以下(人)	高中/中专(人)	大专(人)	本科及以上(人)
□ 东部城市居民	6	38	105	201
■ 东部农村居民	113	199	27	11
■ 西部城市居民	13	28	137	172
■ 西部农村居民	186	151	13	0

图 2

由图 2 整体上来看，在一般群众中，有 318 人为初中及其以下（包括小学、文盲）学历，占调查总数的 22.7%；有 416 人为高中或者中专学历，占调查总数的 29.7%；有 282 人为大专学历，占调查总数的 20.1%；有 384 人为本科及其以上（包括硕士与博士）学历，占调查总数的 27.5%。此外，具有大专以上学历者，东西部地区城市居民的人数为 615 人，约占调查总数的 43.9%；东西部地区农村居民的人数为 51 人，约占调查总数的 3.6%。而在高中或者中专以下学历者，东西部地区城市居民的人数为 85 人，约占调查总数的 6.1%；东西部地区农村居民的人数为 649 人，约占调查总数的 46.4%。这项调查表明，东西部地区城市一般群众具有大专以上学历的数量明显高于东西部地区农村一般群众的数量。这种学历构成上的差异性在一定程度上影响着工作人员与一般群众对于家庭暴力的正确认识以及对于家庭暴力干预工作的积极态度，并影响家庭暴力干预工作的实际效果。

二、居民委员会与村民委员会干预家庭暴力现状的客观分析

尽管囿于调查地域范围与调查对象数量的有限性，调查不够深入，但就调查结果来看，居民委员会与村民委员会的干预家庭暴力工作既有值得充分肯定的地方，又存在较为明显的干预不力。

（一）关于家庭暴力干预的有益经验

1. 基本上对家庭暴力有一定程度的认知性

总体上来看，居民委员会与村民委员会的工作人员以及一般群众对于家庭暴力都有一定程度的认知。

在调查对象中，有 59.2% 的工作人员与 56.5% 的一般群众表示对家庭暴力并不陌生，有一定了解。并且，有 92.8% 的工作人员与 99.1% 的一般群众能够较准确地识辨家庭暴力的主要表现形式，即殴打、辱骂家庭成员。其中，主要表现为丈夫殴打、辱骂妻子。这表明丈夫殴打与辱骂妻子仍然是最为常见的家庭暴力方式。对此，多数调查对象能够指明发生家庭暴力的主要原因。有 69.1% 的工作人员表示引发家庭暴力的主要原因在于夫妻感情不和或者夫妻一方有婚外情。另有 48.7% 的工作人员表示家庭成员吸毒、赌博或者酗酒等恶习亦是引发家庭暴力的重要原因。令人十分欣喜的是，妻子不能生育或者生育女孩已经不是发生家庭暴力的主要原因。这表明长期以来所大力宣传的男女平等思想与“生男生女都一样”的生育观念起到积极作用。这项调查对于居民委员会与村民委员会顺利开展家庭暴力干预工作具有一定的积极意义，能够做到有的放矢，对症下药，以便于收到良好的干预效果。

调查对象的这种对于家庭暴力的认知水平主要有赖于现代社会高度发达的科技水平为人们获取知识信息提供便捷。其中，广播电视实现城乡全覆盖，成为人们获取知识信息的重要渠道，但随着报纸、杂志、广播等传统传

播媒体的逐渐势微，网络因其便利、迅捷的特点已经成为获取知识信息的最重要渠道。因此，电视与网络成为绝对多数的工作人员与一般群众了解家庭暴力的重要途径。通过电视与网络了解家庭暴力的工作人员与一般群众分别约占调查总数的95.4%与96.5%。不过，城乡对比，居民委员会的工作人员与城市一般群众多通过网络了解家庭暴力，村民委员会的工作人员与农村一般群众则多通过电视了解家庭暴力。这是由于我国的城市地区与城市近郊业已全面覆盖网络，为城市居民带来信息畅享便利，通过网络了解家庭暴力成为大多数城市居民的首选渠道。对于农村而言，尽管现代社会的大多数农民至少都接受过初中以上的文化教育，并且智能手机的普及使得很多农民足不出户在家上网成为现实，但毕竟农村地区目前尚未完全覆盖网络，相当部分村民还是依赖于广播电视获取信息。这又体现出在现阶段城乡地区经济发展水平差距化的这一客观事实下，人们获取知识信息的机会与途径存在一定的不对等性与差异性。

2. 大多数能够正确认识家庭暴力的违法性

对于家庭暴力违法性认识的调查，尽管接受调查的居民委员会与村民委员会的工作人员与一般群众无法从法律层面对家庭暴力做出精准的专业判断，但大部分的工作人员与一般群众都能正确判断和清晰认知家庭暴力的违法性，认为家庭暴力属于违法行为，并且二者在调查占比上相差不是很大，即工作人员约占调查总数的75.7%、一般群众约占调查总数的73.2%。并且，居民委员会的工作人员与城市一般群众的认知比例均分别明显高于村民委员会的工作人员与农村一般群众，即居民委员会的工作人员与城市一般群众分别约占调查总数的44.1%与43.3%，村民委员会的工作人员与农村一般群众分别约占调查总数的31.6%与29.9%。造成这一现状的主要原因在于传统观念对于当今城市和农村影响强弱的不同，以及城市居民和农村居民知识更新速度快慢的不同。这对于绝大多数长期生活在基层且未接受过法律专业学习和训练的工作人员与一般群众而言，这种判断和认知家庭暴力的能力仅是一种源于打人违法这一最为简单不过的素朴思想，但却十分可贵。

此外，尚有少数的工作人员与一般群众认为家庭暴力是家庭私事且不违法，二者分别约占调查总数的 18.4% 与 11.4%。显然，这些调查对象明显深受传统观念影响，不能正确认识家庭暴力，应当对其进行教育，帮助其端正错误观念，以利于正常开展家庭暴力干预工作。

3. 干预家庭暴力的态度与目的较为明确性

对于应否介入家庭暴力，有 82.2% 的工作人员表示，接到家庭暴力受害人的求助或者发现正在发生家庭暴力的，应当介入家庭暴力。并且，接受调查的工作人员均表示为家庭暴力受害人提供救助意在保护受害人，另有 91.4% 的工作人员同时表示为了促进家庭和睦。这表明居民委员会与村民委员会在应否介入家庭暴力的认识态度上较为积极，以及介入家庭暴力的目的十分明确。

4. 能够认识到反对家庭暴力宣传的必要性

对于反对家庭暴力宣传开展情况，有 48.7% 的工作人员表示很少宣传，有 46.0% 的工作人员表示没有宣传，仅有 5.3% 的工作人员表示经常宣传。这表明绝大部分社区（小区）和村里很少开展反对家庭暴力宣传活动。显然，这并不利于人们正确理解和深入认识家庭暴力。对此，有 79.6% 的工作人员认为有必要在社区（小区）和村里开展反对家庭暴力宣传，并且愿意积极配合反对家庭暴力宣传活动。这表明大多数工作人员能够认识到反家庭暴力宣传工作对于干预家庭暴力的必要性和重要性，有利于早日在全社会形成防患于未然的反对家庭暴力氛围。

（二）家庭暴力干预工作存在的问题

1. 家庭暴力干预不力的主要表现

（1）家庭暴力受害人向居民委员会与村民委员会求助比率过低。

作为距离基层群众最近的组织，居民委员会与村民委员会担负着维护居民合法权益的重要职责。家庭成员遭受家庭暴力后，受害人应当首先积极向其求助。但是，只有 12.5% 的居民委员会与村民委员会的工作人员表示接到过家庭暴力受害人的求助，仅有 12.1% 的一般群众表示在遭受家庭暴力后向居民委员会与村民委员会求助过。这两项调查结果相差不大，基本持平。另有 52.6% 的工作人员表示很少接到家庭暴力受害人的求助，有 77.1% 的一般群众表示没有向居民委员会与村民委员会求助过。这表明家庭暴力受害人向居民委员会与村民委员会求助的积极性不高。这主要在于：一是家庭暴力受害人对于可否向居民委员会与村民委员会求助缺乏明确认识；二是家庭暴力受害人在家丑不可外扬的心态支配下，不愿让外人知道自己遭受家庭暴力而加以掩饰。

（2）居民委员会与村民委员会主动介入家庭暴力的积极性不高。

调解民间纠纷是居民委员会与村民委员会的重要职责之一。尽管家庭纠纷属于家庭内部事务，但属于民间纠纷的范畴。居民委员会与村民委员会基于职责，应当主动介入家庭暴力。然而，只有 44.1% 的工作人员表示愿意主动介入家庭暴力，有 34.2% 的工作人员表示要看情况决定是否介入，有 21.7% 的工作人员明确表示不愿意主动介入。这表明多数居民委员会与村民委员会在主动介入家庭暴力上的态度较为消极，同绝大多数工作人员在介入家庭暴力认识上的积极态度截然相反，反映出应否介入家庭暴力与是否主动介入家庭暴力的态度反差之大，暴露出“应该管”与“愿不愿意管”是在态度与行动上泾渭分明的两码事。这与长期以来的“清官难断家务事”的传统思想观念有关，特别是发生家庭暴力的原因具有复杂性，外人对于介入他人家庭事务一般都会有所顾忌，不愿主动介入。

（3）居民委员会与村民委员会的家庭暴力干预成效尚不够理想。

家庭暴力干预工作是一项系统工程，除了要对正在发生或者刚刚发生不久的暴力采取一定的干预措施外，还应继续跟进以观后效，进一步了解受害人情况，观察是否再次发生家庭暴力，以便于进一步采取相关干预措施。

对于家庭暴力的具体干预措施，有 90.8% 的工作人员表示会劝解当事人，有 45.3% 的工作人员表示同时会批评教育加害人，有 39.5% 的工作人员会主动制止正在发生的家庭暴力，仅有 2.6% 的工作人员表示会选择报警求助。由此可见，绝大多数居民委员会与村民委员会介入家庭暴力以劝解当事人为主，只有少数会对加害人辅之以批评教育。这主要在于，一是源于“劝和不劝离”的传统观念影响，居民委员会与村民委员会出于促使双方改善婚姻家庭关系的善意只能劝和，通过批评教育，帮助双方化解矛盾。甚至，有的多以告知家庭暴力受害人“稍微忍一下，大事化小”或者“夫妻床头打架床尾和”的方式进行“调和”。[①] 二是居民委员会与村民委员会毕竟属于局外人，不宜过深介入他人家庭内部事务。三是居民委员会与村民委员会仅是基层群众性自治组织，不能像国家机关那样对家庭暴力加害人采取强制措施。因此，这种救济措施缺乏强制力与威慑力，对于一些加害人根本没有任何作用，以致家庭暴力反复发生。

对于家庭暴力后续跟进情况，仅有 12.5% 的工作人员表示会后续跟进了解受害人情况，有 65.1% 的工作人员表示要看情况而定是否继续跟进，有 19.1% 的工作人员表示不会继续跟进，有 3.3% 的工作人员认为没必要继续跟进。这就表明居民委员会与村民委员会为家庭暴力受害人提供救助后，大多对事态后续发展情况处于观望状态。造成这种观望状态的主要原因在于，一是同多数居民委员会与村民委员会在主动介入家庭暴力上的消极态度有关；二是居民委员会与村民委员会的工作人员对于干预家庭暴力缺乏深刻认识，认为制止正在发生的家庭暴力与劝解当事人即可，未能充分认识到后续跟进的必要性与重要性。实际上，尽管家庭暴力行为已经停止，但家庭暴力带给受害人心理与精神的创伤却无法在短时间内消弭，需要后续跟进视具体情况对受害人予以必要心理干预。同时，尚需观察加害人的悔改情况，以及防止再次发生家庭暴力。

因此，这就导致居民委员会与村民委员会无法深入细致地开展家庭暴力干预工作，以致家庭暴力救济大多浮于表面而流于形式，难以取得良好的干预成效，受害人不能获得全面救济。事实上，在遭受家庭暴力后向居民委员会与村民委员会求助过的一般群众中，只有 37.1% 的受害人表示帮助较大，

① 罗杰：《家庭暴力立法与实践研究——以民事法律规制为中心》，西南政法大学 2012 年博士学位论文，第 208 页。

大部分受害人表示帮助不大或者没有帮助，二者分别约占调查总数的29.4%与33.5%。并且，在帮助较大的调查比例上，城市居民高于农村居民，前者约占调查总数的20%，后者约占调查总数的17.1%；在帮助不大与没有帮助的调查比例上，农村居民均高于城市居民，帮助不大的调查占比分别约为调查总数的15.3%与14.1%，没有帮助的调查占比分别约为调查总数的17.6%与15.9%。这说明居民委员会与村民委员会的家庭暴力干预工作并不理想，并且二者的干预家庭暴力效果存在一定差距。这就需要注意家庭暴力干预工作的复杂性与系统性，不能仅浮于表面，而是应当树立家庭暴力的深度干预理念，进一步加强家庭暴力后续跟进工作，坚持将家庭暴力干预工作进行到底，不断推向纵深，直至彻底消除家庭暴力。

（4）居民委员会与村民委员会没有专门处理家庭暴力的负责人。

家庭暴力的复杂性决定了家庭暴力干预工作人员需要具备劝慰双方、化解矛盾、心理疏导等多方面的能力，应该实现家庭暴力干预的专业化与专职化，由专人负责。尤其是碍于家庭暴力当事人之间身份关系的特殊性，外人介入家庭暴力的分寸较难把握，谁也不愿意介入他人家庭内部事务，容易产生推诿现象。这将在一定程度上消极地放纵家庭暴力的发生，受害人无法得到救助，进而使得家庭暴力更加严重化与频繁化，可能会引发以暴制暴、家庭解体等悲剧。因此，十分有必要在居民委员会与村民委员会中设置专门负责处理家庭暴力的工作人员。然而，有99.4%的工作人员表示居民委员会与村民委员会没有专门处理家庭暴力的负责人。对此，只有40.8%的工作人员认为有必要设置专门处理家庭暴力的负责人，其他人对于是否设置专门处理家庭暴力负责人则持消极态度，看法各异。其中，有17.8%的工作人员认为没有必要，有28.3%的工作人员表示要看情况而定，有13.2%的工作人员则表示说不清楚。这表明大多数居民委员会与村民委员会对于设置专门处理家庭暴力负责人的重要性及其在家庭干预中所发挥的重要作用缺乏深刻认识。

2. 家庭暴力干预不力的原因分析

（1）长期受传统思想观念影响，社会中缺乏对家庭暴力的正确认识。

因受“法不入家门”“清官难断家务事”与“夫妻床头吵架床尾和”等传统思想观念的影响，夫妻矛盾常被认为家务事，应由他们自己解决，别人管不了也不好管。[①] 哪怕对于较为严重的家庭暴力，外人既不便又不宜过多干预。尤其是家庭暴力发生后，受害人一般不会追究加害人的法律责任，即使诉至法庭，在家庭暴力举证、认定方面也存在一定困难，在当事人无法举证家庭暴力时，法官则倾向于将这类情况认定为夫妻不合。[②] 这就使得居民委员会与村民委员会对于家庭暴力熟视无睹，忽视家庭暴力后果的严重性与干预的必要性，间接放纵了家庭暴力。此外，由于人们长期以来对于家庭暴力行为有一种狭隘的错误认识，认为只有那些造成人的身体和精神伤害的殴打、辱骂等行为才是家庭暴力，却忽视了家庭成员之间因家庭矛盾而长时间不说话的冷暴力情形。上述调查表明，调查对象对于家庭冷暴力缺乏深刻认识。只有较少的人认为家庭成员之间长期互不理睬与限制家庭成员同他人交往属于家庭暴力。并且，城市调查对象对于家庭冷暴力认知的调查比例要高于农村调查对象。其中，对于长期互不理睬的家庭暴力形式，居民委员会与村民委员会的工作人员分别约占调查总数的 18.4% 与 11.2%，城市居民与农村居民分别约占调查总数的 13.3% 与 3.4%。对于限制家庭成员同他人交往的家庭暴力形式，居民委员会与村民委员会的工作人员分别约占调查总数的 14.4% 与 8.6%，城市居民与农村居民分别约占调查总数的 3.5% 与 0.6%。这主要在于，一是同殴打、辱骂相比，这两种家庭暴力形式并不多见；二是这两种家庭暴力形式造成受害人身心伤害没有殴打、辱骂后果那样明显、直观，不易为人所发现。但是，它造成受害人的精神伤害无法估量，不容小觑，绝对不能忽视这两种家庭暴力形式。这也表明调查对象对于家庭暴力多数处于传统家庭暴力形式的认知阶段，而城市居民对于新生事物的认识过程在一定程度上要早于农村居民。

---

① 陈苇、姜大伟、石婷：《防治家庭暴力情况调查报告——以重庆市某区某街道社区为调查对象》，载《海峡法学》2011 年第 3 期。

② 陈苇、石雷：《防治家庭暴力的地方实践研究——以重庆市某区 2009~2010 年防治家庭暴力情况为对象》，载《甘肃社会科学》2013 年第 3 期。

（2）现有相关立法制度不够完善，居民委员会与村民委员会的职责不明确。

《婚姻法》与《反家庭暴力法》等法律法规都未明确居民委员会与村民委员会干预家庭暴力的具体职责，以致它们在干预家庭暴力时陷入无从下手的尴尬困境。特别是这些法律法规在救助主体上，授权给多个部门组织有权予以救助，却往往容易出现“都有权管，但都管不到位”的情况。[①]甚至，还会出现相互推诿的现象。因此，在干预家庭暴力职责不明的情况下，居民委员会与村民委员会的工作人员也就不免会消极对待家庭暴力。

（3）相关工作人员文化水平较低，无法做到科学判断与正确把握家庭暴力。

文化层次是考量一个人或者一个团队综合素质的重要因素之一，它在一定程度上影响着个人或者团队对于事物和现象的认知与判断。从整体上来看，受访的居民委员会与村民委员会工作人员的学历大部分较低，大多数为高中或者中专以下（包括初中、小学、文盲）学历。囿于学历不高，工作人员的视野则不够开阔，以致对一些问题的敏感度较差，观察力较弱，无法及时做到科学判断与正确把握。尽管大部分的工作人员认为家庭暴力属于违法行为，但这在更大程度上只是一种感性的表象判断，缺乏专业认知，不能全面了解家庭暴力。因此，一旦发生家庭暴力，他们除了采取传统的劝解与批评教育外，无法为受害人提供一个较为专业、全面的救助方案，势必影响家庭暴力干预效果。

（4）相关工作人员缺乏法治观念，家庭暴力受害人无法及时得到法律救济。

依法治国要求公民应当具备基本法治观念，了解一些法律规定，养成处理问题的法制思维。特别是开展家庭暴力干预工作，更需要具备一定的关于干预家庭暴力的法律专业知识，以保证对家庭暴力进行依法干预与规范干

---

① 陈苇、姜大伟、石婷：《防治家庭暴力情况调查报告——以重庆市某区某街道社区为调查对象》，载《海峡法学》2011 年第 3 期。

预。但是，调查结果显示，工作人员关于禁止家庭暴力的法律规定不够熟悉，对禁止家庭暴力的法律规定以及与之有关的重要活动缺乏深入了解，以致他们无法形成较强的法治观念，多将家庭暴力作为家庭内部矛盾对待。由于不能看清问题本质，无法正确对待家庭暴力，难以找到彻底解决问题的良方。这就无法为受害人提供积极的法律救济，受害人不能得到有效救助。

（5）反对家庭暴力宣传不够深入，尚未完全形成防治家庭暴力的良好社会氛围。

开展反对家庭暴力宣传意在培养与增强一般群众反对家庭暴力的法律意识。就我国目前的反对家庭暴力宣传工作来看，在宣传方式上，宣传途径主要有报刊、电视与网络等媒介。由于这些宣传途径专业性较强，基层群众——尤其是广大农村地区文化层次较低的基层群众很难科学地认知和把握家庭暴力。在宣传范围上，覆盖性不广，即使有的基层社会会开展一些现场宣传活动，但多停留于城市社区（小区）或者市郊农村，偏远的广大农村地区难以见到这样的宣传活动。在宣传时效上，未能形成长期性、定期性的长效宣传机制。如《反家庭暴力法》颁布后，很多的媒体和地方相关部门都进行了铺天盖地的宣传，但很快便销声匿迹了。人们只能走马观花而无法深入了解家庭暴力，很难取得显著的宣传成效，以致全社会至今尚未完全形成防治家庭暴力的良好氛围。

三、加强居民委员会与村民委员会干预家庭暴力的具体建议

（一）完善反对家庭暴力立法，明确居民委员会与村民委员会干预家庭暴力的具体职责

目前，关于居民委员会与村民委员会干预家庭暴力的立法规定散见于《婚姻法》《反家庭暴力法》《妇女权益保障法》等法律与相关地方法规中，且多为原则性规定，可操作性不强。这就需要进一步完善相关反对家庭暴力立法。但是，《婚姻法》《妇女权益保障法》等国家层级的综合立法囿于其立法宗旨及其所调整社会关系的特定性，不宜规定居民委员会与村民委员会干预

家庭暴力的具体职责。而是应当由反对家庭暴力的国家专项立法与地方专项立法担负起这一立法使命。首先，应当在《反家庭暴力法》中增加居民委员会与村民委员会干预家庭暴力的职责，使之法定化、明确化、具体化。然后，地方法规须根据《反家庭暴力法》的相关规定，结合本地区的实际情况，因地制宜地进一步细化居民委员会与村民委员会干预家庭暴力的职责。这就可以增强干预家庭暴力的可操作性，便于深入开展家庭暴力干预工作。

（二）贯彻预防为主基本原则，促进居民委员会与村民委员会干预家庭暴力的宣传活动

干预家庭暴力重在防患于未然，这既是把好防治家庭暴力的第一关，又是干预家庭暴力的根本。因此，必须贯彻预防为主的基本原则，在全社会深入开展反对家庭暴力的宣传教育活动，使广大群众了解家庭暴力，树立反对家庭暴力的法律意识，增强反对家庭暴力的法制观念。其中，应当注意宣传方式的多样化、宣传重心的基层化与宣传目标的实效化，多关注广大城市社区（小区）和农村地区，尤其是那些偏远落后的农村地区，尽可能地深入每一个社区（小区）和村落，走进基层群众生活当中，与他们面对面的近距离接触，通过促膝相谈、以案说法、提供咨询服务等通俗易懂的形式让更多的基层群众真正了解什么是家庭暴力、如何防范家庭暴力以及在遭受家庭暴力后如何获得救助等问题，力争实现无死角、全覆盖，在全社会营造“人人了解家庭暴力，人人反对家庭暴力，人人远离家庭暴力”的防治家庭暴力良好氛围，坚决不给家庭暴力提供生存环境，促进婚姻家庭和睦，实现社会和谐。这就需要充分发挥居民委员会与村民委员会“来自基层群众，服务于基层群众”的工作宗旨，利用它们同基层群众“同呼吸，共命运”的朝夕相处之便，积极贯彻预防为主的基本原则，深入群众当中开展或者配合其他干预主体开展反对家庭暴力的宣传教育活动，帮助基层群众树立反对家庭暴力的观念和意识，以减少或者杜绝发生家庭暴力。

（三）加强干预家庭暴力培训，不断提高居民委员会与村民委员会工作人员的干预能力

居民委员会与村民委员会距离基层群众最近，在预防家庭暴力中的重要作用不言而喻。从上述调查数据可知，有76.3%的居民委员会与村民委员会的工作人员不知道关于禁止家庭暴力的法律规定。由于大部分工作人员缺乏反对家庭暴力的法律专业知识，不能正确认识和科学判断家庭暴力，势必影响家庭暴力干预效果。因此，十分有必要对居民委员会与村民委员会的工作人员开展包括相关法律知识在内的干预家庭暴力培训，以进一步提升他们的法律专业素养与家庭暴力干预能力，切实发挥居民委员会与村民委员会在干预家庭暴力工作中的积极作用。

（四）根除家庭暴力错误观念，重塑居民委员会与村民委员会干预家庭暴力的正确思想

长期以来将家庭暴力作为家务事的错误观念带给家庭暴力干预工作的严重消极影响，已经成为家庭暴力干预的隐形障碍。因此，反对家庭暴力首先应当根除这一错误观念，帮助人们正确认识家庭暴力的违法性，及其对家庭与社会的严重危害性。这就需要重塑居民委员会与村民委员会工作人员干预家庭暴力的正确思想，增强他们对于家庭暴力违法性的识别能力，以及端正他们主动介入家庭暴力的消极态度，帮助他们认识到干预家庭暴力是其工作职责以及主动干预家庭暴力的积极意义。从而保障居民委员会与村民委员会发现家庭暴力或者接到家庭暴力受害人求助时，能够及时制止家庭暴力、劝阻家庭暴力加害人，给受害人以必要的救助。

（五）丰富家庭暴力干预措施，保障居民委员会与村民委员会干预家庭暴力的实际成效

根据《婚姻法》与《反家庭暴力法》等相关法律法规规定，居民委员会与村民委员会对家庭暴力可以采取的劝阻、调解与批评教育等干预措施不具有强制性，没有威慑力。特别是对于正在进行的家庭暴力，一旦加害人拒绝接受劝阻、调解与批评教育，居民委员会与村民委员会则因不能采取强制措施而处于无奈与尴尬之中，以致无法阻止家庭暴力，甚至不堪设想后果。这就需要将居民委员会与村民委员会从这种干预家庭暴力的无奈与尴尬之中解放出来。因此，作为专项反对家庭暴力的国家立法，《反家庭暴力法》应当赋予居民委员会与村民委员会对正在实施家庭暴力且拒不听从劝阻、调解与批评教育的加害人可以采取一些强制措施，以便于它们及时制止家庭暴力、为受害人提供有效救济。

附：

基层群众自治性组织干预家庭暴力的调查问卷

第一部分：针对居民委员会与村民委员会的调查

一、受访人的基本信息

1. 您在村（居）委会担任的职务（　）

A 村（居）委会支书　　　　B 村（居）委会主任

C 一般工作人员

二、对家庭暴力的一般认识

2. 您听说过家庭暴力吗（　）

A 听说过　　　　B 听说过，但听说的不多

C 没有听说过　　　　D 没有渠道可以听说

3. 您了解家庭暴力吗（　）

A 了解　　　　B 了解得不多

C 根本不了解　　　　D 说不清

4. 您是通过什么渠道了解家庭暴力（　）

A 电视　　　　B 网络

C 报刊　　　　　　　　D 与他人聊天

5. 您认为家庭暴力是（　）

A 家庭私事　　　　　　B 不违法

C 违法行为　　　　　　D 说不清

6. 您认为，以下哪些情况属于家庭暴力（可多选）(　)

A 殴打辱骂家庭成员　　B 歧视、虐待不能生育或者生育女孩的妻子

C 限制家庭成员与他人交往　D 家庭成员之间长期互不理睬对方

7. 就您观察，您所在村（小区）家庭暴力的产生原因有哪些（可多选）(　)

A 家庭鸡毛蒜皮之事　　B 婚外情或者夫妻感情不和

C 妻子不能生育或者生育女孩

D 家庭成员有吸毒、赌博或者酗酒等恶习

E 婆媳不和　　　　　　F 经济困难或者经济原因引发矛盾

G 教育子女意见不一致　H 生活习惯不同

三、对于应否干预家庭暴力的看法

8. 如果您所在村（小区），有人遭受家庭暴力时，向村（居）委会求助吗（　）

A 有　　　　　　　　　B 很少有

C 从来没有　　　　　　D 不清楚

9. 如果您所在的村（小区）里发生家庭暴力，村（居）委会应该管吗（　）

A 应该管　　　　　　　B 不应该管

C 可以管　　　　　　　D 说不清

10. 如果您所在的村（小区）里发生家庭暴力，村（居）委会愿意主动管吗（　）

A 愿意　　　　　　　　B 不愿意

C 看情况　　　　　　　D 说不清

11.如果您所在的村（小区）的村（居）民向村（居）委会求助时，村（居）委会管的原因是（可多选）(　)

A 保护受害人　　B 为了家庭和睦

C 为了村里和谐　　D 属于村（居）委会的职责

四、对家庭暴力干预的具体做法

12.如果您所在的村（小区）里发生家庭暴力，受害人向村（居）委会求助，村（居）委会愿意管的话，通常会怎么做？(可多选)(　)

A 主动立即制止　　B 劝解当事人

C 批评加害人　　D 拨打 110 报警

13.如果您所在的村（小区），有人向村（居）委会居委会求助时，村（居）委会管完后，还会后续跟进了解事后情况吗（　）

A 会　　B 不会

C 看情况　　D 没必要

14.您所在的村（小区）里有专门处理家庭暴力的负责人吗（　）

A 有　　B 没有

15.您觉得村（小区）里需要有专门处理家庭暴力的负责人吗（　）

A 有必要　　B 没必要

C 看情况而定　　D 不好说

五、关于家庭暴力知识的普及问题

16.您所在的村（居）委会和村（小区）里接受过反对家庭暴力的宣传吗（　）

A 经常宣传　　B 很少宣传

C 没有宣传

17.您觉得有必要对村（居）委会和村（小区）里进行反对家庭暴力的宣传吗（　）

A 必要　　B 不必要

C 说不清

18. 如果有关单位（如公安局派出所、妇联）到您所在的村（小区）里进行反对家庭暴力的宣传，村（居）委会愿意积极配合吗（ ）

A 愿意　　B 不愿意

C 看情况而定

19. 您知道我国有关于禁止家庭暴力的法律吗（ ）

A 知道　　B 不知道

20. 您知道 11 月 25 日是“国际消除对妇女的暴力日”吗？（ ）

A 知道　　B 不知道

第二部分：针对一般群众的调查

1. 您的文化程度是（ ）

A 初中以下（包括小学、文盲）　　B 高中或中专

C 大专　　D 本科以上（包括硕士博士）

2. 您听说过家庭暴力没有（ ）

A 听说过　　B 听说过，但听说的不多

C 没有听说过　　D 没有渠道可以听说

3. 您了解家庭暴力吗（ ）

A 了解　　B 了解得不多

C 根本不了解　　D 说不清

4. 您是通过什么渠道了解家庭暴力的（ ）

A 电视　　B 网络

C 报刊　　D 与他人聊天

5. 您认为家庭暴力是（ ）

A 家庭私事　　B 不违法

C 违法行为　　D 说不清

6. 您认为，以下哪些情况属于家庭暴力（可多选）（ ）

A 殴打辱骂家庭成员　　　　B 歧视、虐待不能生育或者生育女孩的妻子

C 限制家庭成员与他人交往 D 家庭成员之间长期互不理睬对方

7. 如果您遭受家庭暴力，您会向村委会求助吗（　）

A 会　　　　　　　　　　B 不会

C 说不好，看情况（可能会，可能不会）

8. 在您遭受家庭暴力后，您向村（居）委会求助过吗（　）

A 求助过　　　　　　　　B 没有求助过

C 看情况（有时候求助，有时候不求助

9. 当您受到家庭暴力向村（居）委会求助，村（居）委会对你的帮助大吗（　）

A 帮助挺大　　　　　　　B 帮助不大

C 没有帮助　　　　　　　D 说不好（有时候有帮助，有时候没有帮助）

第三章　基层群众性自治组织干预家庭暴力的法律地位

目前，我国通过《婚姻法》《反家庭暴力法》以及其他反对家庭暴力的法律法规已建构起家庭暴力干预体系。其中，家庭暴力干预主体包括人民政府及其部门、司法机关、人民团体、社会组织、居民委员会与村民委员会、企业事业单位、公民等公权力机构与社会力量。但是，这些法律法规并未明确各干预主体在家庭暴力干预体系中的法律地位。因此，为了充分发挥居民委员会与村民委员会干预家庭暴力的积极作用，应当明确它们在家庭暴力干预体系中的法律地位，科学定位它们的干预功能，以促进整个家庭暴力干预体系的有效运行。

第一节　关于宏观视域的家庭暴力干预体系一般理论的基本概述

科学判断居民委员会与村民委员会在家庭暴力干预体系中的应然地位，首先应当从宏观层面上了解家庭暴力干预体系的一般理论。

一、家庭暴力干预体系的概念

（一）家庭暴力干预体系之本质解读

汉语中的“体系”一词，是指若干有关事物或者某些意识互相发生联系从而构成的一个有机整体。[①] 这一抽象概念是对世界上各种具体体系的高度概括，为我们科学认识各种反映不同关系的体系提供了最基本的判断标准。

作为具体体系之一种，家庭暴力干预体系不仅须具有体系的基本特征，

① 《现代汉语词典（第5版）》，商务印书馆2005年版，第1342页。转引自沈宗灵主编：《法理学》，北京大学出版社2009年版，第277页。

而且须反映属于自身的构造特质。

首先，家庭暴力干预体系必然要遵循“体系”之本质。第一，家庭暴力干预体系须是一个有机整体；第二，这个有机整体由若干家庭暴力干预主体组成；第三，组成这个有机整体的若干家庭暴力干预主体之间具有关联性。这一本质在法律关系中的具体反映是，这些家庭暴力干预主体须为相关法律纳入家庭暴力干预体系之内，并且根据相关法律规定，它们在家庭暴力干预体系中各有分工，且相互之间在干预家庭暴力中存在一定程度上的关联，如协助或者联合等。

其次，作为一种制度体系，应当反映该种制度之本质。家庭暴力干预途径呈多元化，有心理干预、医疗干预、法律干预等，并且可以多管齐下同时干预家庭暴力。根据《婚姻法》与《反家庭暴力法》等法律法规的规定，居民委员会与村民委员会干预家庭暴力属于法律干预。这是居民委员会与村民委员会的家庭暴力干预体系区别于心理干预、医疗干预等其他干预体系的本质所在。

再次，需要考虑构成该体系的诸多法律因素。作为一个科学完善的家庭暴力干预体系，它须由若干因素所组成。这些因素至少应当包括法律确认的干预主体、干预主体在干预家庭暴力中的具体职责、各干预主体之间的关系、具体干预措施以及干预不力时应当负担的法律责任等内容。

（二）家庭暴力干预体系之科学定义

基于上述对“家庭暴力干预体系”的本质认识，可尝试将家庭暴力干预体系如是定义：所谓家庭暴力干预体系，是指由若干不同的家庭暴力干预主体互相发生联系而构成的一个有机整体。具体含义如下：

第一，家庭暴力干预体系须有若干家庭暴力干预主体。这是基本前提。任何一个体系都是由若干相关主体构成的有机系统，鉴于家庭暴力的频发性、复杂性、严重性、长期性和反复性等特点，单独依靠某一干预主体则无法预防和制止家庭暴力，难以保护家庭成员的合法权益，需要各种干预力量的积极参与。

第二，各干预家庭暴力主体须互相发生联系。任何一个体系的正常运转都有赖于组成该系统的各要素之间的有机联系。这是保障体系存在的根本。在家庭暴力干预体系中，无论国家机关，还是社会组织，甚至个人，干预家庭暴力的目的就在于预防和制止家庭暴力，保护受害人的合法权益。因此，各家庭暴力干预主体干预家庭暴力目标的一致性，成为联结不同家庭暴力干预主体之间关系的关键纽带。它将不同家庭暴力干预主体联结在一起。各个干预主体除了做好自己分内的工作外，还要相互积极配合协助，形成一个干预家庭暴力的有机系统，共同推动家庭暴力干预工作不断取得新的进展。

第三，家庭暴力干预体系须是一个有机整体。组成这一体系的若干不同家庭暴力干预主体在该体系内部因干预家庭暴力而发生有机联系，并且相互配合、彼此作用，形成一个不可分割的共同体，以利于预防和制止家庭暴力。

二、家庭暴力干预体系的结构

从整体上来看，家庭暴力干预体系是一个完整的闭合系统，但就其内部而言，则又是由若干不同的子系统组成。根据不同划分标准，可以有不同的子系统。由于组成各子系统的干预主体不同及其针对家庭暴力干预不同阶段的具体工作内容不同，各自有其不同功能。

根据家庭暴力干预主体性质的不同，家庭暴力干预体系可以分为国家公权力干预与社会干预两大子系统。其中，国家公权力干预体系包括行政干预和司法干预等子系统；社会干预体系包括居民委员会与村民委员会干预、企事业单位干预、教育机构干预、医疗机构干预、新闻媒体干预、法律救助与法律服务干预、民间组织干预以及妇联干预、残联干预、工会干预、共青团干预等若干子系统。在这些子系统中，各干预主体应当在各自的职责范围内做好家庭暴力干预工作，并且各自有其特点。其中，行政干预与司法干预依托国家公权力与公共资源，具有国家强制性、可预测性、普遍性、确定性等特点；社会干预依托社会量，具有民间性、自主性、平等性、协商性、非强制性、非终局性等特点。行政干预和司法干预的主要功能是对冲突做出事后制裁和补偿性的处理；社会干预则主要通过事先和事中的多层次多机构的积极预防、早期介入和调控等社会干预与服务，减少冲突发生，避免冲突升级，缩短干预过程，调高干预功效。[①]

根据家庭暴力干预主体介入时间的不同，即介入的事前预防、事中救助与事后救济等具体阶段的不同，又可以将家庭暴力干预体系分为事前预防体系、事中救助体系与事后救济体系等三个子系统。事前预防意在防止家庭暴力发生而开展的相关预防工作，属于防患于未然；事中救助针对正在发生的家庭暴力所采取的干预措施，目的在于阻止加害人继续实施暴力行为，使受害人得到及时救助；事后救济则是针对家庭暴力受害人的合法权益被侵害后，为帮助其恢复合法权益所采取的相关救济措施。这三个阶段分工各异，却相互关联，共同构成一个完整的家庭暴力干预体系。

尽管依据不同分类标准可将家庭暴力干预体系划分为不同子系统，但这些子系统并非相互独立而不发生任何关联。由于在家庭暴力干预的每一个阶段都有不同干预主体参与进来，这就使得各子系统之间相互交叉、彼此联动。因此，家庭暴力干预体系是以预防、救助与救济等三个子系统构成的干预体系为经，以各干预主体构成的不同干预体系为维，共同织就一张干预家庭暴力的恢恢天网，成为家庭暴力受害人的护身符。

三、家庭暴力干预体系的功能

干预家庭暴力的目的在于贯彻《反家庭暴力法》的立法宗旨，预防和制止家庭暴力，保护家庭成员合法权益。实现这一目的，有赖于一个科学完善的家庭暴力干预体系能够有效运行，为家庭成员构筑起一道坚实的家庭暴力防线，使他们免于家庭暴力侵害或者在遭受家庭暴力侵害后能够得到及时救助。这就决定家庭暴力干预体系的基本功能在于预防与救济。

---

① 夏吟兰主编:《家庭暴力防治法制度性建构研究》，中国社会科学出版社 2011 年版，第 128~129 页。

（一）家庭暴力干预体系之预防功能

所谓预防，是指家庭暴力干预主体在干预家庭暴力中的首要任务在于防患于未然，要有未雨绸缪的前瞻力，做好相关事前防范工作，尽可能及早发现家庭暴力倾向，以便制止和减少发生家庭暴力。简言之，即做好事前防范。

在家庭暴力预防阶段，防范工作一定要做到细致、周密与深入。其中，所谓细致，要求家庭暴力干预主体在开展相关预防工作时，一定要做到事无巨细，事事注意，处处留心，以便尽早发现问题，切忌敷衍塞责、走马观花。所谓周密，要求家庭暴力干预主体在开展相关预防工作时，一定要对具体工作内容考虑周全，做好详尽计划与科学安排，切忌疏忽大意、囫囵吞枣。所谓深入，要求家庭暴力干预主体在开展相关预防工作时，一定要深入基层，熟悉群众生活，尤其是对于群众反映强烈的家庭，应当作为重点关注对象给予特别关照，要长期跟踪、定期回访，及早杜绝不测发生，切忌浮于表面、流于形式。

（二）家庭暴力干预体系之救济功能

所谓救济，是指家庭暴力干预主体针对正在实施的家庭暴力或者已经发生的家庭暴力要及时介入，为受害人提供救济帮助，妥善处理好家庭暴力所带来的不良后果。简言之，即实现事后救济。

在家庭暴力救济阶段，救济工作一定要做到及时、合法与到位。其中，所谓及时，要求家庭暴力干预主体一旦了解或者掌握正在实施家庭暴力或者发生过家庭暴力的确切消息后，必须立即行动，不推诿、不拖延，迅速赶到现场或者受害人家中了解情况，并积极采取相关干预措施。所谓合法，要求家庭暴力干预主体应当严格按照相关法律规定开展具体干预工作。家庭暴力干预主体除了以《婚姻法》与《反家庭暴力法》以及其他反对家庭暴力的法律法规作为干预依据外，还要遵守其他有关法律的规定。尽管其他有关法律不是专门针对反对家庭暴力的立法，但这些法律关涉加害人与受害人的合法权益，如《民法总则》《侵权责任法》中关于人身权利的规定，采取相关干预措施时不得侵害加害人的人身权益，还要注意保护受害人的隐私等。所谓到位，要求家庭暴力干预主体在干预家庭暴力时，要扎扎实实开展相关工作，应当因人、因事而宜，针对不同情况采取不同干预措施，将相关具体工作落到实处。坚决反对弄虚作假、名不符实的工作作风。

最后，需要强调的是，如何正确看待预防与救济之间的关系？家庭暴力干预体系实则就是一个从事前防范到事后救济的有机整体。预防和救济作为这个干预体系的基本功能，它们在预防和制止家庭暴力中发挥着极其重要的作用，不可偏废任何一方。然而，就其本身而言，由于二者功能设计的差异以及处于家庭暴力干预的不同阶段，价值还是有所不同。预防在于防患于未然，干预工作的重心在于提前布防，以杜绝或者减少发生家庭暴力；而救济针对事实结果，干预工作的重心在于化解矛盾，意在帮助受害人恢复合法权益，得到法律保护。显然，从有利于保护受害人合法权益、干预成本以及家庭暴力对社会造成的不良影响等几个方面来看，防患于未然的意义更加重要。因此，预防应该是家庭暴力干预的根本，只有从根本上彻底摧毁家庭暴力的滋生环境，才不会继续上演悲剧。

四、家庭暴力干预体系的形成

（一）家庭暴力干预体系的形成过程

家庭暴力干预体系的形成大致经历了地方立法和国家立法两个时期。其中，地方立法时期包括地方政策文件与地方法规两个阶段，国家立法时期包括综合立法与专项立法两个阶段。也就是说，家庭暴力干预体系雏形始于地方政策文件，初步形成于地方立法，经过国家综合立法的发展，最终确立于国家专项立法。

1. 地方立法时期的家庭暴力干预体系

（1）地方政策文件阶段的家庭暴力干预体系。

①地方政策文件之家庭暴力干预体系的建构。早期关于干预家庭暴力的地方政策文件，均建构起家庭暴力干预体系。下面仅以湖南省长沙市、浙江

省湖州市与安徽省安庆市的相关规定为例，予以分析探讨。

作为我国第一个反对家庭暴力的地方政策文件，尽管《长沙规定》只有6个条款，但却建构起来家庭暴力干预体系的雏形。为了便于分析，特抄录于此。

中共长沙市委办公厅和长沙市人民政府办公厅关于预防和制止家庭暴力的若干规定

（1996年1月10日）

家庭暴力是一个突出的社会问题。它或侵犯妇女的人身权利、或摧残老年人身心健康、或给未成年人带来心理创伤，给社会带来不稳定因素，影响精神文明和物质文明建设。为了预防和制止家庭暴力的发生，特制定以下规定：

一、各级党委和政府要重视家庭文明建设。倡导敬老爱幼、尊重妇女、爱护儿童的社会风气，将家庭暴力纳入社会治安综合治理的范畴。各单位、基层组织要加强家庭文明建设，积极开展“家庭文明”“五好家庭”的评选表彰活动，加强舆论宣传，引导人们树立正确的道德、家庭观念。

二、各级基层行政机关、乡镇、街道的人民调解委员会、村委会、居委会，要及时调处婚姻、家庭矛盾，防止矛盾激化，预防家庭暴力行为的发生。对家庭暴力的施暴者应根据情节轻重，严肃处理。同时要加强普法宣传力度，加强对妇女及广大群众的自我教育、法制教育，使广大群众不断增强法制观念，增强依靠法律维护合法权益的能力，增强防暴抗暴能力。

三、公安部门对因遭受家庭暴力虐待而来投诉的受害妇女、儿童、老人，要热情接待，认真调查。对违反治安管理条例的行为，根据《中华人民共和国治安管理处罚条例》第22条的规定，处以十五日以下拘留，二百元以下罚款或警告，对构成犯罪的暴力行为，应按有关规定依法立案查处。

四、各级人民检察院对于由公安机关报捕或移送审查起诉的因家庭暴力而构成犯罪的案件，应依法批准逮捕和提起公诉。不能使犯罪分子逍遥法外，更不得以“家庭纠纷”为由而对该逮捕的不批捕，对该起诉的不起诉。

> 五、人民法院对于人民检察院因家庭暴力起诉的或者当事人因家庭暴力提起的自诉案件，应依法及时审理，除对被告人依法惩处外还应依法附带民事赔偿，以切实维护受害者的合法权益。
>
> 对于因家庭暴力原因而起诉到人民法院的离婚案件，应及时查明事实，如系男方经常性施暴，屡教不改，夫妻感情已破裂的，应依法判决或裁定离婚，并对被伤害者依法予以赔偿。
>
> 对于在诉讼期间仍无视法律，继续行凶打人，妨碍诉讼正常进行的，应依法视情节予以训诫、罚款或拘留，直至追究刑事责任。
>
> 六、妇联、工会等社会团体和企事业单位应热情接待因家庭暴力而前来投诉的群众，认真调查和调解，并及时与有关部门联系，督促有关部门尽快解决。

综观该规定，第 1 条属于倡导性理念条款，意在呼吁建设文明家庭。其他 5 条则明确不同主体在干预家庭暴力中的具体工作内容。第 2 条是关于基层国家行政机关、居民委员会与村民委员会干预家庭暴力的规定，要做好调处与普法宣传工作。第 3 条是关于公安部门干预家庭暴力的规定，要求公安部门做好相关调查，对于违法犯罪行为，视其具体情况予以行政处罚或者依法查处。第 4 条是关于人民检察院干预家庭暴力的规定，要求其应当积极履行职责，不得推诿家庭暴力犯罪案件。第 5 条是关于人民法院干预家庭暴力的规定，要求其审理好涉及家庭暴力的刑事自诉和离婚案件。第 6 条是关于妇联、工会等社会团体和企事业单位干预家庭暴力的规定，要求其做好调查和调解干工作，并及时与有关部门联系。此外，长沙市公安局为了进一步贯彻《长沙规定》，专门制定了《湖南省长沙市公安局贯彻市委办公厅市政府办公厅关于〈关于预防和制止家庭暴力的若干规定〉的意见》。其中，第 4 条规定："公安机关应加强与人民法院、人民检察院、司法行政机关、妇联、工会等单位的联系、协调，共同做好预防和制止家庭暴力的工作"。

应该说，当时的长沙市委和长沙市人民政府已经充分认识到干预家庭暴力的复杂性和艰巨性，需要调动全社会力量共同参与干预家庭暴力。因此，

《长沙规定》建构起由基层行政机关、乡镇、街道的人民调解委员会、居民委员会、村民委员会、公安部门、人民法院、人民检察院、妇联、工会和企事业单位等主体组成的家庭暴力干预体系。这是我国第一个由官方正式建构的家庭暴力干预体系。它不仅为各干预主体做出较合理的分工，而且明确各自职责，形成一个涵盖国家公权力机关、社会团体、群众组织与当事人工作单位等干预力量共同参与的干预家庭暴力的联动网络。

浙江省湖州市的《湖州规定》则不同于《长沙规定》，它是由湖州市公安局、人民检察院、人民法院、司法局、市总工会、妇联等单位联合制定。安徽省安庆市的《安庆规定》与《湖州规定》类似，由社会治安综合管理委员会、中级人民法院、人民检察院、公安局、司法局、妇联等联合制定。这两个规定除了明确这些联合制定单位干预家庭暴力的具体职责外，还将其他一些主体纳入家庭暴力干预体系。其中，《湖州规定》中纳入了乡镇（街道）、村（居）委会、厂矿企事业单位调解委员会；《安庆规定》中则纳入了基层行政机关、企事业单位及村、居委会调解委员会、法律服务机构、法医鉴定机构。具体见表 2。

表 2　地方政策文件之家庭暴力干预体系对比表

<table>
<tr><th rowspan="2">地方
政策文件</th><th colspan="2">家庭暴力干预主体</th></tr>
<tr><th>相同干预主体</th><th>不同干预主体</th></tr>
<tr><td>《长沙规定》</td><td rowspan="3">公安部门
人民法院
人民检察院
妇联
居民委员会
村民委员会
企事业单位</td><td>基层行政机关
乡镇、街道的人民调解委员会
工会</td></tr>
<tr><td>《湖州规定》</td><td>司法局
市总工会
乡镇（街道）调解委员会</td></tr>
<tr><td>《安庆规定》</td><td>社会治安综合管理委员会
司法局
基层行政机关
法律服务机构
法医鉴定机构</td></tr>
</table>

综观这三个关于预防和制止家庭暴力的地方政策文件，它们在框架、内容、条款表述形式等方面大体相同，突出特点在于干预主体范围大小不同。从表2可见，它们除了将一些传统的机关、组织、单位纳入家庭暴力干预体系外，《长沙规定》与《湖州规定》将工会与乡镇、街道的人民调解委员会纳入其中，《长沙规定》与《安庆规定》包含基层行政机关，《湖州规定》与《安庆规定》则有司法局。不过，特别值得指出的是，《安庆规定》要比《长沙规定》与《湖州规定》具有明显进步的地方。在其所建构的家庭暴力干预体系中，最大亮点在于增加社会治安综合管理委员会、法律服务机构与法医鉴定机构这三个新的干预主体。这就扩大了家庭暴力干预体系的干预主体范围，可以尽可能地为受害人提供全方位救济。

②地方政策文件之家庭暴力干预体系的意义。在我国反对家庭暴力立法进程中，地方政策文件第一次建构家庭暴力干预体系，它的重要意义在于开启全社会共同干预家庭暴力模式。

第一，确立居民委员会与村民委员会干预家庭暴力的法律地位。在这三个地方政策文件所建构的家庭暴力干预体系中，干预主体主要包括公安部门、人民法院、人民检察院、妇联、居民委员会与村民委员会、企事业单位。将居民委员会与村民委员会同国家公权力机关一起纳入家庭暴力干预体系，充分表明它们在家庭暴力干预中的重要性。其中，《长沙规定》对于居民委员会与村民委员会的意义尤为重大，初步确立居民委员会与村民委员会干预家庭暴力的法律地位，在关于居民委员会与村民委员会干预家庭暴力的立法中具有开创性的里程碑意义。《湖州规定》与《安庆规定》则起到进一步的助推作用。应该说，这三个地方政策文件对于以后的地方性和全国性的反对家庭暴力立法将居民委员会与村民委员会纳入家庭暴力干预体系起到积极的引领与示范作用。

第二，初步构筑起由多方社会力量参与的家庭暴力干预体系。不可否认，这些关于预防和制止家庭暴力的地方政策文件明显过于简单粗疏，尚不完善。然而，就其制定背景来看，在当时国内尚无任何相关立法可以借鉴的情况下，这些地方政策文件的立法起点还是较高的，它们成功地动员了包括国家公权力机关、社会团体、群众组织与企事业单位等在内的全社会力量共同参与家庭暴力干预工作，并建构起家庭暴力干预体系的雏形。这对于在其之后的地方立法和国家立法如何建构家庭暴力干预体系，带来深刻启迪，并成为它们的良好典范。

第三，有利于形成多机构合作共同反对家庭暴力的干预模式。家庭暴力干预是一项复杂的系统工程，需要来自行政、司法以及社会等不同领域的力量共同介入。这些地方政策文件所建构的家庭暴力干预体系，是由一个行政干预、司法干预和社会干预等共同组成、主体广泛多元、职能复杂交错、相互衔接补充[①]的干预家庭暴力整体框架。在这个框架之下，实现了多机构合干预家庭暴力的模式，并通过科学运营这个家庭暴力干预体系，有力地推动多机构合作共同干预家庭暴力。

（2）地方法规阶段的家庭暴力干预体系。

在《反家庭暴力法》出台之前，绝大多数的省、自治区、直辖市开展反对家庭暴力的地方立法活动，初步建构起家庭暴力干预体系。

①地方法规之家庭暴力干预体系的建构。限于篇幅，这里仅选择几个代表性的地方法规，予以分析探讨。

《湖南省决议》建构的家庭暴力干预体系中，干预主体包括基层司法行政机关、居民委员会与村民委员会、人民法院、人民检察院、公安机关、律师、基层法律服务工作者、国家机关、社会团体、企业事业单位、各级人民政府及其妇女、未成年人、老年人、残疾人权益保障协调机构。这是我国第一个省级家庭暴力干预体系。

《四川省关于预防和制止家庭暴力的决议》（以下简称《四川省决议》）建构的家庭暴力干预体系中，干预主体有国家机关、社会团体、企事业单位、其他组织、基层司法行政机构、居民委员会与村民委员会及其调解组

① 夏吟兰主编：《家庭暴力防治法制度性建构研究》，中国社会科学出版社 2011 年版，第 55 页。

织、公安机关、人民检察院、人民法院、基层法律服务工作者、律师、各级人民政府以及妇女、未成年人、老年人、残疾人等权益保障机关。

《河北省预防和制止家庭暴力条例》(以下简称《河北省条例》)建构的家庭暴力干预体系中，干预主体有地方各级人民政府及其有关部门（公安机关、司法行政机关、文化部门、教育部门)、人民法院、人民检察院、妇女联合会、工会、共青团、社区居民委员会、村民委员会、街道办事处、家庭成员所在单位、新闻媒体。

《辽宁省预防和制止家庭暴力规定》(以下简称《辽宁省规定》)建构的家庭暴力干预体系中，干预主体有各级人民政府、公安机关、居民委员会、村民委员会、法律援助机构、受害人和加害人所在单位。

《海南省预防和制止家庭暴力规定》(以下简称《海南省规定》)建构的家庭暴力干预体系中，干预主体有县级以上人民政府负责妇女儿童工作的机构、国家机关、社会团体、企业事业单位、城乡基层群众性自治组织、司法行政部门、民政部门、文化部门、教育部门、妇联、工会、共青团、家庭暴力行为人所在单位、受害人所在单位、学校、人民法院和公安机关。

《内蒙古自治区预防和制止家庭暴力条例》(以下简称《内蒙古自治区条例》)建构的家庭暴力干预体系中，干预主体有国家机关、社会团体、企业事业单位、基层群众性自治组织、妇联、新闻媒体、公安机关、人民法院、司法鉴定机构、法律援助机构、医疗机构、社会治安管理机构、精神文明建设机构、各级人民政府妇女儿童工作委员会。

综观这几部地方法规，在建构家庭暴力干预体系时，依然注重发挥国家机关、各级人民政府、公安机关、人民法院、人民检察院、社会团体、妇女联合会、企业事业单位、居民委员会、村民委员会等传统机关与组织在家庭暴力干预中的作用，并且进一步扩大干预主体范围，干预主体数量明显增多。其中，《湖南省决议》与《四川省决议》增加了基层法律服务工作者、律师以及妇女、未成年人、老年人、残疾人权益保障机构，《河北省条例》与《海南省规定》增加了工会、共青团，《河北省条例》与《内蒙古自治区条例》增加了新闻媒体,《辽宁省规定》与《内蒙古自治区条例》增加了法律援助机构。此外,《海南省规定》增加了学校,《内蒙古自治区条例》增加了司法鉴定机构、医疗机构、社会治安管理机构、精神文明建设机构、各级人民政府妇女儿童工作委员会。具体见表3。

表3 地方法规之家庭暴力干预体系对比表

<table>
<tr><th rowspan="2">地方法规</th><th colspan="2">家庭暴力干预主体</th></tr>
<tr><th>相同干预主体</th><th>不同干预主体</th></tr>
<tr><td>《湖南省决议》</td><td rowspan="6">国家机关
社会团体
各级人民政府
公安机关
人民法院
人民检察院
妇女联合会
企事业单位
居民委员会
村民委员会</td><td>律师，基层法律服务工作者，妇女、未成年人、老年人、残疾人权益保障协调机构</td></tr>
<tr><td>《四川省决议》</td><td>其他组织，基层法律服务工作者，律师，各级人民政府的妇女、未成年人、老年人、残疾人等权益保障机关</td></tr>
<tr><td>《河北省条例》</td><td>工会，共青团，街道办事处，新闻媒体</td></tr>
<tr><td>《辽宁省规定》</td><td>法律援助机构</td></tr>
<tr><td>《海南省规定》</td><td>县级以上人民政府负责妇女儿童工作的机构，工会，共青团，学校</td></tr>
<tr><td>《内蒙古自治区条例》</td><td>新闻媒体，司法鉴定机构，法律援助机构，医疗机构，社会治安管理机构，精神文明建设机构，各级人民政府妇女儿童工作委员会</td></tr>
<tr><td>备注</td><td colspan="2">1. 为了统计方便，鉴于人民政府的决定和一些工作都由其具体部门实施，故将各省、自治区决议、规定与条例中所涉及的具体行政部门纳入到各级人民政府项内。
2. 企事业单位即包含了家庭成员所在单位、家庭暴力行为人所在单位、受害人和加害人所在单位，故将这些主体归入企事业单位项内。</td></tr>
</table>

从表3可见，地方法规所建构的家庭暴力干预体系具有明显的进步性。第一，注重事前预防的重要性，将新闻媒体与精神文明建设机构纳入进来，意在加强反对家庭暴力宣传教育活动，帮助公民树立反对家庭暴力的法律意识，积极促进文明家庭建设。第二，加强保护特定受害人，充分发挥共青团、学校以及妇女、未成年人、老年人、残疾人等弱势群体权益保障机构的

重要作用，做好对相关对象的防范与救助工作。第三，构筑多层次救济体系，医疗机构、律师、基层法律服务工作者与法律援助机构可以为受害人提供医疗救助和权利救济。

②地方法规之家庭暴力干预体系的价值。地方法规建构的家庭暴力干预体系是地方政策文件建构的家庭暴力干预体系的升级版，它对地方和国家两个层面的反对家庭暴力立法具有继往开来的重要意义。

第一，进一步发展了地方政策文件建构的家庭暴力干预体系。尽管地方政策文件建构的家庭暴力干预体系的层次较低，但却成为地方法规建构家庭暴力干预体系的先验之鉴。一方面，它在立法框架与立法内容上为地方法规提供了借鉴经验；另一方面，它在实践中暴露出来的一些问题弥足珍贵，可以使地方法规在立法过程中有针对性地做出科学安排，避免再度出现类似立法缺陷。此外，地方法规在地方政策文件的基础上进一步扩大家庭暴力干预体系的干预主体范围，使得更多的干预力量参与进来，建构起一个更加多元、更加广泛的家庭暴力干预体系，拓宽多机构合作干预家庭暴力的广度和深度，进一步提升家庭暴力干预体系的干预能力。这就保证地方法规建构的家庭暴力干预体系更加科学、系统、完善，有利于深入推动多机构合作干预家庭暴力工作。

第二，建构起符合本地实际情况的地方性家庭暴力干预体系。我国幅员辽阔，受地理环境、历史渊源、文化底蕴、风土人情、民族成分、经济发展水平等因素影响，各地情况千差万别。每一地方立法须立足于本地区具体情况，满足实际需要。因此，各省、自治区、直辖市反对家庭暴力的地方法规具有地方性、针对性、局限性等特点。它所建构的家庭暴力干预体系必然反映这些特点。截至目前，我国绝大多数的省、自治区、直辖市制定了反对家庭暴力法规，建立起符合本地实际情况的地方家庭暴力干预体系，可以因地制宜、因地施策地开展家庭暴力干预工作。

第三，弥补了《婚姻法》所建构的家庭暴力干预体系的不足。《婚姻法》第 43 条建构起我国第一个全国性家庭暴力干预体系，家庭暴力干预主体包括居民委员会、村民委员会、当事人所在单位与公安机关。面对家庭暴力的严重性与复杂性，干预主体明显过少，干预力量较为薄弱，干预力度难以深入。而地方法规属于反对家庭暴力的专项立法，并且大多制定于《婚姻法》修订之后，面对《婚姻法》所建构的家庭暴力干预体系的立法不足，在全国性的反家庭暴力专项立法出台之前，它发挥专项立法优势，建构起一个较为科学、完善的家庭暴力干预体系，对《婚姻法》所建构的家庭暴力干预体系起到弥补、完善的作用。

第四，为国家专项立法建构家庭暴力干预体系提供实验范本。作为反对家庭暴力的地方专项立法，地方法规建构起地方家庭暴力干预体系，有力地促进干预主体积极开展家庭暴力干预工作。因此，不同地方法规积累起来的立法与实践经验极大地丰富了国家反对家庭暴力专项立法的本土经验。这就使得地方法规所建构的地方家庭暴力干预体系于无形之中成为全国性家庭暴力干预体系的实验范本。《反家庭暴力法》在立法中以地方法规及其所建构的地方家庭暴力干预体系为鉴，充分借鉴与吸收地方法规的成功经验，从而建构更加科学、完善的家庭暴力干预体系。

2. 国家立法时期的家庭暴力干预体系

从《婚姻法》和《反家庭暴力法》来看，我国已经形成全国性的家庭暴力干预体系。它经历综合立法和专项立法两个阶段。

（1）综合立法阶段的家庭暴力干预体系。

①综合立法之家庭暴力干预体系的建构。在国家综合立法阶段，只有《婚姻法》与《妇女权益保障法》建构起家庭暴力干预体系。

2001 年《婚姻法》修订之际建构起第一个全国性的家庭暴力干预体系。根据《婚姻法》第 43 条[①]之规定，家庭暴力干预主体有公安机关、居民委员会、村民委员会以及所在单位。其中，所在单位应当包括受害人所在单位与

---

① 《婚姻法》第 43 条规定："实施家庭暴力或虐待家庭成员，受害人有权提出请求，居民委员会、村民委员会以及所在单位应当予以劝阻、调解。对正在实施的家庭暴力，受害人有权提出请求，居民委员会、村民委员会应当予以劝阻；公安机关应当予以制止。实施家庭暴力或虐待家庭成员，受害人提出请求的，公安机关应当依照治安管理处罚的法律规定予以行政处罚。"

加害人所在单位。坦言之，作为国家立法，《婚姻法》所规定的家庭暴力干预主体数量较少，无论就其自身来看，还是同地方立法比较，其所建构的家庭暴力干预体系并不完善。但是，这是我国第一次在国家层级立法中以基本法律形式正式建构的国家层面的家庭暴力干预体系，它为全国范围内广泛开展预防和制止家庭暴力工作提供了最基本的干预体系。

《妇女权益保障法》于2005年修订之时，建构了专门针对妇女的家庭暴力干预体系。根据《妇女权益保障法》第46条第3款[①]之规定，家庭暴力干预主体有公安、民政、司法行政等部门以及城乡基层群众性自治组织、社会团体。尽管这个家庭暴力干预体系的保护对象仅限于妇女，但干预主体要比《婚姻法》广泛得多，建构起多机构合作下的立体式、全方位家庭暴力干预模式，更加有利于预防和制止家庭暴力。这是《妇女权益保障法》在充分吸收相关立法经验的基础上，通过发展与借鉴并举的科学路径建构起较为科学完善的家庭暴力干预体系，即一方面发展《婚姻法》的立法规定，另一方面借鉴地方立法规定。它为日后的反对家庭暴力专项立法提供了借鉴经验和有益启发。然而，在我国，受害人与加害人所在单位一直是参与解决家庭纠纷的重要主体之一，《妇女权益保障法》却未采纳这一优良传统，实属不该。不过，家庭暴力的受害妇女亦可基于家庭成员身份，根据《婚姻法》的规定向受害人与加害人所在单位提出救助请求。对此，受害人与加害人所在单位应当予以积极回应，不能因《妇女权益保障法》未将其纳入家庭暴力干预体系而置之不理。

《婚姻法》与《妇女权益保障法》之所以在建构家庭暴力干预体系上存在这么大的差异，根本原因在于：一是立法立场不同，《婚姻法》是关于婚姻家庭关系的基本准则，属宏观性，而《妇女权益保障法》则是针对妇女权益保护的专门立法，呈微观性。二是保护对象不同，《婚姻法》的保护对象

---

① 《妇女权益保障法》第46条第3款规定："公安、民政、司法行政等部门以及城乡基层群众性自治组织、社会团体，应当在各自的职责范围内预防和制止家庭暴力，依法为受害妇女提供救助。"

表现为普遍性，包括所有家庭成员，而《妇女权益保障法》的保护对象具有特定性，仅针对妇女。三是立法重心不同，《婚姻法》重在构造家庭成员之间的权利与义务体系，而《妇女权益保障法》重在构造妇女的权利体系。但是，妇女的家庭成员身份将《婚姻法》与《妇女权益保障法》紧密连接起来，使得它们有机交叉，相互补充，共同发挥作用。从而弥补《婚姻法》囿于立法主旨所带来的不可避免的缺陷与《妇女权益保障法》适用主体范围过窄的局促。

②综合立法之家庭暴力干预体系的意义。综合立法建构的家庭暴力干预体系开启国家干预家庭暴力模式，初步形成国家家庭暴力干预体系与地方家庭暴力干预体系共存的二元家庭暴力干预格局。

第一，建构起国家层面上的家庭暴力干预体系。《婚姻法》是我国首部明确禁止家庭暴力的基本法律，它开启国家立法反对家庭暴力的先河，建构起首个全国性的家庭暴力干预体系，为全国各地开展家庭暴力干预工作提供基本法律依据。并且，成为《妇女权益保护法》的立法典范，建构专门保护弱势群体的家庭暴力干预体系。其中，尤为难能可贵的是，《婚姻法》仅有几个禁止家庭暴力条款，却在这么有限的立法资源中以基本法律的形式正式建构起第一个国家层面上的全国性家庭暴力干预体系。如前所述，尽管这个家庭暴力干预体系具有干预主体明显过少、干预力量较为薄弱以及干预力度难以深入等明显不足之处，尚不够科学、系统、完善，但其对于全国家庭暴力干预工作具有十分重要的意义，充分表明国家对于禁止家庭暴力的坚决态度和坚定决心。

第二，成为建构地方家庭暴力干预体系的参照。虽然反对家庭暴力的地方立法始于《婚姻法》修订之前，但大多数的地方法规都制定于《婚姻法》修订之后。在《婚姻法》修订之后不久，地方立法机关便以《婚姻法》“禁止家庭暴力”的规定为依据开展地方性的反对家庭暴力专项立法活动，并以《婚姻法》第43条所建构的家庭暴力干预体系为参照建构地方家庭暴力干预体系。因此，《婚姻法》不仅为地方立法提供了立法典范和基本依据，而且其所建构的家庭暴力干预体系成为在其修订之后的地方法规建构家庭暴力干预体系的重要参照。这就使得《婚姻法》成为地方立法及其建构家庭暴力干预体系的立法指导。

第三，同地方家庭暴力干预体系形成互补之势。在家庭暴力干预的法律适用上，基于上下位法的效力层级，家庭暴力干预主体必然首先适用《婚姻法》的相关规定，然后才是地方法规的相关规定。这于实际上同时启动两个家庭暴力干预体系，一个是国家层面的家庭暴力干预体系，另一个则是地方层面的家庭暴力干预体系。其中，就效力级别而言，由于《婚姻法》优先适用于地方法规，即应当首先启动国家家庭暴力干预体系，然后才是地方家庭暴力干预体系，这就使得地方家庭暴力干预体系在实际上对国家家庭暴力干预体系起到了积极补充作用。就庭暴力干预体系的构成主体来看，地方家庭暴力干预体系中的干预主体基本上同国家家庭暴力干预体系中的干预主体相同，这些干预主体在干预家庭暴力时，实际上，既是启动地方家庭暴力干预体系，又是启动国家家庭暴力干预体系，以致这两个家庭暴力干预体系交相呼应。因此，国家和地方的两个家庭暴力干预体系在家庭暴力干预中形成互补之势。

第四，加快全国性反家庭暴力专项立法的进程。《婚姻法》修正案增加的“禁止家庭暴力”规定成为我国反对家庭暴力的法律依据。但是，由于这一规定属于原则性规定，缺乏可操作性，并且其所建构的家庭暴力干预体系亦存在严重不足，以致家庭暴力干预难以取得显著成效。因此，有效规制家庭暴力，亟待制定一部全国性的专项反家庭暴力法，建构一个更加科学、系统、完善的家庭暴力干预体系。从这一重意义上来说，综合立法阶段的反对家庭暴力法律及其所建构的家庭暴力干预体系成为推进全国性反家庭暴力专项立法的加速器，有力地加快全国性反家庭暴力专项立法进程。

（2）专项立法阶段的家庭暴力干预体系。

①专项立法之家庭暴力干预体系的建构。《反家庭暴力法》建构的家庭暴力干预体系充分体现出专项立法优势。它的立法路径是“立法宗旨——概

念阐释——指导思想——具体规范——法律责任”。第 1 条开宗明义指明立法宗旨在于预防和制止家庭暴力，保护家庭成员的合法权益，维护平等、和睦、文明的家庭关系，促进家庭和谐、社会稳定。第 3 条第 2 款确立了指导思想，即反家庭暴力是国家、社会和每个家庭的共同责任。然后，通篇以这两个条款为依据建构家庭暴力干预体系，不仅干预主体明确，而且具体职责清晰。具体见表 4。

表 4 《反家庭暴力法》之家庭暴力干预体系相关要素统计表

干预主体	相关条款	具体职责
国家	第 3 条第 3 款	禁止任何形式的家庭暴力
	第 6 条第 1 款	开展家庭美德宣传教育，普及反家庭暴力知识，增强公民反家庭暴力意识
县级以上人民政府负责妇女儿童工作的机构	第 4 条第 1 款	组织、协调、指导、督促有关部门做好反家庭暴力工作
县级以上人民政府有关部门	第 4 条第 2 款	依照本法和有关法律规定，做好反家庭暴力工作
	第 7 条第 1 款	预防和制止家庭暴力纳入业务培训和统计工作
	第 9 条	支持社会组织开展心理健康咨询、家庭关系指导、家庭暴力预防知识教育等服务
各级人民政府	第 4 条第 3 款	对反家庭暴力工作给予必要经费保障
	第 9 条	应当支持社会工作服务机构等社会组织开展心理健康咨询、家庭关系指导、家庭暴力预防知识教育等服务。
	第 8 条	乡镇人民政府、街道办事处应当组织开展家庭暴力预防工作
	第 36 条	负有反家庭暴力职责的国家工作人员玩忽职守、滥用职权、徇私舞弊的，依法给予处分；构成犯罪的，依法追究刑事责任
人民团体	第 4 条第 2 款	依照本法和有关法律规定，做好反家庭暴力工作
居民委员会 村民委员会	第 4 条第 2 款	依照本法和有关法律规定，做好反家庭暴力工作
	第 8 条	配合协助乡镇人民政府、街道办事处组织开展家庭暴力预防工作
	第 13 条第 1 款	接受家庭暴力受害人及其法定代理人、近亲属的投诉、反映或者求助，并予以帮助、处理

续表

干预主体	相关条款	具体职责
居民委员会 村民委员会	第 14 条	发现无民事行为能力人、限制民事行为能力人遭受或者疑似遭受家庭暴力的，及时向公安机关报案
	第 17 条 2 款	对收到告诫书的加害人、受害人进行查访，监督加害人不再实施家庭暴力
	第 21 条第 1 款	申请人民法院依法撤销其监护人资格
	第 22 条	应当对实施家庭暴力的加害人进行法治教育，必要时可以对加害人、受害人进行心理辅导。
	第 23 条第 2 款	代为申请人身安全保护令
	第 32 条	协助执行人身安全保护令
	第 35 条	依法接受处分
企业事业单位 / 用人单位	第 4 条第 2 款	依照本法和有关法律规定，做好反家庭暴力工作
	第 11 条	发现本单位人员有家庭暴力情况的，应当给予批评教育，并做好家庭矛盾的调解、化解工作
	第 13 条第 1 款、第 3 款	接受家庭暴力受害人及其法定代理人、近亲属的投诉、反映或者求助，并予以帮助、处理 及时劝阻正在发生的家庭暴力行为
工会	第 6 条第 2 款	组织开展家庭美德和反家庭暴力宣传教育
	第 22 条	对加害人进行法治教育 对加害人、受害人进行心理辅导
共产主义青年团	第 6 条第 2 款	组织开展家庭美德和反家庭暴力宣传教育
	第 22 条	对加害人进行法治教育 对加害人、受害人进行心理辅导
妇女联合会	第 6 条第 2 款	组织开展家庭美德和反家庭暴力宣传教育
	第 7 条第 1 款	预防和制止家庭暴力纳入业务培训和统计工作
	第 13 条第 1 款	接受家庭暴力受害人及其法定代理人、近亲属的投诉、反映或者求助，并予以帮助、处理
	第 22 条	对加害人进行法治教育 对加害人、受害人进行心理辅导
	第 23 条第 2 款	代为申请人身安全保护令
残疾人联合会	第 6 条第 2 款	组织开展家庭美德和反家庭暴力宣传教育
	第 22 条	对加害人进行法治教育 对加害人、受害人进行心理辅导

续表

干预主体	相关条款	具体职责
广播、电视、报刊、网络	第6条第3款	开展家庭美德和反家庭暴力宣传
学校、幼儿园	第6条第4款	开展家庭美德和反家庭暴力教育
	第14条	发现无民事行为能力人、限制民事行为能力人遭受或者疑似遭受家庭暴力的，及时向公安机关报案
	第35条	依法接受处分
医疗机构	第7条第2款	做好家庭暴力受害人的诊疗记录
	第14条	发现无民事行为能力人、限制民事行为能力人遭受或者疑似遭受家庭暴力的，及时向公安机关报案
	第35条	依法接受处分
社会组织/社会工作服务机构	第4条第2款	依照本法和有关法律规定，做好反家庭暴力工作
	第8条	配合协助乡镇人民政府、街道办事处应当组织开展家庭暴力预防工作
	第9条	开展心理健康咨询、家庭关系指导、家庭暴力预防知识教育等服务
	第14条	发现无民事行为能力人、限制民事行为能力人遭受或者疑似遭受家庭暴力的，及时向公安机关报案
	第35条	依法接受处分
人民调解组织	第10条	依法调解家庭纠纷
司法机关/公安机关/公安派出所	第4条第2款	依照本法和有关法律规定，做好反家庭暴力工作
	第7条第1款	将预防和制止家庭暴力纳入业务培训和统计工作
	第13条第2款	接受家庭暴力受害人及其法定代理人、近亲属的报案
	第15条	接到家庭暴力报案后应当及时出警，制止家庭暴力，按照有关规定调查取证，协助受害人就医、鉴定伤情。 无民事行为能力人、限制民事行为能力人因家庭暴力身体受到严重伤害、面临人身安全威胁或者处于无人照料等危险状态的，公安机关应当通知并协助民政部门将其安置到临时庇护场所、救助管理机构或者福利机构。
	第16条	对加害人给予批评教育或者出具告诫书

续表

干预主体	相关条款	具体职责
司法机关 / 公安机关 / 公安派出所	第 17 条第 1 款	将告诫书送交加害人、受害人，并通知居民委员会、村民委员会
	第 23 条第 2 款	代为申请人身安全保护令
	第 32 条	协助执行人身安全保护令
民政部门	第 15 条第 2 款	安置因家庭暴力身体受到严重伤害、面临人身安全威胁或者处于无人照料等危险状态的无民事行为能力人、限制民事行为能力人
	第 21 条第 1 款	申请人民法院依法撤销其监护人资格
司法机关 / 人民法院	第 4 条第 2 款	依照本法和有关法律规定，做好反家庭暴力工作
	第 7 条第 1 款	将预防和制止家庭暴力纳入业务培训和统计工作
	第 13 条第 2 款	接受家庭暴力受害人及其法定代理人、近亲属的起诉
	第 19 条第 2 款	人民法院应当依法对家庭暴力受害人缓收、减收或者免收诉讼费用
	第 20 条	审理涉及家庭暴力的案件，认定家庭暴力事实
	第 21 条第 1 款	根据被监护人的近亲属、居民委员会、村民委员会、县级人民政府民政部门等有关人员或者单位的申请，依法撤销其监护人资格，另行指定监护人
	第 23~32 条	人身安全保护令的作出与执行
	第 34 条	被申请人违反人身安全保护令，构成犯罪的，依法追究刑事责任；尚不构成犯罪的，人民法院应当给予训诫，可以根据情节轻重处以一千元以下罚款、十五日以下拘留。
个人	第 13 条第 3 款	及时劝阻正在发生的家庭暴力
受害人近亲属	第 21 条第 1 款	申请人民法院依法撤销其监护人资格
	第 23 条第 2 款	代为申请人身安全保护令
救助管理机构	第 14 条	发现无民事行为能力人、限制民事行为能力人遭受或者疑似遭受家庭暴力的，及时向公安机关报案
	第 15 条第 2 款	接受安置因家庭暴力身体受到严重伤害、面临人身安全威胁或者处于无人照料等危险状态的无民事行为能力人、限制民事行为能力人
	第 35 条	依法接受处分

续表

干预主体	相关条款	具体职责
福利机构	第 14 条	发现无民事行为能力人、限制民事行为能力人遭受或者疑似遭受家庭暴力的，及时向公安机关报案
	第 15 条第 2 款	接受安置因家庭暴力身体受到严重伤害、面临人身安全威胁或者处于无人照料等危险状态的无民事行为能力人、限制民事行为能力人
	第 35 条	依法接受处分
临时庇护场所	第 15 条第 2 款	接受安置因家庭暴力身体受到严重伤害、面临人身安全威胁或者处于无人照料等危险状态的无民事行为能力人、限制民事行为能力人
	第 18 条	为家庭暴力受害人提供临时生活帮助
法律援助机构	第 19 条第 1 款	为家庭暴力受害人提供法律援助

从表 4 可见，《反家庭暴力法》确立了大约 25 类干预主体，它包罗可以动员的一切力量。其中，既有抽象主体，如国家，又有具体主体，如人民政府、政府部门、社会组织、企事业单位与个人等；不仅包含国家公权力机关，而且不乏民间力量。并且，除明确各干预主体的具体职责外，还要求彼此之间相互配合、协助。因此，《反家庭暴力法》的颁布标志着全国性家庭暴力干预体系正式形成。它建构起一个“以国家干预为核心，辅之以社会干预”的多机构合作的家庭暴力干预体系。同以往的各种立法相比，由于干预主体的多元性与广泛性，这一干预体系更加系统、科学、完善、立体。特别是将国家确立为家庭暴力干预主体，这在我国反对家庭暴力立法史上尚属首次，其立法格局之高可见一斑，一方面表明国家责任对于干预家庭暴力的重要性和必要性，另一方面凸显家庭暴力的严重性和干预的紧迫性。

同为国家层级立法，《婚姻法》仅通过第 43 条建构家庭暴力干预体系。而《反家庭暴力法》本身就是一个系统的家庭暴力干预体系。这在于二者的宏观立法定位不同。《婚姻法》是关于婚姻家庭关系的基本准则，其立法定位在于确立婚姻家庭制度，涉及婚姻家庭关系的方方面面，尽量谋求婚姻家庭制度的全面化与系统化。尽管 2001 年《婚姻法》修订之时已经充分认识到家庭暴力对婚姻家庭关系的巨大破坏力，明令禁止家庭暴力，但毕竟家庭暴力仅是影响婚姻家庭关系的因素之一，如果《婚姻法》关于禁止家庭暴力的立法规定过于详尽，则会冲淡婚姻立法主题。因此，作为我国立法史上首部明令禁止家庭暴力的法律，《婚姻法》不可能对家庭暴力立法着力过多，只能采原则性规定。这就使得缺乏可操作性的家庭暴力立法无法建构起完善的家庭暴力干预体系。不过，《婚姻法》开启家庭暴力的国家立法之先河意义永不磨灭。《反家庭暴力法》则是反对家庭暴力的专项立法，其立法定位十分明确，意即预防和制止家庭暴力，立法规定较为具体，具有较强的可操作性。特别是为了全方位地保护受害人，《反家庭暴力法》扩大了家庭暴力干预主体范围，更具多元性和广泛性，更利于其发挥预防和制止家庭暴力之功效。

②专项立法之家庭暴力干预体系的意义。《反家庭暴力法》建构的家庭暴力干预体系，表明我国在国家层面上建构起来较为科学完善的家庭暴力干预体系，更加有利于开展家庭暴力干预工作。

第一，它在反对家庭暴力立法进程中具有里程碑意义。作为反对家庭暴力的专项立法，同以往相关立法相比，从立法技术、制度设计、体系构造、内容周延以及完善程度等几个方面来看，《反家庭暴力法》所建构的家庭暴力干预体系是我国 20 年来反对家庭暴力立法进程中的最高立法成就，其里程碑意义比以往任何形式的相关立法都更为重要。它既是对以往立法经验和具体实践的科学总结，又是针对社会发展形势和家庭暴力现状的积极回应。它标志着我国反对家庭暴力立法达到了一个全新高度，具有中国特色的家庭暴力干预体系正式建成，将在预防和制止家庭暴力中发挥十分重要的积极作用。

第二，它在家庭暴力干预体系开启国家直接干预模式。任何一部法律都是国家意志的直接体现，但鲜有为国家设定职责和责任的法律。《反家庭暴力法》不仅将国家纳入家庭暴力干预体系，而且明确规定反对家庭暴力属于国家责任，并为国家设定具体职责。第3条第2款、第3款规定："反家庭暴力是国家、社会和每个家庭的共同责任。国家禁止任何形式的家庭暴力。"第6条第1款规定："国家开展家庭美德宣传教育，普及反家庭暴力知识，增强公民反家庭暴力意识。"这不仅在以往任何形式的反对家庭暴力立法中绝无仅有，而且在反对家庭暴力以外的其他立法中亦属罕见。《反家庭暴力法》将国家纳入家庭暴力干预体系，绝非简单的理念宣扬，而是开启国家直接干预家庭暴力的新模式。它反映国家对家庭暴力反对和禁止的明确态度，以及表明国家有责任采取措施消灭一切形式的家庭暴力。[①]

第三，它在国家层面建构起来专项家庭暴力干预体系。在《反家庭暴力法》颁布之前，《婚姻法》与《妇女权益保障法》等基本法律和相关地方立法对预防和制止家庭暴力起到重要作用，但仍存在一些问题：一是缺乏全面禁止家庭暴力的全国性专门立法，已有相关规定散见于不同的法律法规之中，相互之间缺乏衔接，体例不够系统、规范，内容不够周延、完整；二是现行法律法规的规定过于抽象笼统，存在立法空白，缺乏可操作性，难以在审判实践中被切实遵从；三是部门规章和地方法规法律位阶较低，对于基本法层面的现有规定难以有实质性突破；四是现有规范侧重事后惩治，对正在实施的家庭暴力和持续发生的暴力行为欠缺及时、有效的事先预防和防范。[②]因此，制定一部统一的反家庭暴力法成为当时的迫切需要。《反家庭暴力立法》基本上解决了上述这些问题，并建立起全国性的家庭暴力干预体系，为全面开展预防和制止家庭暴力提供了国家标准。

（3）国家立法之家庭暴力干预体系的特点。

第一，在体系构造上，逐渐向系统化与全面化发展。国家立法的家庭暴力干预体系结构伴随着由综合立法向专项立法的发展，经历了不断地向系统化与全面化发展的过程。尽管《婚姻法》建构的第一个国家层面上的全国性

---

① 夏吟兰主编：《家庭暴力防治法制度性建构研究》，中国社会科学出版社 2011 年版，第 51 页。

② 夏吟兰主编：《家庭暴力防治法制度性建构研究》，中国社会科学出版社 2011 年版，第 8~9 页。

家庭暴力干预体系同其之后的相关家庭暴力干预体系相比，尚不够系统与全面，但初步实现家庭暴力干预的系统化。《妇女权益保障法》建构的家庭暴力干预体系，干预主体种类和数量上的变化，在系统化与全面化上得到进一步发展。《反家庭暴力法》以其国家专项立法之优势，动员包括国家在内的一切力量参与家庭暴力干预工作，不仅明确不同干预主体的具体分工，而且建立不同干预主体之间互相配合的协助机制，家庭暴力干预体系在系统化和全面化方面得到更进一步的提升。

第二，在参与主体上，逐渐向多元化与广泛化扩张。预防和制止家庭暴力是全社会的共同责任。这不仅是反对家庭暴力立法经验的科学总结，而且是社会各界在干预家庭暴力实践中所达成的高度共识。因此，社会中的一切力量都应积极参与家庭暴力干预工作。但是，家庭暴力干预主体的多元化与广泛化经历了一个渐进过程。在《婚姻法》所确立的家庭暴力干预主体中，居民委员会、村民委员会与当事人所在单位帮助基层群众解决家庭纠纷是我国长期以来形成的有效化解家庭矛盾的传统手段之一，而公安机关则往往多针对违法犯罪案件，由此可见《婚姻法》关于家庭暴力干预主体的立法规定还是过于保守。《妇女权益保障法》所确立的家庭暴力干预主体，明显突破了《婚姻法》的保守观念，将民政、司法行政等部门与社会团体纳入其中，使得家庭暴力干预主体在全国性立法中第一次得到扩张。《反家庭暴力法》则将家庭暴力干预主体的多元化与广泛化扩张至极致。总体上来看，包括国家、国家机关、人民团体、社会组织、群众组织、公民个人、企业事业单位等不同主体，涵盖上上下下、方方面面的社会力量。在受害人遭受家庭暴力后，获得专门机构庇护、心理辅导、照料服务，获得医疗救助，都是受害人的实际需求。从已有的国家及地方家庭暴力立法内容看，这一法律为家庭暴力受害人提供的救助，确实包括了上述诸多方面。[①] 由此可见，家庭暴力干预主体的多元化与广泛化，既是全社会共同责任的具体反映，又是干预家庭

---

① 薛宁兰:《论我国家庭暴力法的定位与宗旨——基于反家庭暴力法（征求意见稿）的思考》，载《中华女子学院学报》2015 年第 2 期。

暴力的现实需要。

第三，在运行机制上，逐渐向立体化与网络化推进。有效预防和制止家庭暴力，需要一个科学完善的运行机制。建构这个运行机制的过程就是将家庭暴力干预体系不断推向立体化与网络化的完善过程。《婚姻法》所建构的家庭暴力干预体系初步奠定了立体化与网络化基础。其中，公安机关上下级单位之间及其同居民委员会、村民委员会构成纵向干预主体；当事人所在单位则因其单位性质不同而有所区别，如果该单位属于行政关机关，则可能与公安机关构成纵向或者横向干预主体，如果该单位属于企事业单位与公安机关、居民委员会、村民委员会出现交叉。《妇女权益保障法》所建构的家庭暴力干预体系在《婚姻法》的基础上，基本上实现了立体化与网络化，公安、民政、司法行政等部门属于横向干预主体，它们与各自上下级单位以及城乡基层群众性自治组织又构成纵向干预主体，另外还有社会团体与之交叉。《反家庭暴力法》则将家庭暴力干预体系的立体化与网络化进一步推向纵深。它所建构的家庭暴力干预体系中，干预主体的多元与广泛程度前所未有，每一干预主体的分工明确、具体，各司其职各尽其责，彼此之间相互协助。由此可见，我国“以国家干预为核心，辅之以社会干预”的立体化、网络化的家庭暴力干预体系业已建成，形成多机构合作干预机制。它为家庭暴力布下一张无处不在的隐形巨网，随时随地可以对其予以及时、有效的积极干预。

第四，在具体措施上，逐渐向多样化和专业化过渡。家庭暴力干预主体所采取的干预措施是否适当，直接影响能否有效制止暴力和救助受害人。在《婚姻法》中，根据第 43 条规定，居民委员会、村民委员会和所在单位可以对加害人劝阻、调解，公安机关可以对加害人予以制止和行政处罚（制止实际上包含了可以采取行政处罚在内的强制措施）。《妇女权益保障法》并没有明确规定具体的干预措施，除了公安机关可以采取强制措施外，民政、司法行政等部门以及城乡基层群众性自治组织、社会团体只能劝阻和调解。因此，《妇女权益保障法》与《婚姻法》在干预措施的规定上没有什么区别。

不过，尽管这两部法律所规定的家庭暴力干预措施种类较少，但还是呈多样化态势。《反家庭暴力法》所规定的干预措施则十分丰富。根据干预主体的法律性质不同，大体上包括医疗干预、心理干预、司法干预、社会干预、法律援助等几个方面，具体措施有宣传、培训、心理健康咨询、家庭关系指导、家庭暴力预防知识教育、劝阻、调解、批评教育、诊疗记录、临时庇护、危机救助、告诫书、法律援助、法治教育、心理辅导、人身保护令、治安管理处罚、刑事责任等，涵盖家庭暴力的事前预防、事中救助和事后救济的全部过程。干预措施的多样化可以多措并举，实现有效干预。并且，这些干预措施的运用都需要具备一定专业水准的人士，如医生（包括普通和心理医生）、律师、法官和志愿者等。干预者的专业水准越高，具体分工越细，干预效果就会越好。

第二节　基层群众性自治组织在家庭暴力干预体系中的应然地位

从地方立法到国家立法，居民委员会与村民委员会都是不同层次家庭暴力干预体系中的重要干预主体。它们在家庭暴力干预中的重要地位不言自明。

一、居民委员会与村民委员会纳入家庭暴力干预体系的主要原因

（一）居民委员会与村民委员会之法定职责所决定

《城市居民委员会组织法》第 3 条规定：居民委员会的任务之一是维护居民的合法权益。《村民委员会组织法》第 9 条规定：村民委员会的职责之一是维护村民的合法权益，促进男女平等。居民与村民合法权益的内涵十分丰富，既包括政治、经济、教育、文化等方面的宏观内容，又包括人身和财产等方面的具体内容。其中，在婚姻家庭关系中，作为人身权益的家庭成员地位平等以及不受家庭暴力侵害是居民与村民合法权益的重要内容之一。因

此，保护居民与村民不受家庭暴力侵害属于居民委员会与村民委员会的职责范畴。这是《婚姻法》《妇女权益保障法》与《反家庭暴力法》等法律法规将居民委员会与村民委员会纳入家庭暴力干预体系的根本原因。这些法律成为居民委员会与村民委员会干预家庭暴力的基本法律依据。

（二）居民委员会与村民委员会之干预优势所决定

同人民政府及其有关部门、司法机关、人民团体、社会组织、企业事业单位、公民等其他家庭暴力干预主体相比，居民委员会与村民委员会干预家庭暴力具有诸多优势。一是它们设立在居民中间，是与基层群众距离最近、联系最紧密的组织，与当地居民有着天然联系，最了解情况，最贴近百姓。特别是其工作人员来自居民当中，他们语言相同、习俗相近、朝夕相处、往来密切，熟悉当地生产经营特点，了解群众家庭生活状况，不仅有利于居民投诉、举报，也便于及时发现家庭暴力，可以有条件在第一时间及时受理、制止家庭暴力，对受害人提供各类咨询服务以及实施庇护、保护等救助措施，[①] 有效干预家庭暴力。二是它们可以为受害人提供及时救助。源于婚姻或者血缘这一特殊身份关系，家庭是加害人和受害人的共同栖身之地，也是家庭暴力发生的主要场所。居民委员会与村民委员会距离家庭暴力发生场所较近，只要受害人求助，便可及时赶到现场。而其他干预主体距离家庭暴力发生场所较远，则很难为受害人提供及时救助。三是它们的干预成本较低。由于居民委员会与村民委员会距离家庭暴力发生场所近，干预家庭暴力所花费的人力、财力、物力、时间等救济成本都要低于需要跋山涉水舟车劳顿的其他家庭暴力干预主体。显然，居民委员会与村民委员会的这些优势更加有利于提高家庭暴力救济成效。

（三）居民委员会与村民委员会之文化氛围所决定

在我国基层群众生活当中，居民委员会或者村民委员会的负责人一般

---

① 陈明侠、夏吟兰、李明舜、薛宁兰：《家庭暴力防治法基础性建构研究》，中国社会科学出版社 2005 年版，第 120 页。

多为群众推举出来的家族族长、同村长辈或者高度信赖的人。这些人群众基础好、人格魅力强、威信普遍高，在十分注重人情世故与邻里关系的基层群众生活当中，于无形之中拉近居民委员会与村民委员会同当地人民群众之间的情感距离，有利于增进彼此信赖，融洽关系，从而形成一种群众效应，即基层群众大多尊重并拥戴这些负责人，将他们视作“娘家人”“主心骨”。在这样一种基层群众生活的文化氛围中，一旦发生邻里纠纷或者家庭矛盾，居民委员会与村民委员会的负责人出面调解时，依靠自己的威望与群众的信赖，与当事人推心置腹促膝相谈，晓之以理动之以情，帮其弄清具体事实，为其讲明利害关系。这种完全超脱于司法机关和行政机关解决问题所遵循的程式化方式更容易为当事人所接受，出于对调解人的尊重和信赖，大多愿意听取意见和建议。因此，基层群众长期生活在这种文化氛围中形成属于自己独特的解决纠纷方式，有利于促进邻里和谐与实现家庭和睦。

二、居民委员会与村民委员会纳入家庭暴力干预体系的重要意义

（一）有利于实现事前防范

预防为主是绝大多数地方法规与国家专项立法确立的干预家庭暴力的基本原则之一。它针对事后救济的理念，强调干预家庭暴力应防患于未然，而非消极等待家庭暴力发生之后方予救济。通过开展事前预防活动，一是创造对家庭暴力零容忍的社会环境，从根本上杜绝发生家庭暴力；二是发现家庭暴力征兆或者出现家庭暴力倾向，在家庭冲突尚未激化时对其进行及时干预，可以尽早地将家庭暴力遏制在萌芽状态，以减少家庭暴力的发生甚至演化为犯罪。因此，居民委员会与村民委员会应当积极贯彻预防为主原则，应在城镇社区和村里开展反对家庭暴力的宣传教育活动，或者配合其他干预主体做好相关家庭暴力预防工作，增强居民对于家庭暴力的警惕性和自觉意识，形成反对家庭暴力的良好社会氛围。

（二）有利于节约司法资源

家庭暴力干预包含行政干预、司法干预和社会干预等。其中，在司法干预中，根据《反家庭暴力法》规定，公安机关对于家庭暴力情节较轻、依法不予治安管理处罚的，可以对加害人出具告诫书；人民法院对在遭受家庭暴力或者面临家庭暴力现实危险的受害人可以签发人身安全保护令。该法第17条规定："公安机关应当将告诫书送交加害人、受害人，并通知居民委员会、村民委员会。居民委员会、村民委员会、公安派出所应当对收到告诫书的加害人、受害人进行查访，监督加害人不再实施家庭暴力。"该法第32条规定："人民法院作出人身安全保护令后，应当送达申请人、被申请人、公安机关以及居民委员会、村民委员会等有关组织。公安机关以及居民委员会、村民委员会等应当协助执行。"此外，一旦家庭暴力行为构成犯罪的，刑事诉讼程序的启动更为复杂，从立案侦查、审查起诉、审判直到执行，涉及公安机关、人民检察院、人民法院以及监狱等司法机关的全方位介入。由此可见，司法干预除了动用自身司法资源外，还需要其他资源大力配合协助。在我国目前司法资源配置并不充足的情况下，居民委员会与村民委员会恰好可以利用基层群众生活的文化氛围，充分发挥其干预家庭暴力的天然优势，积极贯彻预防为主原则，做好事前预防工作，实现防患于未然，免去司法机关介入家庭暴力，则可以最大限度地节省司法资源。

（三）有利于调整干预重心

多机构合作干预家庭暴力是在政府主导下，由警察、医疗机构、社区服务机构等多机构协同干预家庭暴力的一种干预模式。20世纪80年代以来，美国、英国、加拿大等国相继开展为受害妇女和儿童提供及时有效救助的多机构合作干预试点项目，取得了显著成效。自2000年以来，这一干预模式为中国一些地方政府和民间组织干预家庭暴力时所采用。在中国29个省市自治区的反家庭暴力地方法规和政策中，这一工作机制获得普遍肯定。[①] 并

---

① 薛宁兰：《家庭暴力防治法中的多机构合作干预模式》，载《妇女研究论丛》2014年第5期。

且，《反家庭暴力法》也予以积极肯定。目前，我国已经形成了以政府为主导，公、检、法、司各司其职，国家机关、社会团体、企业事业单位和民间组织广泛参与，形成干预主体广泛多元、职能相互衔接配套的干预机制，即多机构合作干预模式。[①] 这一干预模式改变了过去主要依靠行政与司法干预的传统干预模式。我们以为，干预模式的改变意味着干预工作重心也应有所调整。特别是《反家庭暴力法》明确规定预防为主的原则，家庭暴力干预工作的重心应当重在预防。只有从源头上做好家庭暴力干预工作，才能防患于未然。其中，居民委员会与村民委员会分布在基层，数量众多、普及面广、熟悉情况，既可以作为广泛宣传教育的阵地，又能够及时掌握辖区内居民或者村民的动向，对症下药，事半功倍。[②] 这就使家庭暴力受害人可以就近求助，为其提供快速、有效的救助方法和便捷的救助途径，使家庭暴力问题尽可能地在基层及时得到解决。[③] 由此可见，不应再将居民委员会与村民委员会作为家庭暴力干预配角，其他主体都应积极配合居民委员会与村民委员会做好事前防范工作。这将更加有利于提高居民委员会与村民委员会干预家庭暴力的积极性和时效性，也有利于实现预防为主的反对家庭暴力的立法原则。

（四）有利于有效化解矛盾

尽管家庭暴力的性质和后果都比较严重，但毕竟属于家庭内部矛盾。因此，基于当事人身份关系的特殊性，加之深受“家丑不可外扬”“清官难断家务事”等传统观念的束缚，受害人为了顾及自身颜面和家庭荣誉，往往采取掩饰之态，很少轻易把自己的不幸遭遇告诉别人，甚至连自己的父母和兄弟姐妹也不告知。尤其是与家庭内部的某些隐私，诸如通奸、性生活不和谐以及生理缺陷等情形相关的，更是难以启齿守口如缄。[④] 在这种情况下，受

---

① 薛宁兰：《家庭暴力防治法中的多机构合作干预模式》，载《妇女研究论丛》2014 年第 5 期。

② 朱严谨：《充分发挥基层民主自治组织在预防和阻止家庭暴力中的作用——浅谈有效预防和阻止家庭暴力制度的构建》，载《湖南公安高等专科学校学报》2009 年第 6 期。

③ 陈明侠、夏吟兰、李明舜、薛宁兰：《家庭暴力防治法基础性建构研究》，中国社会科学出版社 2005 年版，第 119 页。

④ 卢文捷：《家庭暴力界定之要素考察》，载《公民与法（法学版）》2010 年第 11 期。

害人考虑到公安机关出警常会惊动街坊邻居，引来满城风雨，宁可忍气吞声也不愿报警，更不用说到法院起诉。而居民委员会与村民委员会熟悉居民的家庭情况，其工作人员可以利用邻居甚或亲友身份之便深入受害人家庭，通过调解方式，尊重当事人意愿，有针对性地进行疏导、协调，便于纠纷各方和解。这就避免了国家公权力机关介入家庭暴力时的尴尬，也不至于令受害人过分难堪。这在最大程度上保护受害人隐私和易于为受害人接受，极大地方便受害人在遭受家庭暴力后及时获得救助。

三、居民委员会与村民委员会在家庭暴力干预体系中的合理定位

在多机构合作干预模式下，固然每一干预主体都不可或缺，但并非所有的干预主体都能经历事前预防、事中救助与事后救济这三个干预阶段。并且，由于各干预主体受其自身属性、社会分工、占有资源多寡等诸多因素影响，决定了它们在家庭暴力干预中的具体作用并不相同。这就导致每一干预主体在由多元干预主体共同建构起来的家庭暴力干预体系中的地位差别。居民委员会与村民委员会贯穿家庭暴力干预始终，在每一个干预阶段都发挥着重要作用。那么，它们在这个家庭暴力干预体系中的应然地位是什么呢?

准确判断居民委员会与村民委员会在家庭暴力干预体系中的应然地位，首先需要了解它们在三个子系统中的具体表现。根据相关法律规定，对于正在发生的家庭暴力，居民委员会与村民委员会可以采取劝阻、调解、报案等干预措施；对于已经发生的家庭暴力，居民委员会与村民委员会可以采取调解、报案等干预措施。前者属于事中救助阶段，后者属于事后救济阶段。从这两个阶段来看，囿于居民委员会与村民委员会非国家公权力机关的身份，它们对家庭暴力所采取的这些干预措施并不具有强制性，除报案外，干预力度并不深入，很难取得预期效果。即使报案，也是引发公安机关介入家庭暴力而已。但在事前预防阶段，预防家庭暴力的主要工作就是宣传有关家庭暴力知识，定期走访群众家庭，了解群众生活状况以及有无家庭矛盾等，以防止发生家庭暴力。这些工作并不复杂，易于为基层群众所接受，并且容易取

得立竿见影的明显效果。特别的，家庭暴力不仅是对道德的挑战，而且也是对法律的破坏。由于道德是社会对个人行为的制裁力，使他们合于规定下的形式行事，用以维持该社会的生存和绵续。[①]这就使得道德教化作用对于家庭暴力预防往往更胜于法律威慑作用，理应注意发挥道德教化在家庭暴力预防中的积极作用。然而，不同地域的民众各自有其关于道德的认知和评价标准，以致造成不同地域之间在道德观念上的差异性。而居民委员会与村民委员会的工作人员来自基层群众，熟悉自己族群所秉持的道德观念。基于它们在家庭暴力干预中的天然优势，有着其他干预主体无可替代的优越性，完全可以在这个阶段大有作为，堪当此任。尤其是随着我国市场经济的发展和单位社会功能的剥离，单位对个人的社会支持相对削弱，社会却对个人的支持相对增强，社会支持由主要依赖单位逐渐转向多元结构，从而使居民委员会与村民委员会成为家庭暴力社会干预的重要主体，并常常成为受害人寻求帮助的第一站。[②]因此，居民委员会与村民委员会的家庭暴力干预工作应当重在预防阶段。

对于居民委员会与村民委员会干预家庭暴力工作的这般定位，恰好契合《反家庭暴力法》所确立的预防为主原则。《反家庭暴力法》第5条规定："反家庭暴力工作遵循预防为主，教育、矫治与惩处相结合原则。"《浙江省预防和制止家庭暴力条例》第4条第2款规定："预防和制止家庭暴力，应当坚持预防为主、综合治理、教育与处罚相结合的原则。"吉林、重庆、河南、海南、贵州、山西、山东、江西、安徽、湖北、黑龙江、新疆、内蒙古等省、自治区、直辖市关于预防和制止家庭暴力的立法规定不仅亦有类似规定，而且在条款表述上也几乎如出一辙。这些立法表明：一是预防在家庭暴力干预中的重要性，二是家庭暴力干预工作的重心在于事前预防，三是多年以来的家庭暴力干预实践经验总结。由此可见，对于家庭暴力干预而言，事

① 费孝通：《乡土中国生育制度》，北京大学出版社1998年版，第31页。

② 夏吟兰主编：《家庭暴力防治法制度性建构研究》，中国社会科学出版社2011年版，第133页。

前预防的重要意义远远胜于事中救助与事后救济。这就为我们指明家庭暴力干预工作的具体方向。在统筹安排家庭暴力干预工作时，须以防患于未然之思想为指导，在妥善做好事中救助与事后救济的布署工作基础上，应当将家庭暴力干预工作的重心前移至事前预防阶段，应当在事前防范上投入更多精力、下足更大力气、做到更加细致入微。

因此，对于家庭暴力干预体系而言，做好预防工作，应当从居民委员会与村民委员会积极做好家庭暴力预防工作开始。只要预防工作到位，真正实现防患于未然，就能在一定程度上减少或者杜绝家庭暴力。其中，公安机关、人民法院与妇联组织将是首要受益者，也是最大受益者。这不仅减少公安机关出警次数，而且减少因家庭暴力引发的各类诉讼案件，同时也会降低向妇联求助的数量。这就节约了公安机关、人民法院与妇联组织在人力、财力、物力和时间上的干预成本。由此可见，居民委员会与村民委员会处于家庭暴力干预的最前线，它们做好事前预防工作，便是构筑起家庭暴力干预的第一道堤坝，在整个家庭暴力干预体系中发挥着决定乾坤的基石作用。我们必须高度重视居民委员会与村民委员会在家庭暴力干预中的重要性，应当在家庭暴力干预体系的第一子系统中建构以居民委员会与村民委员会为核心的事前预防系统，整个家庭暴力干预工作都要以基层预防为中心，其他干预主体应当在其各自职责范围内积极配合、协助居民委员会与村民委员会做好家庭暴力预防工作。

第三节　基层群众性自治组织同其他家庭暴力干预主体的工作衔接

在多机构合作干预模式下，因家庭暴力干预体系中的不同干预主体在相关工作中相互配合、协助而产生工作衔接问题。工作衔接是否顺畅，在一定程度上影响家庭暴力干预效果。

一、居民委员会与村民委员会在干预家庭暴力各阶段的工作衔接对象

居民委员会与村民委员会在家庭暴力干预中的工作衔接对象，因干预阶段而异。

（一）事前预防阶段的工作衔接对象

根据《反家庭暴力法》规定，在家庭暴力预防阶段，参与预防工作的干预主体较多。第6条第2款规定："工会、共产主义青年团、妇女联合会、残疾人联合会应当在各自工作范围内，组织开展家庭美德和反家庭暴力宣传教育。"往往的，宣传教育只有深入基层才能取得实效。这些干预主体深入基层通过咨询、讲座、发放材料等方式同基层群众面对面交流，需要居民委员会与村民委员会的大力支持协助，同时也会在开展家庭暴力干预工作上给予它们一些必要的指导与帮助。第7条规定："县级以上人民政府有关部门、司法机关、妇女联合会应当将预防和制止家庭暴力纳入业务培训和统计工作。"培训目的在于提高干预主体的干预能力，其培训对象为参与家庭暴力干预工作的组织单位及其工作人员和其他志愿者。统计意义在于了解本辖区一定时期内的家庭暴力预防和制止情况。在培训和统计工作中，培训对象包括居民委员会与村民委员会的工作人员，而统计数据要么来自居民委员会与村民委员会的原始数据，要么是在居民委员会与村民委员会协助下调查所得。第8条规定："乡镇人民政府、街道办事处应当组织开展家庭暴力预防工作，居民委员会、村民委员会、社会工作服务机构应当予以配合协助。"第9条规定："各级人民政府应当支持社会工作服务机构等社会组织开展心理健康咨询、家庭关系指导、家庭暴力预防知识教育等服务。"从该条款规定内容来看，尽管并未涉及居民委员会与村民委员会，但社会工作服务机构开展相关服务工作时，除了在其工作场所为受害人和加害人提供这些服务外，也会深入到基层群众当中，需要居民委员会与村民委员会的支持和协助。此外，还有一些志愿者也会自发地到基层开展家庭暴力干

预活动，更离不开居民委员会与村民委员会的大力支持和热情帮助。因此，在家庭暴力预防阶段，同居民委员会与村民委员会发生联系的其他干预主体有县级以上人民政府有关部门、司法机关、妇女联合会、乡镇人民政府、街道办事处、工会、共产主义青年团、残疾人联合会、社会工作服务机构和志愿者。

（二）事中救助阶段的工作衔接对象

在事中救助阶段，居民委员会与村民委员会除了根据《婚姻法》第43条第2款规定可以对正在发生的家庭暴力劝阻外，还可以依据《反家庭暴力法》的有关规定开展干预工作。依据《反家庭暴力法》第13条规定，家庭暴力受害人及其法定代理人、近亲属可以向居民委员会与村民委员会投诉、反映或者求助，居民委员会与村民委员会应当给予帮助、处理。该条款中的“家庭暴力”应当包括正在实施家庭暴力和家庭暴力实施完毕的情形。对于正在实施的家庭暴力，居民委员会与村民委员会给予受害人的帮助与处理无非劝阻而已。但是，如果家庭暴力较为严重的话，居民委员会与村民委员会则无法处理，只能帮助受害人向公安机关报案。根据第14条规定，居民委员会与村民委员会及其工作人员在工作中发现无民事行为能力人、限制民事行为能力人遭受或者疑似遭受家庭暴力的，应当及时向公安机关报案。其中，遭受家庭暴力包括正在遭受家庭暴力和曾经遭受过家庭暴力的情形。对于受害人正在遭受家庭暴力的，一则无民事行为能力人与限制民事行为能力人对家庭暴力没有辨识能力，严重缺乏自我保护能力，二则公安机关距离受害人较远而无法知晓，这就需要居民委员会与村民委员会向公安机关报案而使之及时介入家庭暴力干预。《反家庭暴力法》第7条第2款规定：“医疗机构应当做好家庭暴力受害人的诊疗记录。”在受害人遭受严重家庭暴力需要医治的，居民委员会与村民委员会应当将受害人送往医疗机构或者协助受害人近亲属将受害人送往医疗机构。此外，另有一些志愿者也会自发地参与到家庭暴力救助中来。因此，在家庭暴力救助阶段，同居民委员会与村民委员会发生联系的其他干预主体有公安机关、医疗机构与志愿者。

（三）事后救济阶段的工作衔接对象

根据《婚姻法》第43条规定，居民委员会与村民委员会接到家庭暴力受害人求助的，应当予以劝阻、调解。根据《反家庭暴力法》第13条规定，对于家庭暴力实施完毕的，居民委员会与村民委员会给予受害人的帮助与处理包括劝阻与调解。如果劝阻与调解无效的话，居民委员会与村民委员会应当协助受害人向公安机关或者妇女联合会等其他有关干预主体求助。按照《反家庭暴力法》第14条规定，对于受害人曾经遭受过家庭暴力或者疑似遭受家庭暴力的，居民委员会与村民委员会及其工作人员在工作中发现的，应当及时向公安机关报案。第17条规定：公安机关应当将告诫书送交加害人、受害人，并通知居民委员会、村民委员会。居民委员会、村民委员会应当对收到告诫书的加害人、受害人进行查访，监督加害人不再实施家庭暴力。由于公安机关无法实现全天候监督加害人执行告诫书，只能由居民委员会、村民委员会予以协助执行。第21条规定：监护人实施家庭暴力严重侵害被监护人合法权益的，人民法院可以根据居民委员会与村民委员会的申请，依法撤销其监护人资格，另行指定监护人。第22条规定：居民委员会与村民委员会等应当对实施家庭暴力的加害人进行法治教育，必要时可以对加害人、受害人进行心理辅导。法治教育和心理辅导的专业性很强，居民委员会与村民委员会需要邀请相关专业人士帮助其对当事人进行法治教育与心理辅导。第23条规定：当事人因遭受家庭暴力或者面临家庭暴力的现实危险的，如果当事人是无民事行为能力人、限制民事行为能力人，或者因受到强制、威吓等原因无法申请人身安全保护令的，居民委员会与村民委员会可以代为申请。其中，“遭受家庭暴力”包括正在遭受家庭暴力和曾经遭受家庭暴力两种情形，但从相关条款的规定来看，应该是指曾经遭受家庭暴力。根据第28条规定：人民法院受理申请后，应当在72小时内作出人身安全保护令或者驳回申请；情况紧急的，应当在24小时内作出。即使不存在被驳回的情形，根据第32条规定，人身安全保护令由人民法院执行，公安机关以及居民委员会、村民委员会等应当协助执行。显然，如果针对正在进行的家庭暴力申请人身安全保护令的，从申请到执行的时间远比家庭暴力发生的时间要长，根本来不及救助受害人。因此，“遭受家庭暴力”具体是指家庭暴力已经结束或者曾经遭受家庭暴力。并且，居民委员会与村民委员会依据第23条规定帮助受害人申请人身安全保护令是为了使受害人及时获得司法救济，依据第32条规定协助人民法院执行人身安全保护令是为了保护受害人的人身安全，免受家庭暴力的侵害。此外，如果家庭暴力造成受害人的人身、精神严重伤害的，医生会为受害人提供必要的医疗救助。另有一些志愿者也会自发地为家庭暴力受害人提供各种救济。因此，在家庭暴力救济阶段，同居民委员会与村民委员会发生联系的其他干预主体有公安机关、人民法院、妇女联合会、医院与志愿者、心理医生、法官、律师等相关专业机构及其工作人员。

总之，在家庭暴力干预过程中，同居民委员会与村民委员会发生联系的其他干预主体至少包括县级以上人民政府有关部门、公安机关、人民法院、妇女联合会、医疗机构、乡镇人民政府、街道办事处、工会、共产主义青年团、残疾人联合会、社会工作服务机构以及志愿者、心理医生、法官、律师等相关专业机构及其工作人员。

二、居民委员会与村民委员会同其他干预主体进行工作衔接的必要性

（一）多机构合作干预模式的特质反映

反对家庭暴力法律并不是一般性地保护所有家庭成员的权益，它以受害人保护为本位，是对受害人权益给予倾斜性保护的法律。救助功能是《反家庭暴力法》的一项重要功能。实现这一功能，需要在《反家庭暴力法》中建立专门制度，通过公安、民政、司法等国家机构，以及基层群众性自治组织、社会团体等，在各自的职责范围内，对家庭暴力受害人采取专门性的保护和救助措施。[①] 而家庭暴力干预的多机构合作模式是为国内外实践证明了

① 薛宁兰：《论我国家庭暴力法的定位与宗旨——基于反家庭暴力法（征求意见稿）的思考》，载《中华女子学院学报》2015年第2期。

的一种有效的家庭暴力干预模式和工作机制。它表现为以多种多样的干预方式联合介入，形成干预主体多元化与干预职能全面化，各部分相互衔接的多机构合作的干预模式，形成一个跨越专业领域、组织单位、服务项目以及社会资源等的整合网络，使受害人在每一个环节上均可以得到有效的支持。[①] 它的最大特点就在于，不同干预主体通过该干预模式在家庭暴力干预中进行深层次合作，全方位、立体式地为受害人提供救助，实现对家庭暴力的有效干预。在《反家庭暴力法》中，尽管没有明确的“多机构合作模式”或者类似“多机构合作模式”的表述，但在“反家庭暴力是国家、社会和每个家庭的共同责任”的思想指导下，通过“家庭暴力的预防”与“家庭暴力的处置”两章内容的相关立法规定，业已建构起我国的多机构合作的家庭暴力干预模式。其中，作为该干预模式中的合作机构之一，居民委员会与村民委员会贯穿家庭暴力干预始终，它们充分发挥在干预家庭暴力中的天然优势，担负着“事前预防、事中救助与事后救济”的全部职责。因此，居民委员会与村民委员会在每一个阶段都要与不同的干预主体进行合作，需要在干预工作上同其他干预主体实现相互衔接。

（二）干预体系运行协调性的内在需求

作为一个独立完善的系统，家庭暴力干预体系能否有效运行以及如何有效运行，事关家庭暴力干预工作成效。因此，实现家庭暴力干预体系的正常运行，首先需要保证构成该体系的每一个干预主体都能正常发挥各自职能，然后要求各干预主体之间必须进行有机协作。由于《反家庭暴力法》所确定的干预主体包括一切可以动员的全社会力量，决定了这个干预体系的科学性、缜密性、完善性，特别是各干预主体处于社会治理结构的不同层面，它们可以在干预家庭暴力中充分发挥各自优势，并且相互密切配合，共同推动家庭暴力干预体系的正常运行。其中，因居民委员会与村民委员会处于家庭暴力预防的特殊地位，往往多由它们启动家庭暴力干预体系。然后，其他干

---

① 李茂强、陈诗颖：《社会工作视角下多机构联合干预家庭暴力探析》，载《韶关学院学报·社会科学》2014 年第 9 期。

预主体根据家庭暴力的进度及其后果适机介入，从而形成一个严密的家庭暴力防控网络。

（三）家庭暴力现象复杂性的应对选择

家庭暴力主要发生在家庭成员之间，也发生在家庭成员以外共同生活的人之间。它的发生不仅深受传统观念、配偶出轨、经济收入失衡、个人心理素质问题以及社会的控制力不够等多方面原因的影响，[①] 而且与加害人的原生家庭、社会环境、历史和文化传统，以及双方的体力对比等因素有关。[②] 这就使得家庭暴力干预工作十分复杂，仅凭某一个干预主体根本无法消除家庭暴力，更不可能实现对受害人的全方位救助，而是需要多重干预主体共同干预家庭暴力。因此，家庭暴力干预的科学之举与有效之道就在于家庭暴力干预体系的每一个干预主体，都应当积极参与到共同应对家庭暴力的干预机制中来，不仅要做好各自职责范围内的相关干预工作，而且尚需彼此之间密切配合与通力协助。其中，对于居民委员会与村民委员会来说，囿于其非国家政权机关的身份特质，它无法动用行政资源和司法资源干预家庭暴力，这就注定它干预家庭暴力在深度上的有限性和结果上的不彻底性。但是，基于家庭暴力干预体系的系统性与协作性，居民委员会与村民委员会通过同其他干预主体的协作，它可以将自己无法进行下去的干预工作移交给其他干预主体，由它们接续下面的干预工作。

（四）家庭暴力后果多重性的救助需要

家庭暴力是通过殴打、捆绑、残害、限制人身自由以及经常性谩骂、恐吓等方式造成受害人的身体、精神、心理等方面的伤害，严重地侵害受害人的人身权益。针对受害人的不同伤害后果，需要公安、医疗、律师等不同的干预主体及时介入，为受害人提供现场制止、医疗救治、心理辅导、法律

---

① 张红艳、高东帅：《家庭暴力问题的成因及预防对策》，载《南华大学学报（社会科学版）》2005 年第 1 期。

② 薛宁兰：《家庭暴力防治法中的多机构合作干预模式》，载《妇女研究论丛》2014 年第 5 期。

援助等不同形式的救助。但是，就家庭暴力发生之后最早介入的干预主体来看，往往多为居民委员会与村民委员会。它们作为干预家庭暴力的第一站，一旦家庭暴力受害人及其法定代理人、近亲属向它们投诉、反映或者求助，可以第一时间干预家庭暴力。同后来的其他干预主体相比，居民委员会与村民委员会更加熟悉家庭暴力发生现场，更为了解家庭暴力具体情况。因此，在公安、医疗、律师干预家庭暴力时，居民委员会与村民委员同这些干预主体需要在工作上发生协助、配合以及衔接等问题。通过这种有效衔接，尽可能地实现家庭暴力干预工作的无缝对接，不让受害人的权益保护留下任何死角。

三、居民委员会与村民委员会同其他干预主体工作衔接上的联动机制

（一）居民委员会与村民委员会同其他干预主体工作衔接之立法现状检视

多机构合作干预模式的正常运行需要一个联动机制，以保障各干预主体之间保持沟通顺畅与实现有效衔接。然而，综观我国目前的反对家庭暴力立法，无论地方法规，还是国家综合立法，均没有关于家庭暴力干预主体之间联动机制的立法规定。《婚姻法》与《妇女权益保障法》囿于立法空间的有限性而无法给予足够的立法关切倒也情有可原，而对于地方法规来说，尽管立法层次不高，但毕竟属于专项立法，应当考虑不同干预主体在家庭暴力干预工作中的衔接问题。在《反家庭暴力法》中，部分条款明确规定一些干预主体在家庭暴力干预工作中的衔接，但整体上还是不够系统与完善。

就地方法规来看，因这些规范性文件存在条例、规定、意见与决议等几种不同的立法表达形式，故其容量上亦有差异，多则达二十余个条款，少则不足十个条款。其中，条例和规定的条款较多，内容较为丰富，一般包括立法目的、家庭暴力概念的释明、反对家庭暴力思想观念的倡导、各干预主体的具体职责。而意见与决议的条款较少，内容基本多为反对家庭暴力思想观

念的倡导以及对不同干预主体的具体要求。从表面上审视这些地方法规，尽管明确不同干预主体在家庭暴力干预中的具体职责，但因通篇没有关于干预主体之间联络机制的规定，即使不同干预主体各司其职，是否能够做好家庭暴力干预工作，颇为令人不以为然。因此，地方法规应当建立干预主体之间的联动机制，以便于它们在家庭暴力干预工作中实现衔接。

《反家庭暴力法》作为我国目前最先进、最完善的国家专项立法，其在内容架构和制度设计上必须要有一个突出的全新高度，体现出一定的高瞻性和科学性。该法制定之时，我国已有十多年的地方立法经验与具体实践，并且至少已有120多个国家和地区的相关立法提供了具有借鉴意义的经验与参考。[①]这些丰富的中外法律法规弥足珍贵，既彰显立足中国国情的法律特色，又不乏引领世界潮流的立法风范，堪称《反家庭暴力法》的立法资源宝库，从而保障《反家庭暴力法》建构一个科学、缜密、完善的家庭暴力干预体系。其中，多有关于家庭暴力干预主体之间工作衔接的立法规定。第8条规定："乡镇人民政府、街道办事处应当组织开展家庭暴力预防工作，居民委员会、村民委员会、社会工作服务机构应当予以配合协助。"第9条规定："各级人民政府应当支持社会工作服务机构等社会组织开展心理健康咨询、家庭关系指导、家庭暴力预防知识教育等服务。"第15条第2款规定："无民事行为能力人、限制民事行为能力人因家庭暴力身体受到严重伤害、面临人身安全威胁或者处于无人照料等危险状态的，公安机关应当通知并协助民政部门将其安置到临时庇护场所、救助管理机构或者福利机构。"第32条规定："人民法院作出人身安全保护令后，应当送达申请人、被申请人、公安机关以及居民委员会、村民委员会等有关组织。人身安全保护令由人民法院执行，公安机关以及居民委员会、村民委员会等应当协助执行。"第16条第1款规定："家庭暴力情节较轻，依法不给予治安管理处罚的，由公安机关对加害人给予批评教育或者出具告诫书。"第17条规定："公安机关应当

① 夏吟兰主编：《家庭暴力防治法制度性建构研究》，中国社会科学出版社2011年版，第10页。

将告诫书送交加害人、受害人，并通知居民委员会、村民委员会。居民委员会、村民委员会、公安派出所应当对收到告诫书的加害人、受害人进行查访，监督加害人不再实施家庭暴力。”这些规定为相关干预主体实现工作衔接提供了法律依据，并保障干预工作的顺利开展。然而，《反家庭暴力法》的这些规定并非针对整个家庭暴力干预体系内部的联动机制，而是部分干预主体之间的工作衔接，它忽略了整个干预体系内的所有干预主体之间需要一个系统性的、全面性的联动机制。当然，我们并不否认在没有联动机制的情况下，干预主体之间基于家庭暴力干预工作的需要也会相互配合与衔接，甚至也会形成一种惯例。但这种自发性的配合与衔接并不具有强制力与约束力，只能依靠干预主体的内心信念和自觉理性来维系，并且这种稳定性极易受到外界因素干扰甚至破坏。此外，由于缺乏明确的联动机制，一些干预主体一旦在家庭暴力干预工作中遇到棘手问题时，容易相互推诿扯皮，无法顺利开展干预工作。

因此，基于宏观层面上的意义考量，为了积极发挥多机构合作干预模式的效能，需要建立一个科学、系统的联动机制，以保障包括居民委员会与村民委员会在内的所有家庭暴力干预主体在工作上的顺利衔接，实现家庭暴力干预的多机构合作工作机制的正常运作。

（二）居民委员会与村民委员会同其他干预主体工作衔接之联动机制建构

因受家庭暴力干预阶段性、干预主体专业性以及受害人的具体救助需求多层次等原因影响，并非所有干预主体都会介入家庭暴力干预的每一个阶段。而一旦有新的干预主体介入，就会发生在先干预主体与新介入干预主体之间的工作衔接。这种工作衔接具体包括两种情形，即同一干预阶段的工作衔接与不同干预阶段的工作衔接。其中，所谓同一干预阶段的工作衔接，是指两个或者两个以上的干预主体都介入同一家庭暴力干预阶段，共同工作期间需要相互配合而进行工作衔接。如在预防阶段，社会工作服务机构到基层社区或者农村开展心理健康咨询、家庭关系指导、家庭暴力预防知识教育等服务活动，需要居民委员会与村民委员会的积极配合，并委托其进行一些后续工作，如回访、宣传等。所谓不同干预阶段的工作衔接，是指两个或者两个以上的干预主体分别介入不同家庭暴力干预阶段，在先干预主体已经完成自己的干预工作，由新介入干预主体来完成下一阶段工作。如居民委员会与村民委员会对正在实施的家庭暴力劝阻无效后向公安机关报案，公安机关接到报案后出警制止家庭暴力，则标志着居民委员会与村民委员会结束事中救助阶段的家庭暴力干预工作，同时将家庭暴力干预工作移交给公安机关。公安机关介入之后，因需要了解家庭暴力的具体情况却又离不开居民委员会与村民委员会的积极配合。尔后，其可以根据家庭暴力所造成后果的严重程度决定是否给予加害人以行政处罚或者立案侦查。然而，在上述两种情形下，干预主体介入时的工作衔接并非一对一的简单模式，往往因多种干预主体同时介入而表现为一对多或者多对多的复杂模式。从而决定了家庭暴力干预主体之间的工作衔接具有多样性和复杂性等特征。因此，要想实现家庭暴力干预主体在相关干预工作中的顺利衔接，必须要有一个明确化、规范化、可持续化的运行机制来做保障。这就需要在干预主体之间建构起一个良好的联动机制。

建构这个联动机制需要把握其中几个关键节点，它们是干预主体之间工作衔接的联结因素。家庭暴力干预体系启动之后，随着家庭暴力的发展状况以及受害人的具体救济需求，不同干预主体适机介入并在彼此之间发生工作衔接。于是，启动和介入成为这个联动机制的关键节点。其中，启动只有一次，介入则因不同干预主体介入的具体时间不同而并非限于一次。可见，启动是介入的必要前提，其他干预主体能否介入则完全取决于家庭暴力干预体系是否已经启动。因此，启动是这个联动机制最为重要的关键起点。启动者必然要在这个联动机制中扮演重要角色。

在众多家庭暴力干预主体中，谁将承担启动家庭暴力干预体系的重任？我们以为，启动者应具备以下几个条件：一是距离基层群众最近，熟悉基层群众生活，便于及时介入干预；二是可以介入到家庭暴力干预的每一个阶段；三是可以同家庭暴力不同干预阶段的其他干预主体实现工作对接。毋庸置疑，只有居民委员会与村民委员会可以完全满足这三个条件。作为家庭暴力干预的第一站，居民委员会与村民委员会往往是家庭暴力干预体系的启动者。这就使得居民委员会与村民委员会于事实上成为家庭暴力干预工作衔接的重心所在。因此，家庭暴力干预主体之间的联动机制应该是以居民委员会与村民委员会启动家庭暴力干预体系为起点，以其他干预主体的适时介入为连接点，彼此之间在连接点上实现工作衔接。所以，居民委员会与村民委员会应当设立反对家庭暴力的启动机制，一旦接到家庭暴力投诉、求助或者发现正在实施家庭暴力的，就可以启动干预机制。

（三）居民委员会与村民委员会同其他干预主体工作衔接之联动机制运行

居民委员会与村民委员会同其他干预主体的工作衔接，因各干预阶段的工作内容不同而有所差异。

1. 事前预防阶段的联动机制

在事前预防阶段，家庭暴力干预工作重在防患于未然。为此，《反家庭暴力法》第6条第2款规定：家庭暴力干预工作的工会、共产主义青年团、妇女联合会、残疾人联合会应当在各自工作范围内，组织开展家庭美德和反家庭暴力宣传教育。第8条规定：乡镇人民政府、街道办事处应当组织开展家庭暴力预防工作。第9条规定：社会工作服务机构可以开展心理健康咨询、家庭关系指导、家庭暴力预防知识教育等服务。通过开展这些工作，一方面宣传反对家庭暴力知识，增强民众对家庭暴力的认知，培养民众防治家庭暴力的意识和自我保护意识；告知他们遭遇家庭暴力时可寻求帮助的资讯和渠道。[①] 另一方面可以了解居民与村民的日常生活状况，一旦发现家庭纠纷，及时介入调解，使矛盾尽早得到化解。然而，毕竟这些干预主体深入基层开展反对家庭暴力活动的机会十分有限，而反对家庭暴力工作的艰巨性和

---

① 蒋月：《论警察介入和干预家庭暴力——若干国家和地区的经验及其对中国的启示》，载《福建行政学院福建经济管理干部学院学报》2007年第1期。

长期性则又决定不可能仅凭几次宣传教育活动即可取得立竿见影的效果，更不可能一劳永逸。这就意味着预防家庭暴力应当属于日常性、持续性、长期性的工作。

这些干预主体在预防阶段的宣传教育工作实际上又包括了介入、跟踪、回馈等这样几个具体阶段。介入仅是它们在预防阶段工作的第一步，主要通过讲座、咨询、播放影片、发放宣传资料等方式向群众宣传反对家庭暴力知识，为其提供心理健康咨询和家庭关系指导。但是，完成这些工作之后，尚需更进一步地跟踪回访和听取反馈，以观实效。那么，在这些干预主体鞭长莫及的情况下，在基层群众中继续深入开展反对家庭暴力的宣传教育活动则由居民委员会与村民委员会担当，帮助它们了解群众对宣传教育活动的反馈、以及对他们生活产生的影响等。这就必须建立以居民委员会与村民委员会为中心的长效联动机制，便于这些干预主体同居民委员会与村民委员会保持顺畅沟通，以保障顺利开展相关工作。其中，在介入联系阶段，这些干预主体同居民委员会与村民委员会都可以随时或者定期联系对方，根据群众生活中存在的突出问题或者群众的具体要求，有的放矢地对症下药，开展一些针对性强、富有现实意义的宣传教育活动。在跟踪观察阶段，这些干预主体在结束宣传活动之时，应当就需要进一步跟踪观察的相关问题、重点观察对象、观察方法以及其他需要注意的事项委托居民委员会与村民委员会的工作人员，同时还要给予必要的全程指导。然后，居民委员会与村民委员会工作人员在这些干预主体的指导下，跟踪观察本辖区内居民的家庭关系情况，了解宣传教育活动对其家庭生活所产生的影响。在信息回馈阶段，居民委员会与村民委员会应当按照这些干预主体的要求及时回馈其所收集到的有关信息，以便于他们开展相关研究工作或者计划下一次的宣传教育活动。这个联动机制的常态化运行，可以促进家庭暴力预防工作的深入开展，更加有利于实现防患于未然的目标。

2. 事中救助阶段的联动机制

在事中救助阶段，家庭暴力干预工作重在救助受害人。对此，《婚姻法》

与《反家庭暴力法》都有相关明确规定。在这一阶段，干预工作的关键在于阻止家庭暴力继续发展下去，以帮助受害人免于家庭暴力的侵害。实际上，救助受害人包含了两个层次：一是制止加害人，二是救助受害人。从最有利于制止加害人与救助受害人的角度来看，公安机关可以采取强制措施，干预家庭暴力的优势明显胜于居民委员会与村民委员会。公安机关对于城市社区和城市近郊发生的家庭暴力，接到报警后可以及时赶到现场，而对于其他农村地区，尽管公安机关接警后可以迅速出警，但因村庄地处偏远而无法及时赶到事发现场。因此，对于正在实施的家庭暴力，居民委员会与村民委员会第一时间内赶到现场后，要对加害人进行劝阻，如果劝阻无效的，应当向公安机关报警。公安机关接警赶来时，居民委员会与村民委员会的工作人员除了向警察汇报相关情况外，还应协助警察制止家庭暴力。此外，如果还有其他民众自愿参与救助的，只能协助居民委员会与村民委员会一同劝阻加害人停止家庭暴力行为。

相比事前预防阶段，这个阶段介入家庭暴力救助的干预主体较少，主要就是居民委员会与村民委员会和公安机关。干预主体之间工作衔接的联动机制运行起来比较简单。具体而言，居民委员会与村民委员会对正在进行的家庭暴力予以劝阻，对于劝阻无效的，应当及时报案，但不得停止劝阻。公安机关介入后，居民委员会与村民委员会应当协助公安机关制止家庭暴力。在这个联络机制中，随着家庭暴力干预工作的衔接，居民委员会与村民委员会实现了由主到辅的角色转变，即从劝阻家庭暴力到协助公安机关制止家庭暴力。居民委员会与村民委员会的这种角色转变正是这个联动机制的突出特点。尽管它们已经完成自己的救助职责，但为了保障家庭暴力后续救助的及时到位，在其将干预工作移交给公安机关后，仍应当发挥其熟悉基层群众生活的优势给予公安机关以必要协助。

3. 事后救济阶段的联动机制

事后救济属于家庭暴力的终端干预。在这个阶段，家庭暴力干预工作重在消除家庭暴力为受害人带来的不利后果。由于家庭暴力造成受害人的身体与精神上的双重伤害，事后救济包括权利救济、医疗救治、司法救济、心理辅导、临时庇护等多个层面。在这些救济中，干预主体都是相关专业人士，居民委员会与村民委员会只能起到配合协助作用。其中，在司法救济中，根据《反家庭暴力法》第32条规定，人民法院作出人身安全保护令后，送达给居民委员会与村民委员会，它们协助人民法院执行人身安全保护令，责令被申请人迁出申请人住所，防止被申请人再次实施家庭暴力以及骚扰、跟踪、接触申请人及其相关近亲属等。在医疗救治中，对于伤情严重的，居民委员会与村民委员会应当帮助受害人拨打120急救电话或者将受害人及时送至医院救治，使得医疗机构及早介入进来，帮助受害人早日获得身体上的康复。在权利救济上，根据家庭暴力造成受害人伤害后果的严重程度不同，针对不同的诉讼程序，居民委员会与村民委员会工作人员在侦查机关、审判机关、法律援助律师等干预主体到案发地调查取证时，应当予以积极配合，必要时也可以作为证人出庭作证。在心理辅导上，根据《反家庭暴力法》第22条规定，如果发现受害人因遭受家庭暴力出现心理障碍的，居民委员会与村民委员会可以邀请心理医生为加害人、受害人进行心理辅导，帮助受害人尽快从家庭暴力的阴影中走出来，恢复正常生活状态。在这些家庭暴力救济中，不同干预主体根据受害人的具体情况展开相应救济，并且可以相互交错而不会发生冲突。通过干预主体之间的这种联动机制，可以实现对家庭暴力受害人全方位、立体式的救济，使其受伤的身心及时得到治疗，被侵害的权利尽快得以恢复。

第四章　基层群众性自治组织干预家庭暴力的工作机制

工作机制是一个体系的各要素之间有机联系及其实现有效运转的系统，它包括工作的功能、规则、方法、程序等内容。在地方立法与国家立法所建构的家庭暴力干预体系中，都没有干预主体干预家庭暴力的工作机制。为了保障居民委员会与村民委员会顺利开展家庭暴力干预工作，应当建立相应的工作机制，具体包括它们的功能定位、工作原则、具体职责和干预措施等内容。

第一节　基层群众性自治组织干预家庭暴力的功能定位

根据《现代汉语词典》的释义，“功能”是指事物或者方法有所发挥的作用。由此可知，居民委员会与村民委员会干预家庭暴力的功能，即是指居民委员会与村民委员会在干预家庭暴力中所发挥的作用。为了充分发挥居民委员会与村民委员会干预家庭暴力的积极作用，需要科学定位它们的干预功能。

一、科学定位居民委员会与村民委员会干预家庭暴力功能的参酌要素

科学定位居民委员会与村民委员会干预家庭暴力的功能，至少应当考虑下列主要因素。

（一）基层群众性自治组织的自身属性

根据《城市居民委员会组织法》与《村民委员会组织法》的规定，居民委员会与村民委员会是居民与村民实现自我管理、自我教育、自我服务的

基层群众性自治组织。这表明：一是居民委员会与村民委员会不属于国家机关，缺乏国家强制力作为执行具体事务的后盾力量；二是国家不干预居民委员会与村民委员会内部事务，完全实现居民和村民自我管理。这就使得居民委员会与村民委员会表现出基层性、群众性、自治性与民主性等四个特有属性，将它们同国家机关和其他社会组织在本质上区别开来。因此，明确居民委员会与村民委员会的自身属性乃是科学定位居民委员会与村民委员会干预家庭暴力功能的首要考虑要素。由于居民委员会与村民委员会既没有国家机关的强制力，又缺乏医疗机构、妇女联合会、法律援助机构等社会组织的专业性，这就必须要为它们量体裁衣，科学设计符合其自身属性的具体功能，以便于它们在家庭暴力干预中发挥积极作用。否则，只能使居民委员会与村民委员会陷入力所不及而难有作为的尴尬之中，无法正常发挥作用。

（二）家庭暴力干预体系的整体构造

在《反家庭暴力法》所建构的家庭暴力干预体系中，干预主体包括国家机关、社会团体、群众组织与公民个人等不同方面的各种力量，多元而广泛。然而，由于它们的法律属性和社会分工的不同，在家庭暴力干预中扮演不同角色，并导致它们在这个家庭暴力干预体系中的法律地位存在一定差别。因此，科学定位居民委员会与村民委员会在家庭暴力干预中的功能，必须做好以下几个方面的工作，即了解这个家庭暴力干预体系的整体构造、不同主体在家庭暴力干预中的具体分工，以及居民委员会与村民委员会在这个家庭暴力干预体系中所处的法律地位。只有厘清居民委员会与村民委员会同其所属家庭暴力干预体系之间的具体关系，才能准确定位它们干预家庭暴力的功能。如果对居民委员会与村民委员会干预家庭暴力的功能定位同其自身属性以及在家庭暴力干预体系中的法律地位不相称的话，势必违背客观性、科学性和可行性的基本要求。

（三）家庭暴力干预工作的重心所倚

预防为主作为家庭暴力干预工作的一项基本原则，至少具有以下几个方面的意义：一是充分说明防患于未然对于家庭暴力干预工作的重要性。较之事后制止，事前预防不仅干预成本要低得多，而且不会对社会造成任何不良影响，只能促进家庭和睦与社会和谐。二是长期以来实践经验的立法总结。我国反对家庭暴力的立法进程，同时也是反对家庭暴力的实践过程。二十年的实践过程不仅反复证明事前预防对于家庭暴力干预的重要性，而且长期积累的实践经验为相关立法提供了丰富的立法资源。三是明确家庭暴力干预工作的重心，即重在日常预防。道理非常简单，如果预防工作做到位，就会降低家庭暴力的发生率，甚至根本不会发生家庭暴力。可见，家庭暴力干预需要标本兼治，但重在根本，即预防。由于家庭暴力预防工作的主要内容就是宣传家庭美德和反对家庭暴力知识，帮助群众树立反对家庭暴力的法律意识，并不需要采取任何强制措施，方便介入，简单易行。居民委员会与村民委员会作为家庭暴力干预第一站，处于家庭暴力干预的最前线，恰好可以发挥其与基层群众朝夕相处、熟悉群众生活的天然优势，十分有利于开展家庭暴力预防工作。

（四）反对家庭暴力立法的基本原则

作为反对家庭暴力的基本原则，预防为主既是长期以来反对家庭暴力实践经验的重要总结，又是防患于未然这一基本价值取向的具体体现。在家庭暴力预防阶段，不同的家庭暴力干预主体可以充分利用各自优势、通过开展多种多样的宣传教育活动，积极向全社会成员普及反对家庭暴力的相关知识，以增强群众高度警惕和坚决杜绝家庭暴力的自觉意识，在全社会形成抵制家庭暴力和家庭暴力零容忍的良好氛围。毋庸置疑，通过事前预防，可以实现防患于未然，达到制止家庭暴力发生、促进家庭和谐的目的，是对家庭成员权利与尊严的最大保护。[①] 同时，还能降低家庭暴力的干预成本，最大程度上节省执法资源和司法资源。从而实现国家、社会与公民在反对家庭暴力层面上的共赢。因此，居民委员会与村民委员会在干预家庭暴力中，须以

① 夏吟兰主编：《家庭暴力防治法制度性建构研究》，中国社会科学出版社 2011 年版，第 67 页。

预防为主作为开展相关干预工作的根本指引，严格遵循并积极贯彻落实这一基本原则。

二、科学定位居民委员会与村民委员会干预家庭暴力功能的理性选择

居民委员会与村民委员会贯穿家庭暴力干预的全部过程，在每一个阶段发挥积极作用。但就其本身而言，毕竟因受不同阶段干预工作的重点不同、自身法律属性以及可以采取的干预措施等诸多因素的影响，居民委员会与村民委员会在不同阶段、不同时间的作用并非完全一样。具体而言，就整个干预过程来看，不同干预阶段，作用大小不一；或者就同一阶段来看，不同干预时间，作用大小亦有差别。这是科学定位居民委员会与村民委员会干预家庭暴力功能不可忽视的外在影响因素。

尽管居民委员会与村民委员会干预家庭暴力在不同阶段与不同时间的具体作用存在一定差异，但它们应当充分发挥干预家庭暴力的天然优势，未雨绸缪，坚持预防为主原则，实行早期预防，以防患于未然。因此，居民委员会与村民委员会干预家庭暴力的工作重心应当在于事前预防，其干预功能应当重在预防，同时兼顾事中救助和事后救济，这既便于有效减少家庭暴力造成的损害，又可以保持必要的事后惩罚。①

这就要求居民委员会与村民委员会必须深刻认识到对家庭暴力进行早期干预的重要意义，应当将干预家庭暴力纳入日常工作范围，注重自身干预家庭暴力的能力建设，将主要精力更多地投入到日常预防上来，注意做好日常布防工作，尽可能避免或者减少发生家庭暴力。同时，也要认真考虑如何应对正在发生的家庭暴力和家庭暴力发生之后的善后处置等事宜，以实现对事中救助和事后救济的有效兼顾。这种将家庭暴力干预工作重心前置的做法，无论对于居民委员会与村民委员会自身干预家庭暴力，还是协助其他主体干

① 蒋月：《20世纪婚姻家庭法：从传统到现代化》，中国社会科学出版社2015年版，第528页。

预家庭暴力，都有其科学性和必要性，这不仅符合家庭暴力干预应以预防为主原则的基本要求，而且能促进防患于未然目标的真正实现。

此外，有效发挥居民委员会与村民委员会的重要预防功能，实现早期预防与防患于未然，离不开其他干预主体的大力支持和积极协助。司法行政机关应当与文化宣传部门密切配合，采取多种形式，积极宣传反对家庭暴力的重要性，创造良好的社会环境，促进男女平等在家庭生活中的实现，[①]以更加有利于居民委员会与村民委员会开展家庭暴力预防工作。

第二节　基层群众性自治组织干预家庭暴力的工作原则

工作原则是开展相关具体工作所依据的基本准则，它是经过长期实践所归纳整理出来的合理化现象，对于保证完成工作具有十分重要意义。然而，反对家庭暴力的地方立法与国家立法均未规定居民委员会与村民委员会干预家庭暴力的工作原则。为保障它们取得良好干预效果，应当规定必要的工作原则以指导它们开展家庭暴力干预工作。

一、专门规定居民委员会与村民委员会干预家庭暴力工作原则的重要价值

（一）明确居民委员会与村民委员会干预家庭暴力工作的具体方向

《反家庭暴力法》第 1 条明确规定：制定本法意在预防和制止家庭暴力，保护家庭成员的合法权益，维护平等、和睦、文明的家庭关系，促进家庭和谐、社会稳定。实现这一立法宗旨，需要自上而下付诸实际行动，各干预主体应在其职责范围之内积极开展相关工作。为此，《反家庭暴力法》第 4 条

① 于东辉：《〈家庭暴力防治法〉立法建构的思考》，载《法学杂志》2007 年第 4 期。

第2款规定：县级以上人民政府有关部门、司法机关、人民团体、社会组织、居民委员会、村民委员会、企业事业单位，应当依照本法和有关法律规定，做好反家庭暴力工作。因而，居民委员会与村民委员会干预家庭暴力的工作原则都应围绕着这一立法宗旨而设定，必须实现同立法宗旨的高度契合。这就从根本上解决了居民委员会与村民委员会的家庭暴力干预工作应该做什么的方向问题。否则，一旦居民委员会与村民委员会在干预家庭暴力中偏离正确方向，其所完成的相关工作，不但于事无补，反而节外生枝，除了浪费大量的人力、财力、物力与时间外，还将会带给家庭暴力干预整体工作一定程度的障碍。所以，通过规定一些必要的具体工作原则，为居民委员会与村民委员会划定一个家庭暴力干预工作的基本框架，以保障其在干预家庭暴力中的工作方向始终如一、永不迷失。

（二）指导居民委员会与村民委员会干预家庭暴力运行的基本规范

《反家庭暴力法》第4条第2款中的“有关法律”类似于刑法中的空白罪状条文，条款所规定的干预主体在开展家庭暴力干预工作时需要与这些“有关法律”相结合。它们必须在“有关法律”为其规定的具体职责内，按照“有关法律”关于反对家庭暴力的规定去干预家庭暴力。这就使得这一条款成为原则性规定，过于笼统，缺乏可操作性，往往容易造成一些工作无法到位而浅尝辄止。通过规定一些操作性较强的工作原则，可为居民委员会与村民委员会提供指导其开展家庭暴力干预工作的基本规范，有助于保障其循规蹈矩，谨防失范，切实做好相关工作，不留遗憾，不生纰漏，不出差错，将家庭暴力干预工作扎扎实实地落到实处。

（三）保障居民委员会与村民委员会干预家庭暴力功能的正常发挥

基于自身法律属性及其在社会治理结构中所处位置不同，家庭暴力干预体系中的每一干预主体都在家庭暴力干预中有其明确的功能定位。只有当这些干预主体充分发挥各自功能时，才能取得较为理想的干预效果，并最终实现《反家庭暴力法》的立法宗旨。然而，各干预主体正常开展家庭暴力干预工作，乃是其家庭暴力干预功能得以正常发挥的重要前提，这离不开一个有效的运行机制来做保障。而运行机制则又需要基本规范为其提供具体指导，从而保证家庭暴力干预主体能够切实履行职责。因此，这就需要专门确立一些工作原则，为居民委员会与村民委员会干预家庭暴力提供一套基本指导规范，以保障它们干预功能得到正常发挥，可以稳定有序地逐步将家庭暴力干预工作推向深入，并避免出现不必要的失范而陷入无序运行状态。否则，如果家庭暴力干预工作既不深入又难到位，只能隔靴搔痒、无以奏效。一旦这种结果在较长时间内不断反复重现，往往易于形成一些极难根除的积弊，将会严重影响家庭暴力干预体系与多机构合作模式的正常运作。

（四）检验居民委员会与村民委员会干预家庭暴力效果的评价标准

根据《反家庭暴力法》第 4 条第 2 款之规定，居民委员会与村民委员会应当做好反家庭暴力工作。其中，“好”在整个条款中居于核心地位，它既是《反家庭暴力法》所追求的干预效果，又是该法对居民委员会与村民委员会干预家庭暴力提出的具体要求。其含义至少有二：一是指居民委员会与村民委员会在干预家庭暴力中按照相关法律规定履行“好”职能；二是指家庭暴力干预工作要取得“好”的干预效果。然而，毕竟“好”很抽象，判断居民委员会与村民委员会做“好”家庭暴力干预工作，需要一个基本评价标准。因此，在《反家庭暴力法》没有规定“做好反家庭暴力工作”的具体评价标准的情况下，为居民委员会与村民委员会干预家庭暴力规定一些工作原则，可以作为是否做“好”家庭暴力干预工作的重要评价标准。只要居民委员会与村民委员会严格按照相关工作原则要求，扎扎实实、不折不扣地认真履行职责，保证干预工作及时到位，通常都会取得较好结果。否则，干预效果实在难料。尽管这些工作原则不是专门、科学、具体的评价标准，但在客观上，还是可以起到检验居民委员会与村民委员会干预家庭暴力工作效果的作用，有助于推动实现《反家庭暴力法》的立法宗旨。

二、干预家庭暴力工作原则同《反家庭暴力法》基本原则之间的关系甄别

居民委员会与村民委员会干预家庭暴力的工作原则同《反家庭暴力法》的基本原则在价值取向与目标追求上具有一致性，即二者都以《反家庭暴力法》的立法宗旨为目标，预防和制止家庭暴力，保护家庭成员的合法权益，维护平等、和睦、文明的家庭关系，促进家庭和谐、社会稳定。但是，它们之间尚有诸多不同之处。

（一）根本属性不同

法由原则、规则与概念构成。其中，法律原则是可以作为规则的基础或者本源的综合性、稳定性原理和准则。① 它不仅可以指引人们如何正确地适用规则，而且在没有相应法律规则时，可以代替规则来作出裁决，即较有把握地应对没有现成规则可适用的新情况。② 它的特点是不预先设定任何确定的、具体的事实状态，没有规定具体的权利与义务，更没有规定确定的法律后果。③ 我们可以简单地将法律原则理解为在成文法中明确规定的基本原则或者在判例法中遵循的具有一般性约束力的规范。④ 法律规则是指具体规定权利与义务以及具体法律后果的准则。⑤ 它是在法律原则的指导下，由国家制定或者认可的，关于人们能做什么、不能做什么等的行为准则和标准。⑥ 相对于法律原则的指导性、抽象性以及不确定性，法律规则的确定性、可把握性、可操作性强，对特定案件有较明确的假定条件、行为模式和法律后

① 张文显：《法哲学范畴研究》，中国政法大学出版社 2001 年版，第 53~54 页。

② 沈宗灵主编：《法理学》，北京大学出版社 2009 年版，第 32 页。

③ 张文显：《法哲学通论》，辽宁人民出版社 2009 年版，第 213 页。

④ 陈忠：《法律原则的适用问题研究》，云南大学 2014 年硕士学位论文，第 3 页。

⑤ 张文显：《法哲学范畴研究》，中国政法大学出版社 2001 年版，第 49 页。

⑥ 曾聪俐：《原则与规则之间：民法基本原则的司法适用——从两则案例谈起》，载《湖北警官学院学报》2014 年第 7 期。

果。[1] 具体到《反家庭暴力法》中，《反家庭暴力法》的基本原则即为法律原则，而工作原则并不具有法律原则的功能，无法担负如此重任，它的功能只与履行具体义务密不可分，仅仅是为了督促居民委员会与村民委员会在家庭暴力干预中做好相关工作而对其提出的具体要求。因此，工作原则属于法律规则中的义务性规则范畴，它应当遵守《反家庭暴力法》的基本原则，并接受法律原则的指导。

（二）立法价值不同

任何一部法律的基本原则都体现法的本质和根本价值，是整个法律活动的指导思想和出发点，构成一个法律体系的灵魂，决定法的内在统一性和稳定性。[2] 它是该法的核心与精髓，体现该法的基本精神，指导立法和司法适用。[3] 因此，《反家庭暴力法》的基本原则是其本身具有的、贯穿全部反对家庭暴力法律规范始终，体现我国反对家庭暴力立法与司法的基本精神，指导和制约全部反对家庭暴力立法和司法过程的基本准则。具有全局性、根本性与抽象性的意义。而工作原则则是为居民委员会与村民委员会开展家庭暴力干预工作提供的基本操行规则，属于指导具体工作的基本准则，意在保障相关工作的正常开展和具体落实。它只能是工作运行系统的指导思想，体现工作的基本精神和具体要求，具有规范性、操作性与实践性的意义。

（三）具体作用不同

尽管法律原则的概括性、抽象性的特点使得它无法为法律主体规定具体的权利与义务，更无法规定确定的法律后果。但是，它指导和协调全部社会关系或者某一领域的社会关系的法律调整机制，[4] 在宏观层次上为整个社会

---

① 曾聪俐：《原则与规则之间：民法基本原则的司法适用——从两则案例谈起》，载《湖北警官学院学报》2014 年第 7 期。

② 张文显：《法哲学范畴研究》，中国政法大学出版社 2001 年版，第 55 页。

③ 苏惠渔主编：《刑法学》，中国政法大学出版社 2012 年版，第 21 页。

④ 张文显：《法哲学范畴研究》，中国政法大学出版社 2001 年版，第 54 页。

提供一套科学、规范、系统的运行规则，实现对社会关系的有机调整，具有统领性、协调性的作用。因此，《反家庭暴力法》的基本原则属于家庭暴力干预工作的宏观运行规则。相对而言，工作原则也具有概括性、抽象性的特点，但它的指向性十分明确，只是用以指导和协调居民委员会与村民委员会如何开展家庭暴力干预工作，以保障它们始终能够秉持正确方向，不偏离轨道。它是在微观领域为居民委员会与村民委员会干预家庭暴力提供的一套规范、系统的运行规则，实现对具体工作的科学规范，它主要突出保障性、可操作性的作用。

三、居民委员会与村民委员会开展家庭暴力干预活动应当遵行的工作原则

（一）居民委员会与村民委员会干预家庭暴力工作的具体原则

1. 预防为主

家庭暴力不仅侵害受害人的合法权益，而且还会波及其他家庭成员。一些受害人在接受有关调查时表示，加害人的行为严重影响家庭的和睦氛围，给自己带来身体上和心灵上的创伤，在有未成年人的家庭里还给未成年人留下心理阴影，影响了他们的学习生活和身心健康发展。[①]因此，预防为主是对家庭暴力零容忍理念的一种倡导和强化，号召全社会远离这种社会丑恶现象。[②]《反家庭暴力法》与一些地方法规将预防为主作为一项基本原则，意在实现家庭暴力干预的防患于未然。现在又将反对家庭暴力立法的这一基本原则作为居民委员会与村民委员会干预家庭暴力的一项工作原则，重要意义在于：一是居民委员会与村民委员会对预防为主这一基本原则的具体化；二是明确居民委员会与村民委员会干预家庭暴力工作的重心所在。

---

① 李洪祥、闫晓玲：《吉林省长春市 2008 至 2010 年预防和制止家庭暴力实践情况的调查报告》，载《当代法学》2012 年第 3 期。

② 夏吟兰主编：《家庭暴力防治法制度性建构研究》，中国社会科学出版社 2011 年版，第 69 页。

2. 及时介入

根据《反家庭暴力法》第13条规定，居民委员会与村民委员会接到家庭暴力受害人及其法定代理人、近亲属的投诉、反映或者求助后，应当给予帮助、处理。一般来说，投诉与反映多出现在家庭暴力发生之后，受害人希望居民委员会与村民委员会能够对加害人予以劝导、批评教育，使其以后不再实施家庭暴力。求助则包括家庭暴力正在实施之时的求助与家庭暴力已经实施完毕的求助，前者意在希望居民委员会与村民委员会及时赶到家庭暴力现场以劝阻加害人停止家庭暴力行为，后者则与投诉、反映的目的相同。但是，居民委员会与村民委员会对于家庭暴力发生之后的投诉、反映和求助，偶尔会有“反正家庭暴力早已结束，早一时或者晚一时过去看看都一个样”的懈怠思想。强调“及时介入”的工作原则，意在督促居民委员会与村民委员会高度重视家庭暴力，积极干预家庭暴力，不懈怠、不推诿、不拒绝，应当在接到投诉、反映或者求助后，迅速赶往家庭暴力现场或者当事人家中，及时给予劝阻、调解，使受害人尽早得到救助，使婚姻家庭尽快恢复到原来的平静状态。

3. 注重调解

在针对妇女的家庭暴力中，因调解被运用于所有针对妇女的暴力案件时，使案件不受司法审查，假定双方拥有同等谈判能力，反映了双方对暴力承担相同过错的假定，并且减少了犯罪者的责任。越来越多的国家正在禁止针对妇女的暴力案件中实行调解。如西班牙《反对性别暴力的综合保护措施阻止法》（2004年）禁止在针对妇女的暴力案件中实行任何性质的调解。[①] 联合国专家组《反对针对妇女暴力的立法框架》第7条D项也建议，无论在法律诉讼程序之前或进行过程中，明确禁止在针对妇女的暴力案件中实行调解。然而，作为我国传统的纠纷解决措施，调解是一种较为有效解决人民群众内部矛盾的重要方式，它有助于平和、妥善地处理有关问题。特别的，家

① 夏吟兰主编：《家庭暴力防治法制度性建构研究》，中国社会科学出版社2011年版，第587页。

庭暴力多是一些长期累积的家庭矛盾处理不当并不断升级而致的结果。在婚姻家庭生活当中，夫妻双方或者家庭成员之间难免会有一些冲突和纠葛，有时逞一时之气，就会使矛盾扩大，冲突变得激烈，常会发生语言暴力和肢体暴力。而在处理家庭内部矛盾时，基于当事人之间的特殊身份关系，调解之中辅以亲情伦理关怀，易于感化当事人，更加有利于化解矛盾。因此，我们以为，调解其实是一个教育过程，[①]仍应将其作为我国家庭暴力干预的一项工作原则。并且，根据《婚姻法》第43条规定，实施家庭暴力，受害人有权提出请求，居民委员会、村民委员会应当予以调解。

受害人在遭受家庭暴力侵害之后，寻求救助的需求呈多层面。有调查表明，以妇女为主体的家庭暴力受害人的需求是多种多样的。她们希望得到的服务有：制止对方继续施暴，但不离婚；对施暴者予以矫治；获得情感支持；离婚；得到施暴者的经济赔偿；获得孩子的抚养权；拿到孩子的抚养费；制止对方在离婚后继续施暴；找到工作或者有固定的经济来源；给施暴者判刑，等等。[②]这就需要居民委员会与村民委员会在干预家庭暴力时，应当查明事实、分清是非，了解受害人的具体需求，通过对双方当事人进行劝说与疏导，以平息怨恨、减少敌对，规劝他们应对自己的婚姻家庭状况和今后生活进行充分考虑，珍惜自己与配偶的婚姻关系或者同其他家庭成员之间的亲情关系。不过，调解必须坚持自愿与合法的原则，尊重当事人双方意愿，不能强加于人，依法进行调解。

4. 保守秘密

由于家庭暴力大多发生在家庭当中，隐蔽性较强，尤其是因夫妻间的性生活不和谐而引发的家庭暴力更是让人难以启齿，多数情况下，外人一般很难知晓。并且，由于家庭暴力发生在家庭成员之间，受害人对加害人有着复

---

① 费孝通：《乡土中国生育制度》，北京大学出版社1998年版，第56页。

② 薛宁兰：《论我国家庭暴力法的定位与宗旨——基于反家庭暴力法（征求意见稿）的思考》，载《中华女子学院学报》2015年第2期。

杂的感情，对家庭暴力行为有不同于一般侵权行为的心理感受。[①]一些受害人在接受有关调查时表示，受到家庭暴力侵害后，或者是出于家丑不外扬的心理，或者是害怕加害人变本加厉，或者是为了孩子着想等等各种原因不曾寻求救助。[②]其中，“家丑”便涉及当事人的隐私问题。这里的隐私指的是有可能反映家庭暴力的具体原因、现状、手段后果、相关人员对于婚姻、财产、孩子抚养权的反应等方面的详细信息、私人信件、照片。这些隐私涉及当事人的隐私权、肖像权、名誉权等多种权利。如果隐私权的保护出现疏漏，有可能对案件的处理、次生侵害的发生、当事人的名誉产生难以估量的负面影响。[③]可见，家庭暴力既是对家庭成员的肉体伤害和精神伤害，也是对家庭成员的人格尊严的践踏。[④]为此，《反家庭暴力法》第 5 条第 2 款规定，反家庭暴力工作应当尊重受害人真实意愿，保护当事人隐私。因而，居民委员会与村民委员会在干预家庭暴力时，一定要顾及当事人的人格尊严，注意保护当事人隐私。除非出于国家公权力机关介入调查的需要，不得擅自将其所知悉的当事人隐私泄露出去。

5. 积极协助

多机构合作模式决定了不同家庭暴力干预主体之间配合协助的重要性。为此，《反家庭暴力法》第 8 条规定：居民委员会与村民委员会应当配合协助乡镇人民政府、街道办事处组织开展家庭暴力预防工作。第 32 条规定：居民委员会与村民委员会应当协助人民法院执行人身安全保护令。此外，妇女联合会、共产主义青年团、残疾人联合会深入基层组织开展家庭美德和反家庭暴力的宣传教育活动时，由于它们对于基层情况——尤其是对于农村情

---

① 蒋月：《我国防治家庭暴力立法的主要问题及对策》，载《福建江夏学院学报》2011 年第 1 期。

② 李洪祥、闫晓玲：《吉林省长春市 2008 至 2010 年预防和制止家庭暴力实践情况的调查报告》，载《当代法学》2012 年第 3 期。

③ 夏吟兰主编：《家庭暴力防治法制度性建构研究》，中国社会科学出版社 2011 年版，第 76 页。

④ 王歌雅、司丹：《家庭暴力的法律规制与道德救赎》，载《中华女子学院学报》2012 年第 4 期。

况不够熟悉，也离不开居民委员会与村民委员会的积极配合与大力协助。由此可见，居民委员会与村民委员会协助其他干预主体开展相关家庭暴力干预工作，不仅是多机构合作干预家庭暴力模式的需要，而且也是法律赋予它们的一项法定义务。因此，居民委员会与村民委员会应当在自己的职责范围内根据这些干预主体的具体需求，积极做好相关配合协助工作。

（二）居民委员会与村民委员会干预家庭暴力工作原则的有机统一

作为指导具体工作的基本规范，居民委员会与村民委员会干预家庭暴力的这五项工作原则具有相对独立性，但它们之间并非绝对独立，而是实现了外观特征与内在价值的有机统一。

1. 居民委员会与村民委员会干预家庭暴力工作原则的外观特征

居民委员会与村民委员会干预家庭暴力的五项工作原则体现出两个方面的鲜明特征。

第一，从家庭暴力干预路径上看，这五项工作原则体现出居民委员会与村民委员会的家庭暴力干预路径有二，即自己独立干预家庭暴力与协助其他干预主体干预家庭暴力。预防为主、及时介入、注重调解与保守秘密等四项原则是居民委员会与村民委员会独立干预家庭暴力时必须遵行的工作原则，而在协助干预中，除了需要居民委员会与村民委员会的积极协助外，同样需要其必须遵行这四项工作原则。独立干预与协助干预这两条干预条路径并非泾渭分明、互不相干，而是相互交融、彼此牵连。对于居民委员会与村民委员会来说，独立干预是其干预家庭暴力的主要路径，协助干预是其干预家庭暴力的辅助路径。当然，无论独立干预，还是协助干预，干预家庭暴力的本质并无什么区别，二者的作用同等重要。之所以对这两条干预路径做出主辅之分，其意义仅在于对居民委员会与村民委员会的家庭暴力干预工作职能的具体定位。另外，协助干预又包括两种情形：一是居民委员会与村民委员会独立完成自己的家庭暴力干预工作之后，出于其他干预主体的需求而予其以必要的协助干预；二是居民委员会与村民委员会在进行家庭暴力干预的同时，出于其他干预主体的需求而予其以必要的协助干预。在后一种协助干预情况下进而再分为两种情形：一种是居民委员会与村民委员会一边开展自己的家庭暴力干预工作，一边同时为其他干预主体提供必要的协助；另一种是居民委员会与村民委员会应其他干预主体的请求而与之配合，共同开展相关家庭暴力干预工作。正是独立干预与协助干预的这种相互联动，于无形之中就将不同的家庭暴力干预主体有机的整合在一起，从而实现了多机构合作模式下的家庭暴力干预。

第二，从家庭暴力干预阶段上看，这五项工作原则贯穿了居民委员会与村民委员会干预家庭暴力的不同阶段。其中，预防为主原则适用于事前预防阶段；及时介入、注重调解与保守秘密等三项原则同时适用于事中救助与事后救济两个阶段，它们在具体适用过程中并无什么区别，仅在于干预阶段不同而已；积极协助原则应不同干预阶段的其他干预主体的需求而适用于每一个阶段。对于居民委员会与村民委员会来说，无论独立干预，还是协助干预，在家庭暴力干预的不同阶段，它们都要根据干预工作的具体需要，以其中某一项或者某几项具体原则为指导，既要做好自己的相关干预工作，又要协助其他干预主体做好相关配合工作。

上述居民委员会与村民委员会干预家庭暴力的两条干预路径与三个干预阶段经纬相织、纵横交错，形成了居民委员会与村民委员会干预家庭暴力层面上的立体格局。其中，既有居民委员会与村民委员会因独立干预家庭暴力在自己内部形成的小格局，又有居民委员会与村民委员会协助其他干预主体而形成的多机构合作大格局。这两个格局在家庭暴力干预的不同层面上发挥着重要作用，并且相互影响、彼此包容，形成了一个家庭暴力干预的运行系统。

2. 居民委员会与村民委员会干预家庭暴力工作原则的内在价值

居民委员会与村民委员会干预家庭暴力的五项工作原则表现出各自不同的价值功能。

第一，预防为主。预防为主是《反家庭暴力法》确定的反对家庭暴力的基本原则之一，贯穿《反家庭暴力法》始终，既体现反对家庭暴力立法的基本精神，又反映反对家庭暴力立法的价值取向。它以防患于未然为根本目的，在家庭暴力干预中发挥着统筹作用。它要求居民委员会与村民委员会应当坚持预防为主原则，充分利用其处于家庭暴力干预第一站的天然优势，积极发挥基层群众性自治组织的职能，做好家庭暴力干预工作。

第二，及时介入。及时介入强化家庭暴力干预主体的责任意识，在于督促其尽早积极行动起来，快速介入家庭暴力干预当中，以防止其懈怠、推诿，贻误家庭暴力干预介入的最佳时机，使得家庭暴力的事态不再进一步继续扩大。它代表追求效率价值。它要求居民委员会与村民委员会接到受害人及其法定代理人、近亲属以及其他任何群众的反映和求助，都要立即行动起来，根据家庭暴力的进展情况予以必要干预。

第三，注重调解。注重调解是由家庭暴力当事人之间的特殊身份关系所决定。尽管家庭暴力会带给受害人身体和精神上的伤害，但毕竟加害人与受害人关系的特殊性，很多受害人不愿意通过司法途径惩罚加害人。[①] 这就使得当事人之间的夫妻情分或者父母与子女血脉连通的这种伦理亲情有助于消融因伤害而带来的怨怒与隔阂。调解之中，应充分发挥伦理亲情的感化作用，以情动人、以理服人，易于双方消解怨气、缓和矛盾。它要求居民委员会与村民委员会在进行家庭暴力干预时，一定要注重伦理亲情的感化作用，化解家庭矛盾、杜绝家庭暴力。

第四，保守秘密。保守秘密是对家庭暴力干预主体的义务制约。对于遭受家庭暴力侵害的受害人而言，往往波及其隐私、肖像、名誉等多方面的人格权益。而受害人遭受家庭暴力侵害的事实一旦被泄露出去，难免招致外界非议，则会进一步加重受害人精神上的伤害。它要求居民委员会与村民委员会在干预家庭暴力过程中，一定要注意保护好受害人的隐私、肖像、名誉等方面的权利，维护受害人的人格尊严，充分体现出对受害人的人文关怀。

第五，积极协助。积极协助是多机构合作干预家庭暴力的根本需求。多

---

① 蒋月:《20 世纪婚姻家庭法：从传统到现代化》，中国社会科学出版社 2015 年版，第 528 页。

机构合作模式下的家庭暴力干预，需要不同干预主体之间的有机联动与紧密配合，任何一方都须积极配合其他干预主体开展相关干预活动。它彰显了不同家庭暴力干预主体之间预防和制止家庭暴力的合作精神。它要求居民委员会与村民委员会应其他干预主体的请求而予其以必要协助时，必须要与求助者精诚团结、同心协力，共同完成相关干预工作。

综观这五项工作原则，预防为主反映价值取向，及时介入代表追求效率，注重调解折射亲情感化，保守秘密体现人文情怀，积极协助彰显合作精神，彼此衔接、相辅相成，形成一个内在的有机联系整体，成为居民委员会与村民委员会干预家庭暴力的内在驱动。这五项工作原则的重要意义在于，它们实现了居民委员会与村民委员会在家庭暴力干预中的外观特征与内在价值的有机统一，有利于发挥居民委员会与村民委员会干预家庭暴力的积极作用。

第三节　基层群众性自治组织干预家庭暴力的主要职责

一、居民委员会与村民委员会干预家庭暴力职责的立法考察

（一）立法概况

1. 基层群众性自治组织立法之相关规定梳理

《城市居民委员会组织法》与《村民委员会组织法》是关于基层群众性自治组织的专门立法。它们关于居民委员会与村民委员会职责的规定源于《宪法》第 111 条第 2 款之规定："城居民委员会与村民委员会设立人民调解、治安保卫、公共卫生等委员会，办理本居住地区的公共事务和公益事业，调解民间纠纷，协助维护社会治安，并向人民政府反映群众的意见、要求和提出建议。"尽管《宪法》并未明确这些内容的具体性质，但这些规定

成为居民委员会与村民委员会职责的宪法依据和法律渊源。

《城市居民委员会组织法》第3条“居民委员会的任务”规定：“（1）宣传宪法、法律、法规和国家的政策，维护居民的合法权益，教育居民履行依法应尽的义务，爱护公共财产，开展多种形式的社会主义精神文明建设活动；（2）办理本居住地区居民的公共事务的公益事业；（3）调解民间纠纷；（4）协助维护社会治安；（5）协助人民政府或者它的派出机关做好与居民利益有关的公共卫生、计划生育、优抚救济、青少年教育等项工作；（6）向人民政府或者它的派出机关反映居民的意见，要求和提出建议。”

《村民委员会组织法》第二章“村民委员会的组成和职责”中的第8条、第9条、第10条明确了村民委员会的职责。第8条规定：“村民委员会应当支持和组织村民依法发展各种形式的合作经济和其他经济，承担本村生产的服务和协调工作，促进农村生产建设和经济发展。村民委员会依照法律规定，管理本村属于村农民集体所有的土地和其他财产，引导村民合理利用自然资源，保护和改善生态环境。村民委员会应当尊重并支持集体经济组织依法独立进行经济活动的自主权，维护以家庭承包经营为基础、统分结合的双层经营体制，保障集体经济组织和村民、承包经营户、联户或者合伙的合法财产权和其他合法权益。”第9条规定：“村民委员会应当宣传宪法、法律、法规和国家的政策，教育和推动村民履行法律规定的义务、爱护公共财产，维护村民的合法权益，发展文化教育，普及科技知识，促进男女平等，做好计划生育工作，促进村与村之间的团结、互助，开展多种形式的社会主义精神文明建设活动。村民委员会应当支持服务性、公益性、互助性社会组织依法开展活动，推动农村社区建设。”第10条规定：“村民委员会及其成员应当遵守宪法、法律、法规和国家的政策，遵守并组织实施村民自治章程、村规民约，执行村民会议、村民代表会议的决定、决议，办事公道，廉洁奉公，热心为村民服务，接受村民监督。”

由上述《城市居民委会组织法》与《村民委员会组织法》的“任务”与“职责”来看，作为关于基层群众性自治组织的专门立法，这两部法律中均未规定居民委员会与村民委员会干预家庭暴力职责。

2. 反对家庭暴力的国家立法之相关规定检视

在国家立法中，无论《婚姻法》与《妇女权益保障法》等综合立法，还是《反家庭暴力法》的专项立法，也未规定居民委员会与村民委员会干预家庭暴力职责。

3. 反对家庭暴力的地方立法之相关规定寻觅

在地方立法中，地方政策文件与地方法规中也难觅关于居民委员会与村民委员会干预家庭暴力职责的明确规定。

（二）客观评价

从基层群众性自治组织立法，到关于居民委员会与村民委员会干预家庭暴力的地方立法与国家立法，均未规定居民委员会与村民委员会干预家庭暴力职责，各有其因。

《城市居民委会组织法》与《村民委员会组织法》均未规定居民委员会与村民委员会干预家庭暴力职责，这并不违背常理。原因主要有三：一是这两部法律的立法宗旨在于加强基层群众性自治组织建设，立法需要通盘考虑整体规划，尽可能通过科学的立法设计使之实现科学化。这就意味着居民委员会与村民委员会的职责定位只能着眼于宏观层面，无法具体化、详细化。二是作为基本法律，在立法空间十分有限的情况下，这两部法律无法将居民委员会与村民委员会的所有工作内容详细列出，只能从宏观层面上对相关工作内容予以高度概括，尽可能地将它们囊括进来。三是这两部法律制定之时，家庭暴力问题才刚刚进入中国学术视野不久，[①] 我国关于反对家庭暴力立法尚处于地方政策文件时期，作为关于基层群众性自治组织的立法不可能做出僭越立法的出格之举。因此，这两部基本法律的立法处理实属正常。

---

① 1995 年之前，在中国的法律术语中没有“家庭暴力”这一概念。1995 年第四次世界妇女大会之后，家庭暴力问题在中国开始引起关注，学术界从翻译介绍国际公约及国外、境外的反对家庭暴力立法和研究成果开始，对中国家庭暴力的现状、防治家庭暴力的理念、干预家庭暴力的方式和手段进行深入研究，推动了中国反对家庭暴力立法的进程。

《婚姻法》是关于婚姻家庭关系的基本准则，《妇女权益保障法》所关注的是妇女在不同领域、不同层次的权益保护，它们不可能为居民委员会与村民委员会专门设置干预家庭暴力的具体职责。干预家庭暴力的地方政策文件与地方法规因受制于立法层级较低、立法视野局促等因素影响，仅是一些针对家庭暴力干预的框架性、原则性规定，无法使居民委员会与村民委员会干预家庭暴力的职责明确化与具体化。那么，这个重任只能由《反家庭暴力法》来承担。但其并没有为包括居民委员会与村民委员会在内的所有家庭暴力干预主体设置干预家庭暴力职责，仅第4条第2款规定："县级以上人民政府有关部门、司法机关、人民团体、社会组织、居民委员会、村民委员会、企业事业单位，应当依照本法和有关法律规定，做好反家庭暴力工作。"然而，即使"有关法律"中有关于这些干预主体的职责规定，也没有关于干预家庭暴力的内容。主要原因在于：一是这些法律都要早于《反家庭暴力法》出台，前瞻性滞后；二是这些主体因社会分工不同而在各自法律中有其社会治理结构中的角色定位；三是这些法律各自有其立法宗旨和规范内容。因此，这些法律为其所规范的主体设计职责必然要考虑它们的社会分工、在社会治理结构中所处的位置，及其在社会治理所担负的具体任务等因素，故不可能为其今日实现与《反家庭暴力法》对接而为这些主体专门规定干预家庭暴力的职责。这就使得居民委员会与村民委员会干预家庭暴力的职责无法明确化与具体化，将在一定程度上影响《反家庭暴力法》的法律功能的发挥和立法目的的实现。

特别的，《婚姻法》《反家庭暴力法》以及其他反对家庭暴力的法律法规所规定的家庭暴力干预主体呈多元性与广泛性的特点，包括居民委员会与村民委员会在内的家庭暴力干预主体有数十种之多。因不同家庭暴力干预主体的法律属性及其在家庭暴力干预体系中的职能定位不同，其所负职责亦应有所区别。为不同的家庭暴力干预主体规定相应职责，其重要意义在于明确其责任范围，以便于它们开展相关家庭暴力干预工作。实践证明，在职责不清、责任不明的情况下，并不利于开展家庭暴力干预工作：一是干预界限不清，各家庭暴力干预主体无法确定自己职责的具体范围，往往容易造成它们进退两难的困局，使它们陷入在家庭暴力干预中难以有所作为的尴尬之中，最终极易以流于形式的结局收场；二是容易引发家庭暴力干预主体之间相互推诿、扯皮；三是一旦家庭暴力干预主体干预不力而造成不良后果的，无法追责。但是，如果明确家庭暴力干预主体预防和制止家庭暴力的职权和分工，则可以避免彼此相互推诿，为处理家庭暴力事件提供可行的措施和对策。[①] 因此，《反家庭暴力法》十分有必要规定居民委员会与村民委员会干预家庭暴力的职责，以弥补上述这些法律法规关于居民委员会与村民委员会干预家庭暴力职责的立法不足。

二、居民委员会与村民委员会干预家庭暴力职责的学者建议

（一）学者建议稿概要

家庭暴力是婚姻法学界长期以来备受关注的一个热点问题。为了推进反对家庭暴力的立法活动，相关组织和学者们积极开展深入研究。其中，有学者认为，中国家庭暴力防治法可分章规定行政、司法、社会干预，明确各机构的职责范围。[②] 正是基于这样的认识，一些重大研究成果中都有关于明确居民委员会与村民委员会干预家庭暴力职责的具体建议。

1. 相关研究项目建议稿

2000 年 6 月，中国法学会启动“反对针对妇女的家庭暴力对策研究与干预”项目，2003 年 3 月向全国人大十届第一次会议及全国政协十届第一次会议提交了项目建议稿——《中华人民共和国家庭暴力防治法》（以下简称《家庭暴力防治法》）的议案和提案（以下简称 2003 年项目建议稿）。其中，项目建议稿第 45 条规定居民委员会与村民委员会干预家庭暴力的职责：

---

① 蒋月：《我国防治家庭暴力立法的主要问题及对策》，载《福建江夏学院学报》2011 年第 1 期。

② 薛宁兰《家庭暴力防治法中的多机构合作干预模式》，载《妇女研究论丛》2014 年第 5 期。

居（村）民委员会应当配合有关政府部门建立家庭暴力投诉站、家庭暴力防治咨询服务中心及受害人的庇护场所；执行有关投诉、登记等制度并及时进行处理。[①]

2006年，中国法学会“反对针对妇女的家庭暴力对策研究与干预”项目在2003年项目建议稿的基础上，第二次组织成立《家庭暴力防治法》专家修订起草小组，历时三年对2003年项目建议稿进行了全面修订，[②]并于2009年向全国人大第十一届第二次会议及全国政协第十一届第二次会议提交制定《家庭暴力防治法》的议案和提案（以下简称2009年项目建议稿）。其中，2009年项目建议稿第27条在2003年项目建议稿第45条基础之上进一步扩充居民委员会与村民委员会的职责：（1）开展防治家庭暴力的宣传教育；（2）受理家庭暴力受害人的投诉或求助，告知家庭暴力受害人享有的权利；（3）依法做好家庭纠纷的调解工作，化解矛盾，预防家庭暴力的发生；（4）对正在实施的家庭暴力，应当及时劝阻、制止或者向当地公安机关报案；（5）根据家庭暴力受害人意愿，及时将家庭暴力受害人转介到有关机构。[③]

2009年项目建议稿关于居民委员会与村民委员会干预家庭暴力职责的立法建议要比2003年项目建议稿的相关建议具体得多、丰富得多、完善得多。主要表现在这样几个方面：一是条款数量明显增加，2003年项目建议稿仅有两项内容，而2009年项目建议稿则增加到五项内容。这就为科学设置居民委员会与村民委员会干预家庭暴力的职责提供了较为广阔的空间。二是职责定位更加科学，2003年项目建议稿对居民委员会与村民委员会的职责定位主要针对事后救济，只能治标而不治本，难以取得理想的干预效果；而2009年项目建议稿对居民委员会与村民委员会的职责定位则贯穿家庭暴

---

① 陈明侠、夏吟兰、李明舜、薛宁兰：《家庭暴力防治法基础性建构研究》，中国社会科学出版社2005年版，第14页。

② 夏吟兰主编：《家庭暴力防治法制度性建构研究》，中国社会科学出版社2011年版，第2页。

③ 夏吟兰主编：《家庭暴力防治法制度性建构研究》，中国社会科学出版社2011年版，第16页。

力干预的全部过程，这种全方位的职责定位可以使它们介入整个家庭暴力干预过程，充分发挥它们在家庭暴力干预中的积极作用。三是干预措施更加多元，2003 年项目建议稿的干预措施仅有建立投诉站、咨询服务中心与庇护场所等相关工作服务站点和执行有关投诉、登记等制度，而 2009 年项目建议稿的干预措施则包括宣传、受理家庭暴力投诉或者救助、劝阻与制止家庭暴力、报案以及向有关机构转介等，这些措施分别对应着事前预防、事中救助与事后救济等不同干预阶段，不仅可以使得家庭暴力干预工作更加深入，而且实现多机构合作干预的联动机制。2009 年项目建议稿之所以能够取得这么大的进步，在于其吸收了优秀的研究成果和丰富的实践经验，即一方面是近年来学者们所取得的相关研究成果为其提供理论支撑，另一方面是地方法规的陆续出台及其具体实践为其带来理性思考。

不过，需要指出的是，2009 年项目建议稿亦有其不足之处，存在一些逻辑失恰。其中，“（1）开展防治家庭暴力的宣传教育”属于事前预防，“（2）受理家庭暴力受害人的投诉或求助，并告知其享有的权利”则包括事中救助与事后救济，“（3）依法做好家庭纠纷的调解工作，化解矛盾，预防家庭暴力的发生”属于事前预防，“（4）对正在实施的家庭暴力，应当及时劝阻、制止或者向当地公安机关报案”属于事中救助，“（5）根据家庭暴力受害人意愿，及时将家庭暴力受害人转介到有关机构”属于事后救济。我们以为，这些职责应当按照家庭暴力干预的“事前预防——事中救助——事后救济”的演进路径来进行设计以及顺位排列，才更为科学、更具有逻辑性。这就需要将该建议稿第（2）项调整到第（4）项之后、第（5）项之前，即较为科学的逻辑关系应当是这样的：（1）开展防治家庭暴力的宣传教育；（2）依法做好家庭纠纷的调解工作，化解矛盾，预防家庭暴力的发生；（3）对正在实施的家庭暴力，应当及时劝阻、制止或者向当地公安机关报案；（4）受理家庭暴力受害人的投诉或求助，告知家庭暴力受害人享有的权利；（5）根据家庭暴力受害人意愿，及时将家庭暴力受害人转介到有关机构。不过，整体观之，2009 年项目建议稿的这一瑕疵对于居民委员会与村民委员会干预家庭暴力职责的基本逻辑关系推演并没有产生特别严重的影响。

2. 部分学者的立法建议

有学者认为，鉴于居民委员会与村民委员会是同家庭联系最紧密的组织，为了有效预防和制止家庭暴力的发生，需要建立健全居民委员会与村民委员会防治家庭暴力的救助网络，它们应受害人要求应当做好这样几个方面的工作：（1）及时进行调解；（2）对正在实施家庭暴力的应当及时予以劝阻；（3）应当配合有关政府部门建立家庭暴力防治咨询服务中心、家庭暴力投诉站以及受害人的庇护场所；（4）为最大限度减少家庭暴力的发生而执行有关投诉、登记制度并及时进行调解和处理。①

不难发现，该学者建议吸收了《婚姻法》第 43 条第 1 款、第 2 款的规定②和 2003 年项目建议稿的相关研究成果。《婚姻法》第 43 条第 1 款、第 2 款是我国最早关于家庭暴力干预的国家立法规定，该学者将其植入自己的研究当中作为具体建议，不仅可以降低立法成本，节省立法资源，而且表明调解和劝阻对于干预家庭暴力的现实意义。尤其值得指出的是，该学者建议在借鉴 2003 年项目建议稿的基础之上将“家庭暴力防治咨询服务中心”调整到“家庭暴力投诉站”之前，这一微小变化的意义非同寻常。其中，建立家庭暴力防治咨询服务中心在于为民众提供相关咨询服务，咨询事项更多属于事前预防范畴，而投诉站和庇护场所则针对家庭暴力发生之后为受害人提供相关救助。这一微调纠正了 2003 年项目建议稿中的事前预防、事中救助和事后救济之间颠倒的逻辑关系，增强内部结构的逻辑性。然而，该学者建议却止步于此，并未进一步梳理《婚姻法》第 43 条第 1 款、第 2 款和 2003 年项目建议稿的相关研究成果之间的逻辑关系，只是将它们简单的排列在一起。既然已经注意到 2003 年项目建议稿中的居民委员会与村民委员会第一项职责的内部逻辑失洽，就不应当疏忽这一问题。实际上，它们之间的逻辑

① 洪新德：《家庭暴力防治法律研究》，中国政法大学 2007 年硕士学位论文，第 36 页。

② 《婚姻法》第 43 条规定：“实施家庭暴力或虐待家庭成员，受害人有权提出请求，居民委员会、村民委员会以及所在单位应当予以劝阻、调解。对正在实施的家庭暴力，受害人有权提出请求，居民委员会、村民委员会应当予以劝阻；公安机关应当予以制止。”

关系应该是这样的：（1）为最大限度减少家庭暴力的发生而执行有关投诉、登记制度并及时进行调解和处理；（2）对正在实施家庭暴力的应当及时予以劝阻；（3）及时对家庭暴力进行调解；（4）配合有关政府部门建立家庭暴力防治咨询服务中心、家庭暴力投诉站以及受害人的庇护场所。其中，第（1）项职责主要是居民委员会与村民委员会针对家庭暴力干预的相关制度建设及其干预的启动程序，贯穿了家庭暴力干预的全过程，包括事前预防、事中救助与事后救济三个阶段；第（2）项职责是居民委员会与村民委员会针对正在进行的家庭暴力的干预，为事中救助；第（3）项职责是居民委员会与村民委员会针对正在进行的家庭暴力和已经结束的家庭暴力的干预，包括事中救助和事后救济；第（4）项职责属于居民委员会与村民委员会配合其他家庭暴力干预主体的协助工作，贯穿家庭暴力干预的全过程，包括事前预防、事中救助与事后救济。这种逻辑关系的出发点是以居民委员会与村民委员会为中心，并且尽可能地顾及“事前预防——事中救助——事后救济”的家庭暴力干预全过程。此外，出于科学立法之考量，该学者建议亦有不严谨的地方。在这四项建议中，第（4）项中的“处理”是指对涉及家庭暴力的相关问题予以妥善的安排或者处置。第（2）项中的“劝阻”属于处理之一种方式，并且在劝阻过程中，劝阻者不可能单纯的劝阻，其中也会伴随调解。这就使得第（1）项、第（2）项、第（4）项之间存在相互交叉重叠的关系。既不严谨，又不精炼。应当删除第（1）项，并对第（2）项与第（4）项进行适当修改。但却被该学者忽视掉了。这里仅在于说明问题，故不对这四项建议进行任何修改。因此，借鉴他人的研究成果应当取其科学精髓并予以适当改造，并非原封不动的机械照搬过来。

另有学者认为，我国反对家庭暴力立法应当明确各社会救助单位职责，并就居民委员会与村民委员会干预家庭暴力的职责提出具体建议，即为防治家庭暴力，居民委员会与村民委员会应：（1）及时受理受害者的投诉并告知其应享有之权利；（2）及时将受害者转介到有关机构；（3）及时制止正在发生的家庭暴力，必要时应报警；（4）依法调解当地的家庭纠纷，化解矛盾，预防家庭暴力的发生；（5）开展防治家庭暴力的宣传教育；（6）其他。[①]

对比2009年项目建议稿的相关内容，该学者的立法建议基本上完全吸收了2009年项目建议稿的相关研究成果。二者的区别主要有两点，一是学者的立法建议设置了兜底性条款，弥合立法与现实之间的间隙，以适应社会发展变化的需要。[②]这是尤为值得充分肯定的地方。二是两者关于居民委员会与村民委员会职责的内容几乎没有什么区别，但它们排序的逻辑关系却截然不同。学者的立法建议将居民委员会与村民委员会干预家庭暴力的职责基本上按照"事后救济——事中救助——事前预防"的逻辑关系排列下来，这恰好与2009年项目建议稿对于居民委员会与村民委员会干预家庭暴力的职责按照"事前预防——事中救助——事后救济"的逻辑关系排列相反。相比之下，我们并不赞同学者的立法建议对2009年项目建议稿的这种借鉴改造，较欠缺创新性与科学性。家庭暴力干预的根本在于事前预防，这不仅已为长期实践所证明，而且为相关立法所确认。因此，只能说该学者建议依然停留在"重事后惩治，轻事前预防"的观念之中，并不可取。

（二）学者建议稿评价

在项目建议稿与学者建议中，都有居民委员会与村民委员会干预家庭暴力的职责。这些建议不仅十分重要，而且十分必要。其意义主要体现在以下几个方面：

首先，这是明确家庭暴力干预主体地位的需要。家庭暴力干预体系是由若干不同的家庭暴力干预主体组成的一个庞杂系统，不同主体处于其中的不同地位，应当各司其职、各尽其能。通过明确家庭暴力干预主体的具体职责，则可以有助于明确其在家庭暴力干预体系中的具体地位，以及所应担当的责任，使其在自己的职责范围内及时干预家庭暴力。

---

① 罗杰：《家庭暴力立法与实践研究——以民事法律规制为中心》，西南政法大学2012年博士学位论文。

② 卢文捷：《反思·借鉴·重构——关于完善我国家庭暴力概念的思考》，载《行政与法》2011年第10期。

其次，这是积极开展家庭暴力干预工作的需要。若想将家庭暴力干预工作落到实处，必须要为家庭暴力干预体系中的不同干预主体分工到位，明确它们在家庭暴力干预中的具体职责，使它们知道自己“应该做什么”“具体做哪些”以及“究竟如何做”。否则，分工不清，职责不明，则会令它们陷入手足无措、无所适从的困惑之中。

再次，这是推动多机构合作干预家庭暴力的需要。《反家庭暴力法》所建构的家庭暴力干预体系使多机构合作干预家庭暴力机制在我国得以正式确立。它需要众多机构和组织针对家庭暴力的复杂性，在各自的权限范围内予以干预，[①] 但同时离不开彼此之间的积极配合与协助，以实现它们职能的相互衔接配套。如果家庭暴力干预主体职责不明，则无法确定各自的权限范围，更无法实现相互衔接。并且，还可以发挥它们干预家庭暴力的主动性、积极性，防止出现推诿、扯皮等不利于家庭暴力干预现象。

最后，这是建立反对家庭暴力追究机制的需要。明确家庭暴力干预主体的干预家庭暴力职责，一方面赋予其依法开展家庭暴力干预工作的权力，其应当根据相关法律规定在其职责范围内进行家庭暴力干预工作，不受任何非法干涉；另一方面这也是赋予其的相关义务，如果其不履行法定职责或者履行职责不当造成不良影响的，就应当承担相应法律责任。然而，职责不明，难咎其责。因此，为了督促相关家庭暴力干预主体认真履行职责，积极做好家庭暴力干预工作，应当建立责任追究机制。

其中，作为当时已经提交国家立法机关的立法建议稿，2009 年项目建议稿所规定的居民委员会与村民委员会干预家庭暴力的职责较为科学。主要体现在这样几个方面：一是定位准确，通过五项职责的内容可以看出，其以事前预防为主，兼顾事中救助和事后救济，这种职责定位符合居民委员会与村民委员会的自身属性及其处于社会治理基层便于开展家庭暴力干预工作的天然优势；二是考虑周全，它贯穿家庭暴力干预的事前预防、事中救助与

---

① 薛宁兰：《家庭暴力防治法中的多机构合作干预模式》，载《妇女研究论丛》2014 年第 5 期。

事后救济三个阶段，可以实现防治结合；三是职责具体，在全部五项职责当中，两项职责关于事前预防，一项职责关于事中救助，一项职责关于事中救助与事后救济，另一项职责关于事后救济，每一项职责内容都设计得十分明确具体，便于家庭暴力干预主体在其职责范围内开展家庭暴力干预工作；四是衔接顺畅，通过对受害人的转介，实现多机构合作干预模式下的不同干预主体之间的有机联动。显然，这种立法设计非常符合现实需求，不仅有利于居民委员会与村民委员会干预家庭暴力，而且有利于深入开展家庭暴力干预工作。

然而，非常遗憾，《反家庭暴力法》并未采纳2009年项目建议稿关于家庭暴力干预主体职责的立法建议。对此，我们并不否认立法者的立法考量并尊重其之最后选择，但毕竟法律需要讲求实效。如果所立之法不能服务于社会治理之用，则无法产生良好的社会效应。它的命运结局也就可想而知。因此，绝对不可以忽视立法目的的实现与法律功能的发挥。立法目的不外乎有二：一是为社会治理提供一套行之有效的基本制度，二是为公民提供一种便于遵行的行为规范。这二者之间相互交融，彼此作用。社会治理内容包含着对公民行为的规制，公民守法则有利于促进社会治理目标的实现，从而推动社会的进步与发展。但是，立法目的的实现离不开法律功能的正常发挥，而法律功能则又需要通过法律适用来满足立法目的的这两项基本要求。否则，所立之法非为良法，立法意义不复存矣。尽管《反家庭暴力法》的立法效果尚未至此地步，但因其缺乏居民委员会与村民委员会干预家庭暴力职责的立法规定，毕竟并不利于它们顺利开展家庭暴力干预工作。这就十分有必要对居民委员会与村民委员会干预家庭暴力的职责作出明确规定。

三、居民委员会与村民委员会干预家庭暴力职责的科学设计

为了便于居民委员会与村民委员会积极干预家庭暴力，十分有必要为其设计具体职责。

（一）设计居民委员会与村民委员会干预家庭暴力职责的影响因素

科学设计居民委员会与村民委员会干预家庭暴力的具体职责，至少应该考虑居民委员会与村民委员会这几个方面的因素：（1）自身属性；（2）在家庭暴力干预体系中的法律地位；（3）家庭暴力干预的功能定位；（4）不同干预阶段可以开展的具体工作。只有综合考虑这些因素，居民委员会与村民委员会的家庭暴力干预职责才能科学化、具体化与完善化。鉴于前述相关内容已对这些因素有所论述，这里不再赘述。

（二）设计居民委员会与村民委员会干预家庭暴力职责的法律依据

《反家庭暴力法》第4条第2款规定，居民委员会与村民委员会应当依照本法和有关法律规定，做好反家庭暴力工作。其中，所谓“有关法律”是指那些明确规定居民委员会与村民委员会干预家庭暴力或者与之有关的相关法律。它们至少应当包括《宪法》《城市居民委员会组织法》《村民委员会组织法》《婚姻法》《妇女权益保障法》《未成年人保护法》《老年人权益保障法》与《残疾人保障法》。广义上的法律还应当包括地方立法。所谓“做好反家庭暴力工作”是指居民委员会与村民委员会应当依照《反家庭暴力法》和有关法律规定在自己的职责范围内做好反家庭暴力工作，切忌不可擅越职责范围之外。因此，这些法律法规成为设计居民委员会与村民委员会的家庭暴力干预职责的法律依据。

具体而言，同居民委员会与村民委员会干预家庭暴力的职责有关的条款包括《宪法》第111条第2款、《城市居民委员会组织法》第3条、《村民委员会组织法》第9条、《婚姻法》第43条第1款与第2款、《妇女权益保障法》第46条第3款、《未成年人保护法》第48条、《老年人权益保障法》第75条、《残疾人保障法》第9条以及《反家庭暴力法》第4条第2款、第8条、第13条第1款、第14条第1款、第17条、第21条第1款、第22条、第23条第2款、第32条、第35条等10个具体条款。由于上述这些法律在前面有关内容中已经论述，这里仅就个别立法规定做一些必要补充说明。

《宪法》第111条第2款[①]中并未出现"职责"字样，但这些内容实际上就是居民委员会与村民委员会的具体职责。其中，"民间纠纷"不仅限于邻里之间的纷争，而且还应当包括居民的家庭内部矛盾。由于家庭暴力往往多由家庭矛盾引发，调解民间纠纷必然蕴含着干预家庭暴力。

《城市居民委员会组织法》第3条与《村民委员会组织法》第9条第1款[②]中的"法律、法规和国家的政策"，当然包括《反家庭暴力法》《婚姻法》《妇女权益保障法》《老年人权益保障法》《未成年人保护法》与《残疾人保障法》以及关于家庭暴力的地方法规与政策文件，其中不乏关于禁止家庭暴力的规定。"居民履行依法应尽的义务"与"村民履行法律规定的义务"范围之广，包罗万千，几乎每一部法律都以不同形式为公民设置相关义务，实在无法一一尽列。其中，居民委员会与村民委员会教育居民与村民必须遵守《婚姻法》和《反家庭暴力法》等法律法规关于禁止家庭暴力的有关规定，不得违反。

《村民委员会组织法》第9条第2款规定：村民委员会应当支持服务性、公益性、互助性社会组织依法开展活动，推动农村社区建设。其中，根据《反家庭暴力法》第6条第2款规定，工会、共产主义青年团、妇女联合会、残疾人联合会应当在各自工作范围内，组织开展家庭美德和反家庭暴力宣传教育。这些社会组织开展的宣传教育活动都属于公益性的社会活动，十分有利于促进和谐农村的建设，村民委员会应当予以积极支持。

综上，尽管上述这些法律都没有关于居民委员会与村民委员会干预家庭暴力职责的专门规定，但其中的相关规定实际上已经初步形成居民委员会与村民委员会干预家庭暴力职责的大致框架，对于居民委员会与村民委员会干预家庭暴力起到了积极作用。然而，这些立法规定尚有诸多不足之处。一是立法过于分散。由于上述这些立法规定分别处于不同的法律之中，尤其是

---

① 这一条款及其内容见前述"一、居民委员会与村民委员会干预家庭暴力职责的立法考察"之"（一）立法概况"的"1. 基层群众性自治组织立法之相关规定梳理"，这里不再赘述。

② 这两个具体条款及其内容见前述"一、居民委员会与村民委员会干预家庭暴力职责的立法考察"之"（一）立法概况"的"1. 基层群众性自治组织立法之相关规定梳理"，这里不再赘述。

彼此立法立场的不同，相互缺乏立法照应，缺乏统一性，无法形成一个完整的预防与制止系统。这就在一定程度上严重影响这些立法发生实效。二是多为原则性规定。这些法律多以原则性规定的立法模式禁止家庭暴力，不够具体，操作性不强，容易造成立法规定的漏洞与缺失，无法提供根本有效的预防和制止家庭暴力的途径。三是相互缺乏衔接。由于这些立法规定散见于不同法律之中，法条之间缺乏有效衔接，体例不够系统、规范，内容不够周延、完整，[①] 协调性不强。因此，基于居民委员会与村民委员会干预家庭暴力的重要性，十分有必要为其量身定制干预家庭暴力的具体职责。

（三）居民委员会与村民委员会干预家庭暴力职责的内容设计

1. 居民委员会与村民委员会干预家庭暴力职责的设计路径

设计居民委员会与村民委员会干预家庭暴力职责的具体路径有二，即整合现有法律资源与借鉴相关研究成果。

（1）整合现有法律资源。

在《宪法》《城市居民委员会组织法》与《村民委员会组织法》中有关于居民委员会与村民委员会具体职责的明确规定，在《反家庭暴力法》《婚姻法》《妇女权益保障法》《老年人权益保障法》《未成年人保护法》与《残疾人保障法》以及反对家庭暴力的地方立法中都有关于居民委员会与村民委员会干预家庭暴力的规定。这些立法规定成为科学设计居民委员会与村民委员会干预家庭暴力职责的重要法律资源。在这些法律法规中，相对于居民委员会与村民委员会干预家庭暴力的职责而言，前面三部法律应是后面六部法律及地方法规的上位法，后者不可同前者相冲突，尤其是不能违宪。这就需要在设计居民委员会与村民委员会的家庭暴力干预职责时，应当把握好它们之间的效力层级关系，以《宪法》《城市居民委员会组织法》与《村民委员会组织法》所确定的居民委员会与村民委员会的具体职责为根本指导，同时参照其他法律法规关于居民委员会与村民委员会干预家庭暴力的相关规定。因

---

① 张洪林：《反家庭暴力法的立法整合与趋势》，载《法学》2012 年第 2 期。

此，首先应当将这些法律法规中关于居民委员会与村民委员会具体职责的规定及其干预家庭暴力的规定加以梳理、归纳、提炼，然后再将它们抽象为具体职责。究其实质，乃是整合这些法律资源的过程。其意义在于，通过有效整合现有法律资源，可以充分利用这些资源，尽最大可能发挥法律的作用，真正使用法律手段惩治、预防家庭暴力。[①]

（2）借鉴相关研究成果。

开展法学研究的意义主要有二，即建构法学理论与推动立法进程。学者们一直以此作为自己的学术使命，并为之奋斗不懈。在《反家庭暴力法》制定过程中，以婚姻法学界为代表的学者们始终十分热情活跃，自觉投身其中，积极地深入开展相关研究，并取得了一大批卓有成效的研究成果。其中，最具代表性的研究成果当属中国法学会的2009年项目建议稿。这是学者们潜心深入钻研数年之后所奉上的呕心沥血之作，它为《反家庭暴力法》的制定提供了极具参考价值的学者视角和理论支撑。尽管《反家庭暴力法》最终并未采纳2009年项目建议稿关于家庭暴力干预主体职责的立法建议，但我们以为这仅是立法者出于对《反家庭暴力法》的整体立法设计及其具体制度安排的需要而经过综合考量的合理取舍而已，并不代表该建议就没有任何价值可言。相反，仍然极具不可忽视的重要借鉴价值。

其中，2009年项目建议稿关于居民委员会与村民委员会在家庭暴力干预的职责较为科学具体，应当予以借鉴。因此，在学术理论上，主要借鉴2009年项目建议稿中的居民委员会与村民委员会的家庭暴力干预职责的立法建议。当然，对于2009年项目建议稿的借鉴并非简单地将其相关内容直接的机械照搬过来，而是根据居民委员会与村民委员会干预家庭暴力职责设计的具体需要对其有关内容予以适当选择或者是在其基础之上予以必要的改良与发展。

总之，设计居民委员会与村民委员会干预家庭暴力的职责，须以相关法

---

① 赵晓红：《反家庭暴力的法律思考——论法律资源的整合与新法律体系的建构》，载《北方论丛》2007年第6期。

律法规规定为依据，以相关研究成果为参考。

2. 居民委员会与村民委员会干预家庭暴力职责的逻辑顺序

虽然居民委员会与村民委员会贯穿家庭暴力干预的全过程，但它们在不同干预阶段的具体干预工作内容并不相同，以致它们在每一个干预阶段的具体职责亦应有所区别。这就需要根据居民委员会与村民委员会在不同干预阶段的具体干预工作内容为其设计相应职责。并且，这也就意味着要为它们设定多项职责，才能保证完成不同阶段的家庭暴力干预工作。

由于居民委员会与村民委员会的基层群众性自治组织的属性，以及它们在家庭暴力干预体系中有别于其他干预主体的不同地位，它们的这些职责形成一个独立的干预家庭暴力职责体系。同时，在这一职责体系内部，不同干预阶段的干预工作内容则使得每一干预阶段的职责又形成相对独立的不同子职责体系，即这一职责体系实则由事前预防、事中救助、事后救济等三个阶段的子职责体系组成。其中，这些干预职责在职责体系中的排列顺序并不是随意的、无序的，家庭暴力干预的三个阶段像一条无形的线将三个子职责体系串在一起，组成一个具有一定规范性与科学性的合乎逻辑关系的干预家庭暴力职责体系。因此，应当按照“事前预防——事中救助——事后救济”的逻辑关系对居民委员会与村民委员会的干预职责进行顺位排列。显然，这种立法表达形式，不仅遵循事物发展的一般演变规律，而且符合法律制度的内在结构要求。

3. 居民委员会与村民委员会干预家庭暴力职责的具体内容

居民委员会与村民委员会在干预家庭暴力中应当负担什么样的职责，需要对前所述及的居民委员会与村民委员会干预家庭暴力的自身属性、法律地位、功能定位与具体工作等因素予以综合考量，然后进行科学设计，才可以实现居民委员会与村民委员会干预家庭暴力职责的科学化、具体化与完善化，以便于它们顺利开展家庭暴力干预工作。我们以为，《反家庭暴力法》应当规定居民委员会与村民委员会在干预家庭暴力中至少要负担下列职责：

（1）宣传相关法律、法规和国家政策；

（2）开展家庭美德建设和防治家庭暴力的宣传教育；

（3）协助乡镇人民政府、街道办事处、妇女联合会、共产主义青年团、残疾人联合会等单位开展家庭暴力预防工作；

（4）依法做好家庭纠纷的调解工作，及时化解矛盾，预防家庭暴力的发生；

（5）对正在实施的家庭暴力，应当及时劝阻、制止或者向当地公安机关报案；

（6）受理家庭暴力受害人的投诉、反映或者求助，应当给予帮助、处理，并做好回访工作；

（7）根据家庭暴力受害人意愿，及时将家庭暴力受害人转介到有关机构；

（8）对家庭暴力当事人进行法治教育；

（9）必要时，对家庭暴力加害人、受害人进行心理辅导；

（10）协助公安机关查访收到告诫书的加害人、受害人，监督加害人不再实施家庭暴力；

（11）代替家庭暴力受害人申请人身安全保护令；

（12）协助人民法院执行人身安全保护令；

（13）配合办理家庭暴力案件的公安人员、审判人员、法律援助人员调查取证工作，必要时出庭作证；

（14）配合有关政府部门建立家庭暴力防治咨询服务中心、家庭暴力投诉站及受害人的庇护场所；

（15）定期向上级主管部门或有关单位报告家庭暴力干预工作的进展情况；

（16）其他应当履行的职责。

这些职责是在综合考量居民委员会与村民委员会在干预家庭暴力不同阶段的具体工作基础上而精心设计。不可否认，从立法技术角度来讲，这些职责在制度设计层面上可能还存在一些不够完善难尽人意的地方，但相对于

《婚姻法》与《反家庭暴力法》以及其他相关反对家庭暴力的法律法规而言，进步意义还是较为显著，至少在以下几个方面值得充分肯定：

第一，整合居民委员会与村民委员会干预家庭暴力的相关规定。上述建议在充分考察《婚姻法》与《反家庭暴力法》以及其他相关反对家庭暴力的法律法规的基础上，将这些法律法规中同居民委员会与村民委员会干预家庭暴力职责有关的立法资源进行梳理、分析、归纳，结束以往长期分散的立法局面，使得这些立法规定得到有机整合，尤其是吸收学者的相关研究成果，不仅有利于形成一个完整的预防与制止系统，而且有利于居民委员会与村民委员会在干预家庭暴力中发挥积极作用。

第二，明确居民委员会与村民委员会干预家庭暴力的工作目标。上述建议通过确立居民委员会与村民委员会干预家庭暴力的具体职责，为它们明确家庭暴力干预工作的具体目标。这就结束了居民委员会与村民委员会以往在干预家庭暴力工作中职责不清、目标不明的尴尬与茫然，可以保障它们做到职责清晰、目标明确、有的放矢，避免家庭暴力干预主体之间相互推诿、扯皮等不利于家庭暴力干预工作的不良现象，从而有利于取得良好的干预效果。

第三，界定居民委员会与村民委员会干预家庭暴力的职责范围。上述建议明确规定居民委员会与村民委员会干预家庭暴力的具体职责，将它们同家庭暴力干预体系中的其他干预主体的职责区分开来，使得它们明白自己的职责到底是什么，职责范围有多大，应该做哪些具体工作。从而实现居民委员会与村民委员会干预家庭暴力职责的法定化、明确化、具体化，以有利于增强它们干预家庭暴力的责任心、提高它们干预家庭暴力的积极性。

第四，规范居民委员会与村民委员会干预家庭暴力的工作内容。相对于《婚姻法》与《反家庭暴力法》以及其他反对家庭暴力的法律法规而言，由于这些立法没有明确规定居民委员会与村民委员会干预家庭暴力的职责，上述建议所规定的居民委员会与村民委员会干预家庭暴力的职责多达十六项，涵盖了居民委员会与村民委员会干预家庭暴力的事前预防、事中救助与事后救济等三个阶段的全部过程，从而使得其所涵盖的家庭暴力干预工作内容具有较大程度上的丰富性，并有利于使之科学化、规范化。

第五，突出居民委员会与村民委员会干预家庭暴力的法律地位。判断一个法律主体在相关法律中的重要意义及其在某一法律关系的体系中处于什么样的法律地位，往往同其所负担的相关具体职责密不可分。从上述建议所规定的居民委员会与村民委员会干预家庭暴力的职责来看，职责之具体，内容之丰富，不仅反映出居民委员会与村民委员会参与家庭暴力干预的整个过程，而且足以得见它们在干预家庭暴力中的重要地位。

第六，预留居民委员会与村民委员会干预家庭暴力的适用空间。上述建议为居民委员会与村民委员会干预家庭暴力的职责设置兜底性规定，为它们适应日新月异的未来社会发展与变迁留下足够的适用空间，提供重要的法律依据，以便于它们更好地面对家庭暴力干预中不断涌现出来的新问题，并能够使之得到妥善解决，这就很好地弥合了立法与现实需要之间的间隙。同时，这也彰显了法律的严谨性和逻辑性，从而保障立法的科学性与完善性。

第四节　基层群众性自治组织干预家庭暴力的具体措施

一、居民委员会与村民委员会适用一般干预措施干预家庭暴力的立法梳理

（一）居民委员会与村民委员会干预家庭暴力适用的一般措施

干预家庭暴力的目的在于防患于未然和制止家庭暴力，以保护受害人的合法权益不受侵害。因此，在明确规定居民委员会与村民委员会干预家庭暴力的相关立法中，《婚姻法》《老年人权益保障法》《反家庭暴力法》和一些地方立法都有干预家庭暴力的一些措施。

根据《婚姻法》第43条第1款、第2款规定，居民委员会与村民委员会可以劝阻、调解家庭暴力。根据《老年人权益保障法》第75条规定，有关单位可以批评教育对老年人实施家庭暴力的加害人。根据《反家庭暴力法》规定，居民委员会和村民委员会干预家庭暴力应当贯彻和履行下列原则和义务：反家庭暴力工作遵循预防为主，教育、矫治与惩处相结合原则（第5条）；配合协助乡镇人民政府、街道办事处组织开展家庭暴力预防工作（第8条）；接受家庭暴力受害人及其法定代理人、近亲属的投诉、反映或者求助，并予以帮助、处理（第13条）；在工作中发现无民事行为能力人、限制民事行为能力人遭受或者疑似遭受家庭暴力的，应当及时向公安机关报案（第14条）；对收到告诫书的加害人、受害人进行查访，监督加害人不再实施家庭暴力（第17条）；监护人实施家庭暴力严重侵害被监护人合法权益的，申请人民法院撤销监护人资格（第21条）；对实施家庭暴力的加害人进行法治教育，必要时可以对加害人、受害人进行心理辅导（第22条）；协助人民法院执行人身安全保护令（第32条）等。在地方法规中，一般都有居民委员会与村民委员会开展预防和制止家庭暴力的宣传教育活动、对家庭暴力加害人批评教育、针对家庭矛盾和家庭暴力的调解以及对正在实施的家庭暴力予以劝阻、报警等规定。由于居民委员会与村民委员会的这些家庭暴力干预措施分散在不同法律之中，对受害人的救助措施和对加害人的惩戒与教育措施也是零碎的，尚未实现系统性的“防治兼具”[①]，但毕竟在家庭暴力干预中发挥了十分重要的作用。

通过梳理上述立法规定，可以看到居民委员会与村民委员会的法定干预措施有宣传教育，配合协助开展家庭暴力预防工作，受理投诉、反映或者求助，批评教育，劝阻，调解，报案（警），协助执行告诫书，申请撤销监护人资格，开展法治教育，心理辅导，协助执行人身安全保护令等12种之多。在这些家庭暴力干预措施中，有的干预措施只能在家庭暴力干预的某一阶段

---

① 薛宁兰：《论我国家庭暴力法的定位与宗旨——基于反家庭暴力法（征求意见稿）的思考》，载《中华女子学院学报》2015年第2期。

适用，如宣传教育只能适用于事前预防阶段，协助执行人身安全保护令只能适用于事后救济阶段；有的干预措施则根据家庭暴力的状况在几个阶段都可以适用，如批评教育，事前预防阶段发现家庭矛盾或者家庭暴力倾向的，可以对当事人予以批评教育，而在事中救助和事后救济两个阶段中同样可以对家庭暴力加害人予以批评教育。尤其是事中救助和事后救济两个阶段紧密相连，有的干预措施在这两个阶段一直都在适用，如调解、报案（警）。此外，有的干预措施是居民委员会与村民委员会在独立干预家庭暴力时所用，如劝阻、调解；有的干预措施则是居民委员会与村民委员会协助其他家庭暴力干预主体干预家庭暴力时所用，如协助执行人身安全保护令。因此，居民委员会与村民委员会在干预家庭暴力时，要根据不同干预阶段的具体情况来选择适用其中一种或者同时适用几种干预措施。具体而言，在事前预防阶段，干预措施有宣传教育、配合协助开展家庭暴力预防工作、批评教育等三类，可适用于独立干预家庭暴力和协助干预家庭暴力；在事中救助阶段，干预措施有劝阻，批评教育，报案（警）等三类，主要适用于独立干预家庭暴力；在事后救济阶段，干预措施有批评教育、受理投诉及反映或者求助、调解、报案（警）、申请撤销监护人资格、开展法治教育、心理辅导、协助执行告诫书、协助执行人身安全保护令等九类，可适用于独立干预家庭暴力和协助干预家庭暴力。具体见表5。

表5　家庭暴力干预的一般干预措施适用表

干预阶段	干预种类	干预措施	干预方式
事前预防	3	宣传教育，配合协助开展家庭暴力预防工作，批评教育	独立干预/协助干预
事中救助	3	劝阻，批评教育，报案（警）	独立干预
事后救济	9	批评教育，受理投诉及反映或者求助，调解，报案（警），申请撤销监护人资格，开展法治教育，心理辅导，协助执行告诫书，协助执行人身安全保护令	独立干预/协助干预

（二）居民委员会与村民委员会适用一般干预措施的主要特点

居民委员会与村民委员会受制于基层群众性自治组织的法律属性，其干预家庭暴力所适用的一般措施呈如下特点：

1. 非公力性

一般来说，家庭暴力干预有行政干预、司法干预、社会干预等几种方式。其中，行政干预、司法干预分别由国家行政机关和人民法院介入干预，而社会干预则由如妇联、居民委员会与村民委员会等组织介入干预。前二者属于国家权力机关，在干预家庭暴力时所适用干预措施的公权力色彩十分浓烈，充分反映国家意志，为公力救济；后三者属于社会组织，往往只能采用批评、教育、劝导家庭暴力当事人的方式，[①]并不具有国家公权力色彩，无强制力，为社会救济。这是二者在干预家庭暴力中的根本区别。

2. 非强制性

在居民委员会与村民委员会可以采取的12种法定家庭暴力干预措施中，无论其独立适用的干预措施，还是协助其他家庭暴力干预主体适用的干预措施，均不具有强制性。即使告诫书和人身安全保护令具有强制性，但这两项干预措施由公安机关和人民法院出具和作出。只是鉴于公安机关和人民法院距离家庭暴力加害人较远无法实现全天候监督，而由居民委员会与村民委员会协助执行。它们在协助执行期间并不能使用强制措施，只能在公安机关和人民法院到场执行时，为其提供一些力所能及的帮助，如带领执行人寻找加害人住处，或者通过劝阻、调解、批评教育等方式加以督促加害人履行告诫书和人身安全保护令，以及定期向公安机关与人民法院汇报加害人的执行情况等。退一步讲，即使居民委员会与村民委员会在协助执行期间可以适当采取一定的强制性措施，也是基于公安机关与人民法院的对其授权，本质上仍然是公安机关与人民法院在行使国家机关的强制力。

3. 非职权性

在家庭暴力干预中，公安机关与人民法院等家庭暴力干预主体所采取的干预措施都是职权所为。在其职权范围内，公安机关可以根据家庭暴力状况

---

① 罗杰：《家庭暴力立法与实践研究——以民事法律规制为中心》，西南政法大学2012年博士学位论文，第174页。

对加害人采取治安管理处罚措施或者刑事诉讼强制措施，人民法院可以裁定形式作出人身安全保护令。而居民委员会与村民委员会的非国家机关身份决定其所采取的干预措施不是以国家强制力为保障的职权行为，仅仅是出于干预家庭暴力的必要而采取的一些非职权行为。

4. 非程序性

公安机关和人民法院在干预家庭暴力时，需要严格按照办案程序启动相关干预活动，如公安机关只有在接到报案后才会立案介入干预，人民法院只有遭受家庭暴力或者面临家庭暴力现实危险的当事人向其提出人身安全保护令申请的才会受理。而居民委员会与村民委员会则不需要这么严格的法定程序。在预防阶段，它们可以随时随地以走家串户或者群众聚会的形式进行家庭美德建设和反对家庭暴力的宣传教育活动；对于正在发生的家庭暴力，尽管是在受害人提出请求后介入，但这并非严格的法定程序，而是“无求助，则无救助”这一一般性常理的正常反应。

二、居民委员会与村民委员会适用特殊干预措施干预家庭暴力的理论证成

（一）居民委员会与村民委员会适用特殊措施干预家庭暴力的原因解析

对于正在进行的家庭暴力，由于居民委员会与村民委员会所采取的劝阻、调解、批评教育等一般干预措施并不具有强制性和威慑力，不会对家庭暴力加害人产生惩戒效果，对于劝阻、调解、批评教育无效的情况该当如何处置，《婚姻法》与《反家庭暴力法》并没有给予切实可行的解决办法。有的地方法规对此做出明确规定，如重庆、海南、浙江、青海和新疆等省、自治区、直辖市的预防和制止家庭暴力规定，居民委员会与村民委员会对正在实施的家庭暴力，事态严重、劝阻无效的，应当及时向公安部门报警。这里“报警”包含了两个层次的含义：一是劝阻、调解、批评教育是报警的前提，即报警前应当先对加害人进行劝阻、调解、批评教育；二是报警是对适用劝阻、调解、批评教育的一种严格限制，即只有在劝阻、调解、批评教育

无效的情形下才可以报警，这是迫不得已的最后选择。这些地方法规的规定在一定程度上弥补了《婚姻法》与《反家庭暴力法》的立法不足。但是，需要指出的是，自居民委员会与村民委员会报警到警察赶至现场之间的干预间隙，如果一旦事态严重，加害人的施暴手段过于残虐，往往面临造成受害人人身伤害、甚至危及受害人的生命与财产安全的可能。这就是摆在居民委员会与村民委员面前的一道难题：因其无法采取强制措施，将如何有效化解干预间隙带给受害人的危险。就我国目前相关立法来看，可以考虑正当防卫和扭送。

根据《刑法》第 20 条第 1 款规定，正当防卫是指为了国家、公共利益、本人或者他人的人身、财产和其他权利免受正在进行的不法侵害，而采取的制止不法侵害并对不法侵害人造成损害的行为。根据《刑事诉讼法》第 82 条规定，任何公民都可以将正在实行犯罪或者在犯罪后即时被发觉的人立即扭送公安机关、人民检察院或者人民法院处理。这两项规定意在鼓励公民同犯罪作斗争而赋予公民的特殊权利。扭送不会造成加害人的人身伤害，为了防止家庭暴力造成严重后果，扭送加害人至公安机关、人民检察院或者人民法院倒也无妨。而正当防卫则以造成不法侵害人损害作为代价而制止不法侵害的一种手段，这就意味着通过对加害人实施正当防卫来制止其继续实施家庭暴力需以造成加害人一定伤害后果为代价。其中，适用扭送有严格条件限制，须是针对正在实行犯罪或者在犯罪后即时被发觉的人。然而，事态严重并不等于犯罪，家庭暴力加害人不一定就是犯罪分子。如果家庭暴力造成受害人的伤害足以构成犯罪尚可扭送，而对于尽管事态严重但尚未达到犯罪程度则无法扭送。因此，并非所有事态严重的情形都可以扭送。也就是说，只有当家庭暴力演化成犯罪时，才可以对加害人实施扭送，反之不能。至于正当防卫，家庭暴力当属不法侵害确定无疑，但毕竟家庭暴力因家庭成员之间的家庭矛盾而引发，外人介入他人家庭内部对同受害人有特定身份关系的加害人实施正当防卫是否妥当，这是一个不得不思考的现实问题。中国素有“两口子打架不记仇”“床头吵完床尾和”的说法，作为一个外人，为了救助受害人而对加害人实施正当防卫，待夫妻和好后，这就令为干预家庭暴力而实施正当防卫的外人颇为尴尬。由此可见，扭送和正当防卫也只能解决其中的一部分问题

对于不同程度的家庭暴力应适用不同的应对措施。家庭暴力行为的多样性和复杂性决定了需要运用不同的手段来调整家庭暴力行为。[①]美国、英国和我国台湾地区的经验表明，对于家庭暴力的现行犯或者实施暴力后果严重的加害人，仅仅劝说并不能使施暴者意识到其行为的违法性和社会危险性……采取适当强制措施，能够有效地防止发生更严重的家庭暴力或者阻断家庭暴力的继续。[②]那么，出于更加有效地干预家庭暴力和更好地救助受害人之考虑，在居民委员会与村民委员会劝阻、调解、批评教育无效之后报警到警察赶至现场之间的干预间隙，为了有效控制事态发展，应当赋予居民委员会与村民委员会在必要时可以适当采取一些类似于强制措施的其他具有一定强制性的特殊干预措施。

（二）居民委员会与村民委员会适用特殊措施干预家庭暴力的限制要件

由于居民委员会与村民委员会并非国家机关，在赋予其可以适当采取一些类似于强制措施的其他具有一定强制性的特殊干预措施时，应当对适用条件加以严格限制，必须满足必要性、继续性、补救性、适当性、暂时性等要件。

1. 必要性

所谓必要性，也称紧迫性，是指正在实施的家庭暴力足以造成受害人的人身伤害或者危及受害人的生命与财产安全。简言之，家庭暴力使受害人的合法权益面临现实危险。这种现实危险必须是客观、真实的危险，并非主观臆想或者推测出来的危险。为了防止发生现实危险，居民委员会与村民委员

---

① 周长军、李军海：《论家庭暴力防治法的立法建构》，载《甘肃政法学院学报》2005年第8期。

② 蒋月：《论警察介入和干预家庭暴力——若干国家和地区的经验及其对中国的启示》，载《福建行政学院福建经济管理干部学院学报》2007年第1期。

会已经对正在发生的家庭暴力适用劝阻、调解、批评教育等干预措施，却根本不能奏效，无法阻止加害人的家庭暴力行为。如果任其继续实施下去，将会带给受害人难以预料的严重后果。

2. 继续性

所谓继续性，也称持续性，是指家庭暴力客观实际存在，正在进行之中，即加害人已经着手实施家庭暴力且家庭暴力尚未结束。当加害人正在预备实施家庭暴力，或者已经实行完毕家庭暴力，则不能对其适用特殊干预措施。加害人开始实施家庭暴力后，居民委员会与村民委员会接到受害人及其法定代理人、近亲属或者其他居民、村民的投诉、反映或者求助，其工作人员及时赶到家庭暴力现场，加害人拒绝接受工作人员的劝阻、调解、批评教育，仍然继续实施家庭暴力行为。

3. 补救性

所谓补救性，也称补充性，是指家庭暴力的特殊干预措施对一般干预措施具有补救意义。只有当适用一般干预措施无效时，才能选择适用特殊干预措施。换言之，在一般干预措施和特殊干预措施之间，存在一个优先适用问题。居民委员会与村民委员会面对正在实施的家庭暴力，不能直接适用特殊干预措施，而是应当首先适用一般干预措施，只有一般干预措施无效的情况下，才能适用特殊干预措施。并且，适用一般干预措施不只是走过场而已，即使加害人毫不理会，也要坚持不厌其烦地反复对其予以劝阻、调解、批评教育。直到多次劝阻、调解、批评教育之后仍不改悔的，方可考虑适用特殊干预措施。

4. 适当性

所谓适当性，也称限度性，是指适用家庭暴力的特殊干预措施所产生的结果不能明显超过必要限度，未造成重大伤害。由于居民委员会与村民委员会适用一般干预措施未能奏效，其采取特殊干预措施的目的在于使家庭暴力立即停止下来，将受害人及时解救出来。在对加害人采取特殊干预措施时，加害人难免会有反抗，容易造成加害人的一些伤害。因此，一定要把握好

"度"，注意特殊干预措施的适当性，切莫过当而对加害人造成不必要的过度伤害。

5. 暂时性

所谓暂时性，也称临时性，是指家庭暴力的特殊干预措施是在对受害人劝阻无效且家庭暴力事态严重的情况下而适用的临时性干预措施。这一临时性干预措施适用的时间长短完全取决于家庭暴力干预间隙的长短。干预间隙无法有一个统一标准，它的长短受很多因素影响，如距离远近、天气变化、交通工具、交通状况等。如果公安机关局距离家庭暴力现场的距离较近，干预间隙就短；反之，则长。但无论如何，这个临时性期间，从报警之时起，直至警察赶到现场时止，居民委员会与村民委员会解除对加害人的特殊干预措施或者直接将加害人移交给公安机关后方可结束。

（三）居民委员会与村民委员会适用特殊措施干预家庭暴力的类型确定

1. 居民委员会与村民委员会干预家庭暴力适用特殊干预措施的考量因素

为了控制事态严重的家庭暴力继续恶化，居民委员会与村民委员会在对加害人适用特殊干预措施时，至少应当注意以下几方面的问题。

（1）效果性。

特殊干预措施是一般干预措施的补救性措施，它是针对居民委员会与村民委员会以劝阻、调解、批评教育等一般干预措施干预家庭暴力不能奏效的情况下，为了有效制止家庭暴力的严重事态而不得不选择的最后"杀手锏"。这就应当注重特殊干预措施的适用效果，必须要比一般干预措施的干预效果更胜一筹，要有立竿见影之效，即只要一经适用特殊干预措施就可以立即有效制止正在继续的家庭暴力。不然，特殊干预措施则失去价值。由于这是针对居民委员会与村民委员会干预家庭暴力不能采取强制措施而为其量身定制的特殊干预措施，意在将它们从不能采取强制措施的困境中解放出来以有效制止家庭暴力，这就需要在设计特殊干预措施时，应当将干预效果作为首要考量因素。

（2）数量性。

特殊干预措施所针对的是家庭暴力的严重事态，具有紧急性和迫切性，其本质上属于应急性干预措施。因此，在干预措施的整体设置上，应考量特殊干预措施和一般干预措施之间在数量上的平衡性。通常情况下，经过居民委员会与村民委员会的工作人员、邻居、亲戚的劝阻、调解、批评教育，家庭暴力加害人都会放弃家庭暴力。这也是《反家庭暴力法》第 5 条确立“反家庭暴力工作遵循预防为主，教育、矫治与惩处相结合原则”的主要原因所在。因此，设置家庭暴力干预措施应当本着《反家庭暴力法》第 5 条的规定，以一般干预措施为主，并保持特殊干预措施的适当性。对于特殊干预措施而言，要注意两个问题：一是特殊干预措施本身的应急性决定其所追求的干预效果必须立竿见影，即一经采取特殊干预措施即可使受害人得到有效保护；二是家庭暴力的多样性和复杂性特点决定其面对严重事态时要有足够的选择余地，应当保证至少有几种特殊干预措施可以应对不同的严重事态。鉴于一般干预措施已有 12 种，特殊干预措施设置不宜过多，最多不超过 3 种。

（3）目的性。

特殊干预措施同一般干预措施在价值取向上相同，二者的根本目的与具体功能都是制止家庭暴力，保护受害人。二者的不同之处在于具体适用阶段不同，一般干预措施针对正在实施家庭暴力或者家庭暴力实施完毕之后，给予加害人以劝阻、调解、批评教育，要求加害人立即停止家庭暴力或者今后不再实施家庭暴力；而特殊干预措施针对正在实施家庭暴力的加害人拒绝劝阻、调解、批评教育且有可能导致家庭暴力事态进一步恶化。这就决定设置特殊干预措施，不仅要实现其根本目的和发挥其具体功能，而且要保证有效制止家庭暴力。同时，尚需满足适用特殊干预措施的限制要件的适当性。因此，这就决定特殊干预措施目的的特殊性和明确性，即仅以且足以制服正在实施家庭暴力的加害人不再继续实施家庭暴力为目的。

（4）对象性。

一直以来，家庭暴力干预的焦点始终集中在加害人身上，以制止加害人实施家庭暴力行为为目标。这种思维在一般干预措施的立法中体现得淋漓尽致。其中，所谓“劝阻”，意即劝人不要做某件事或者进行某种活动。对于家庭暴力干预而言，一是针对正在实施的家庭暴力，规劝加害人立即停止家庭暴力行为；二是针对已经结束的家庭暴力，规劝加害人今后不再实施家庭暴力。所谓“批评教育”，是指通过口头方式指令犯有错误的人改正、不得再犯的一种轻微惩罚方法。在家庭暴力干预中，只能针对有过错的加害人一方，要求其改正错误，不得再行实施家庭暴力。所谓“调解”，是指斡旋于当事人之间使双方和解。在家庭暴力干预中，调解者通过对加害人和受害人开展思想工作，使加害人认识自身错误并向受害人赔礼道歉，同时使受害人接受加害人的赔礼道歉并予以谅解。在此，我们并不否认通过制止加害人的家庭暴力行为可以达到遏制家庭暴力的目的，但干预家庭暴力的终极目标在于保护受害人。这就意味着家庭暴力干预措施不能仅限于针对加害人，也应考虑直接适用于受害人的保护措施。因此，尽管特殊干预措施以制服加害人不再继续实施家庭暴力为目的，但除了针对加害人的措施外，还应考虑在加害人丧失理智而拒绝劝阻、调解和批评教育的情况下，一旦不便于对加害人采取特殊干预措施时如何保护受害人免于家庭暴力的伤害。

2. 居民委员会与村民委员会干预家庭暴力适用特殊干预措施的具体种类

基于上述原因的考量，居民委员会与村民委员会可以适用的特殊干预措施有扭送、临时性限制人身自由和隔离。其中，扭送和临时性限制人身自由是针对加害人的特殊干预措施，隔离是针对受害人的特殊干预措施。

（1）扭送。

扭送是指公民将当场抓获的违法犯罪分子强制送交司法机关处理的行为。这是《刑事诉讼法》赋予公民在紧急情况下协助司法机关同犯罪作斗争的一种特殊手段。它要求公民抓住违法犯罪分子后，必须立即送交司法机关处理，不得擅自拘禁。对于正在实施家庭暴力的加害人，如果后果严重足以构成犯罪，居民委员会与村民委员会可以组织居民和村民将其扭送公安机关。具体适用《刑事诉讼法》的有关规定。

（2）临时性限制人身自由。

作为国家公权力机关，公安机关在制止家庭暴力时，可视家庭暴力造成后果的严重程度而依其职权采取拘留、逮捕等限制加害人人身自由的强制措施。居民委员会与村民委员会不是国家机关，无法直接适用拘留、逮捕等强制措施。但是，面对加害人不听劝阻、调解、批评教育且事态愈趋严重的情形，为了防止家庭暴力进一步恶化，法律应当赋予居民委员会与村民委员会可以对加害人采取临时性限制人身自由的特殊干预措施。由于限制人身自由的严肃性和特殊性，必须在前述适用要件的基础之上进一步对其适用予以严格限制。第一，已经穷尽一般干预措施，即对于正在进行的家庭暴力，劝阻、调解、批评教育等一般干预措施都已全部适用完毕而未能奏效，且再无其他一般预防措施可以适用；第二，无法扭送加害人，即因受加害人身体健康状况、气候条件、交通状况、自然环境变化等原因影响，无法对加害人采取扭送措施；第三，当且仅当以制止家庭暴力为目的，这是其中最为关键的要件，绝不可以假干预家庭暴力之名行其他苟且之事，否则侵害加害人合法权益。至于临时性限制人身自由的方式，最为常见的一种便是拘禁，也可视加害人的具体情况而采取一些其他切实可行的办法，如麻醉、绑缚等。

（3）隔离。

对待任何事情都应秉持一分为二的态度。居民委员会与村民委员会针对正在实施的家庭暴力适用特殊干预措施时，并非一定只针对加害人，也可以想办法给予受害人以特殊保护，让其不再继续遭受家庭暴力侵害。因此，可以把受害人转移至安全地方，将其同加害人隔离，断绝加害人对其接触而无法再向其继续实施家庭暴力。隔离受害人不以不能对加害人适用其他特殊干预措施为限，而是视家庭暴力的具体情况及其事态严重程度作出合理安排，可以直接适用隔离措施。隔离通常有转移隔离和现场隔离两种方式。前者是指将受害人带离家庭暴力现场，转移至安全地方；后者是指在不便或者无法将受害人带离家庭暴力现场的情况下，如加害人过于嚣张、偏激，或者受害人因家庭暴力而致身体受到重创或者精神极度恐怖等，也可以在现场采取一定措施将受害人保护起来以阻断加害人对受害人的进攻。

3. 居民委员会和村民委员会干预家庭暴力适用特殊干预措施的效果评估

针对《婚姻法》与《反家庭暴力法》等相关立法关于居民委员会与村民委员会干预家庭暴力适用干预措施的立法不足，提出一些较为科学的可行性完善建议，其所具有的进步意义至少在以下方面值得充分肯定。

（1）从干预措施种类上来看，这些特殊干预措施针对正在实施家庭暴力的加害人拒绝接受劝阻、调解、批评教育且导致家庭暴力事态继续恶化的特殊情况，是在适用一般干预措施无效的情况下的特殊选择。这就进一步丰富了现行相关立法所规定的家庭暴力干预措施种类，居民委员会与村民委员会在干预家庭暴力时可以根据家庭暴力的事态进展情况适当选择，以有效化解它们干预家庭暴力时的困局。特别是基于家庭暴力的多样性和复杂性，一般干预措施和特殊干预措施可以相互补充，合力发酵，共同应对家庭暴力的各种情形，以有利于居民委员会与村民委员会顺利开展家庭暴力干预工作。

（2）从实际干预效果上来看，《反家庭暴力法》的立法宗旨是预防和制止家庭暴力。但是，实现这一立法宗旨，须以家庭暴力得到有效预防和制止为其必要前提。其中，居民委员会与村民委员会的家庭暴力干预工作成效如何，在一定程度上影响整个家庭暴力干预体系的家庭暴力干预效果。由于居民委员会与村民委员会不是国家机关，仅能适用一般干预措施，一旦加害人拒绝接受劝阻、调解、批评教育，它们只能陷入面对家庭暴力却不能予以立即制止的心有余而力不足的无奈与尴尬之中，无法保障其实现家庭暴力干预的预期效果。由于特殊干预措施针对一般干预措施干预不力的情况起到积极的补救意义，可以将居民委员会与村民委员会从适用一般干预措施干预家庭暴力的尴尬困境中解放出来，有利于遏制家庭暴力事态进一步的严重恶化。

（3）从完善现行立法上来看，居民委员会与村民委员会适用一般干预措施干预家庭暴力所表现出来的不力现状，充分反映出《婚姻法》与《反家庭暴力法》等相关立法在居民委员会与村民委员会适用家庭暴力干预措施上的立法不足。从而影响《反家庭暴力法》预防和制止家庭暴力的立法宗旨的早日实现。由于特殊干预措施进一步丰富了家庭暴力干预措施种类，对于完善相关立法尤其是完善《反家庭暴力法》关于家庭暴力干预措施的立法不足起到积极作用，为居民委员会与村民委员会顺利开展家庭暴力干预工作提供便利条件，在一定程度上有利于改善它们干预家庭暴力的不力局面。

第五章　基层群众性自治组织干预家庭暴力的保障机制

保障机制是维持一个体系正常运行所必不可少的外部条件。在由广泛而多元的干预主体构成的家庭暴力干预体系中，由于每一干预主体的法律属性及其在社会治理结构中的不同地位，内部又有若干由各干预主体形成的子系统，并且各子系统亦各自有其独立的运行保障机制。其中，对于居民委员会与村民委员会这一家庭暴力干预子系统而言，其运行的基本保障主要有赖于职业培训、经费支持与完善立法等三个方面的外部条件。

第一节　基层群众性自治组织干预家庭暴力的职业培训

居民委员会与村民委员会顺利开展家庭暴力干预工作离不开一批较高素质的工作人员，以实现有效干预家庭暴力。因此，应当对居民委员会与村民委员会工作人员进行家庭暴力干预培训，以进一步提高他们的专业素质，增强他们的家庭暴力干预能力。

一、关于家庭暴力干预培训立法及其实践的国内外考察

（一）世界范围内的家庭暴力干预培训立法活动与实践经验

1. 国际与国内的应对立法

（1）国际公约关于家庭暴力干预培训的关注。

基于性别的针对妇女的暴力是广泛存在的社会现象。联合国针对这种制度性的男权文化下的暴力行为从保护妇女人权的高度通过了一系列的国际公约与联合国文件，消除对妇女的家庭暴力已经成为国际社会的共同行动目

标。[①] 其中，涉及家庭暴力干预培训规定的主要有《消除对妇女暴力宣言》《家庭暴力示范立法框架》《反对针对妇女暴力的立法框架》与《美洲国家间预防、惩治和消除对妇女的暴力公约》。

联合国大会于 1993 年 12 月 20 通过第 48/104 号决议《消除对妇女暴力宣言》，其中第 4 条（i）项规定："应采取措施，确保负责执行政策以防止、调查和惩办对妇女的暴力行为的执法人员和政府官员受到培训，使之对妇女的需要保持敏感。"

联合国经济及社会理事会人权委员会于 1996 年第 52 次会议通过《家庭暴力示范立法框架》，其中第 7 条的 C、D、E 三项分别规定对警察、法官与律师的培训。

C. 警察培训。第一，警察局应该建立并坚持对警察的教育与培训项目，使警察了解：①家庭暴力的性质、程度、原因及后果；②家庭暴力受害者的法律权利及其能够获得的帮助；③能给家庭暴力受害者和施暴者提供什么样的服务和设施；④警察有拘捕相关当事人并给受害者提供保护和帮助的法律责任；⑤如何使警察在处理家庭暴力案件时尽量不受伤害以及如何促进受害者及其子女的安全所必须掌握的一些技巧。第二，每一个警察学校的学员都要训练对家庭暴力案件做出反应。第三，设立专门的部门对警察进行集中和专门的训练，以培养其处理更为复杂案件的能力。第四，教育者、心理学家以及家庭暴力受害者应该参与到培训班中，以培养警察对家庭暴力的感受能力。

D. 法官培训。第一，为要处理家庭暴力案件的法官提供持续的培训项目。培训应该包括下面的内容：①颁布单方面限制令；②颁布保护令；③指导受害者如何获得法律援助；④审判指南。第二，培训应包含一个一定数量时间的初期课程和一个定量时间的年度复习课程。第三，建立专门的家庭法院，并对其司法工作人员进行集中和专门的训练，以培养其处理更为复杂案

① 夏吟兰主编：《家庭暴力防治法制度性建构研究》，中国社会科学出版社 2011 年版，第 1 页。

件的能力。

E. 律师培训。第一，各州要备有一批受过良好培训的律师以支持帮助警察、法官、家庭暴力受害者以及暴力犯罪人。第二，法律应强制暴力犯罪人进行一些咨询辅导项目，以作为刑事诉讼的补充，但这不能以此取代刑法体制。第三，咨询辅导项目必须从以下两个角度加以设计：①帮助家庭暴力犯罪人认识到应对自己的暴力行为负责任，并保证不再对受害人施以暴行；②对家庭暴力犯罪人进行教育，使其认识到自己的暴力行为的非法性。第四，用于辅导和教育家庭暴力犯罪人项目的资金不能从分配给家庭暴力受害者的资源中挪用。第五，法律应该（但不强制）给家庭暴力受害者提供咨询辅导服务。给家庭暴力受害者提供的咨询辅导服务应该是：①免费服务；②给家庭暴力受害者赋权，增强其力量，帮助她为免遭进一步的暴力伤害和恢复正常的生活作出短期的决策和长远的计划。[①]

2008 年的联合国专家组《反对针对妇女暴力的立法框架》第 2 条 E 项建议，立法应规定：①为公职人员提供常规性、制度化的性别敏感度培训，并提高他们处理针对妇女的暴力问题的能力；②当新的立法生效时，为相关公职人员提供专门性的培训和能力建设，以保证他们明确本人职责，并有能力履行职责；并且③与非政府组织以及遭受针对妇女的暴力的原告 / 幸存者的服务供应方密切协商，制定并执行此类培训和能力建设活动。

1994 年的《美洲国家间预防、惩治和消除对妇女的暴力公约》第 8 条（c）项规定："促进对所有司法人员、警察和其他执法人员以及其他负责执行旨在防止、惩处和消除对妇女的暴力的政策者的教育和培训。"

这些国际层面的相关宣言、公约和立法框架中针对干预家庭暴力的政府官员、执法人员和司法人员培训的规定，为家庭暴力领域的理论研究和实践提供了指导，也为各国政府采取应对措施提供了参照标准和基础，[②] 有力地促

---

① 陈明侠、夏吟兰、李明舜、薛宁兰：《家庭暴力防治法基础性建构研究》，中国社会科学出版社 2005 年版，第 378~379 页。

② 黄列：《家庭暴力：从国际到国内的应对（上）》，载《环球法律评论》2002 年春季号。

进各国的相关立法进程。

（2）国内立法关于家庭暴力干预培训的规定。

除了联合国和区域性组织的积极行动外，一些国家的反对家庭暴力立法亦有关于家庭暴力干预培训的规定。

《日本配偶暴力防止及被害人保护法》（2001 年）第 24 条规定：国家及地方公共团体为加深国民对预防配偶暴力的理解，应努力进行教育与培训。

《菲律宾反对针对妇女及其子女的暴力法案》（2004 年）第 32 条第 2 款规定：相关政府机构及地方政府部门职责应当包括对工作人员持续开展防止对妇女及其子女的暴力的教育与培训。

《柬埔寨预防家庭暴力和保护受害人》（2005 年）第 34 条第 2 款规定：相关组织的官员和机构应当接受关于家庭暴力问题和本法规定措施的培训，使他们了解家庭暴力发生的原因以及其他相关犯罪。

《越南预防和控制家庭暴力法》（2007 年）第 6 条第（4）项规定：警察在预防、控制家庭暴力方面的职责之一，就是组织、协助关于预防、控制家庭暴力方面的官员培训。

这些国家层面的反对家庭暴力立法，除了日本针对国民的教育与培训外，其他都是针对干预家庭暴力的政府官员的培训。这充分表明通过对家庭暴力干预主体进行培训来提升家庭暴力干预人员的干预能力，不仅是家庭暴力干预工作的重要内容之一，而且业已成为各国政府义不容辞的重要职责。

上述国际公约和国家立法关于家庭暴力干预培训规定的重要意义不言而喻。但是，针对干预主体的培训对象仅限于公职人员，忽视了公职人员之外的其他家庭暴力干预主体。我们以为，社会干预同样是重要的家庭暴力干预力量，亦需通过专业培训来提升他们的家庭暴力干预能力。这是完善我国反对家庭暴力立法应当注意的问题。

2. 美国与挪威的实践典范

在反对家庭暴力进程中，一些国家对于家庭暴力干预主体培训既有明确立法，又有培训活动。因篇幅所限，这里仅介绍美国与挪威这两个较具典型意义的实践范本，以供借鉴。

（1）美国的分类培训模式。

美国关于家庭暴力干预主体的培训可谓双管齐下，即一方面注重对于家庭暴力干预培训立法，另一方面同时积极开展相关培训活动。

2005年《美国反对针对妇女的暴力法案》第204条规定：拨款用于消除对残疾妇女的暴力培训，针对为受害人服务组织、政府机构、法院、执法机构和为残疾人士提供服务的非营利、非政府组织提供有关为残疾人士降低风险、干预、防止家庭暴力等的交叉培训。第205条规定：拨款用于消除对老年妇女的暴力培训，对为受虐待、疏忽、剥削，包括家庭暴力的受害人进行服务的组织、政府机构、法院、执法机构、非营利非政府组织开展交叉培训。第506条规定：开展家庭暴力和性暴力专家的培训和教育。

美国为了预防和制止家庭暴力，投入大量的财力、物力和人力开展三类培训。第一类是针对专业人员，培训对象包括法官、警察、检察官、律师和医生、教师、社会组织以及社区工作者，主要是帮助他们理解什么是家庭暴力，学习处理家庭暴力案件的方法和技巧，了解其他相关的合作方有哪些职责，以及不同机构间应该如何合作。很多大学法学院开设家暴法律诊所，培养了一大批专业人才。哥伦比亚特区高等法院规定法官每年要接受不少于两天半的家暴法律知识培训，提高法官审理案件的技巧。[①] 并且，为了改变警察对家庭暴力的处理方式与执法态度，许多警察局均对新进警察或者在职警察提供继续性的教育与训练。[②] 这种培训不仅有助于警察、法官、律师和社工人员从技术层面掌握如何处理家庭暴力案件或者提供相应的服务，更重要的是使受训者树立起反家庭暴力的理念。第二类是针对受害人开展安全规划等宣传培训。第三类是针对施暴者进行认知和行为矫治，法院在保护令或者

① 蒋月娥：《美国反家庭暴力立法考察报告》，载《中国妇运》2012年第4期。

② 赵颖：《美国警察针对家庭暴力的逮捕政策及干预模式研究》，载《中国人民公安大学学报》2005年第1期。

缓刑判决中会强制施暴者接受心理和行为矫治课程。[①]

（2）挪威的政府行动计划。

挪威还没有一部专门的防治家庭暴力法，它的反对家庭暴力工作通过改革相关法律和实施“政府行动计划”两个路径完成。

从20世纪80年代开始，到2000年底，挪威陆续开展刑事诉讼法和刑法等方面的法律改革，集中体现在确立无条件司法干预原则、加强对家庭暴力被害人司法程序上的保护、对加害人的限制令与受暴妇女的暴力警报器等几个方面。

挪威在进行法律改革的同时，还通过“政府行动计划”来推动反对对妇女暴力的宣传、社会服务、司法干预等工作，并拨专款用于计划实施。其中，与家庭暴力干预培训有关的内容包括：一是注重对有关机关和人员处理家庭暴力案件能力的提高。这方面的措施有：在省级健康服务机构举办对妇女暴力问题的讲座；改编施暴者再次施暴和暴力受害者问题的培训教材；二是加强妇女危机中心的建设，其中措施之一就是由挪威暴力研究和信息资源中心负责为危机中心的工作人员编写教材，提高他们帮助暴力受害者的专业知识。[②]

美国和挪威关于家庭暴力干预培训的突出特点主要体现在这样几个方面：一是政府积极推动；二是培训费用由国家支持；三是培训对象扩大到公职人员之外参与家庭暴力干预的非公职人员。这表明该两国政府对于防治家庭暴力的态度和决心。并且，鉴于政府的高度重视与大力推动，容易取得良好效果。因此，对于家庭暴力干预培训，美国的分类培训模式与挪威的“政府行动计划”提供了较好的借鉴范本，经验弥足珍贵，具有十分重要的借鉴价值。

（二）中国视阈下的家庭暴力干预培训立法检视与实践总结

1. 立法情况

我国两岸四个法域的反对家庭暴力立法，香港特别行政区立法最早，其

① 蒋月娥：《美国反家庭暴力立法考察报告》，载《中国妇运》2012年第4期。

② 薛宁兰：《挪威反家庭暴力的立法、实践及其启示》，载《环球法律评论》2003年夏季号。

于1986年12月19日制定《家庭及同居关系条例》，并于2009年修订，没有关于家庭暴力干预培训的规定。台湾地区于1998年通过“家庭暴力防治法”，并于2007年予以修订，澳门特别行政区于2016年3月制定《澳门特别行政区预防及打击家庭暴力法》，二者都明确规定对家庭暴力干预主体进行培训。

在我国内地的反对家庭暴力立法中，只有《反家庭暴力法》第7条规定，县级以上人民政府有关部门、司法机关、妇女联合会应当将预防和制止家庭暴力纳入业务培训和统计工作。这表明家庭暴力干预培训已经成为国家有关机关和组织的法定职责。其实，早在《家庭暴力意见》第5条第2款提出，各部门要将预防和制止家庭暴力的有关知识列为相关业务培训内容，提高相关工作人员干预、处理家庭暴力问题的意识和能力，切实维护公民的合法权益。此外，中国法学会“反对针对妇女的家庭暴力对策研究与干预”项目的2009年项目建议稿第15条规定：公安机关、检察机关、审判机关和司法行政机关应当将防治家庭暴力的知识和技能纳入警察、检察官、法官、律师的日常在职培训课程。综观这些规定、意见和建议，有利于相关工作人员在干预家庭暴力时，掌握对家庭暴力性质、根源、危害的正确认识，理解家庭暴力受害人的困难和处境，改变对家庭暴力的认识误区，增强保护妇女合法权益的意识；全面掌握反家庭暴力的相关法律法规，正确执行法律，公正审理案件；明确自己的职责和作用，掌握处理家庭暴力案件的方式和手段，提高正确处理家庭暴力的能力，探索适合我国实际情况的家庭暴力干预方法和模式。①

台湾地区“家庭暴力防治法”第59条规定：社会行政主管机关办理社会工作人员、保姆人员、保育人员及其他相关社会行政人员防治家庭暴力在职教育。警政主管机关应办理警察人员防治家庭暴力在职教育。司法主管部门等应办理相关司法人员防治家庭暴力在职教育。卫生主管机关应办理或者

---

① 夏吟兰主编:《家庭暴力防治法制度性建构研究》，中国社会科学出版社2011年版，第96页。

督促相关医疗团体办理医护人员防治家庭暴力在职教育。教育主管机关应办理学校之辅导人员、行政人员、教师及学生防治家庭暴力在职教育及学校教育。

根据《澳门特别行政区预防及打击家庭暴力法》第11条规定，社工局须自行或透过其他公共或私人实体合作以推动：第（2）项有关识别家庭暴力危险情况及处理家庭暴力个案的培训活动，尤其是为从事医护、教育、社会服务、辅导、照顾儿童、长者和残疾人士及警务工作的人员而设的培训活动。

台澳两地相关立法的受训家庭暴力干预主体涵盖公职人员及其以外的其他参与者，既体现非公职人员与公职人员干预家庭暴力的同等重要性，又表明整个社会对家庭暴力的全方位干预。这将有助于家庭暴力干预主体掌握必要的救助知识与救助技能，有利于家庭暴力干预工作取得实际成效。我国内地与香港特别行政区的立法机构可以台澳两地立法为鉴，完善相关立法。

2. 实践探索

（1）澳门特别行政区妇联的积极行动。

在澳门特别行政区尚未进行反对家庭暴力立法之时，面对澳门呈上升趋势的家庭暴力问题，澳门妇联便积极开展大量工作。主要包括开办家庭暴力受暴人庇护所、着手制定相关对策、建议特区政府设立家事法庭、促请特区政府加快家庭暴力立法。其中，在家庭暴力立法中，建议加强前线工作人员培训，包括社工、医护人员、警察、教师等，使其能尽早识别出有问题家庭，及早施以援手的同时，切实开展施虐者辅导服务，协助施虐者正确处理和控制愤怒，并向施虐者讲解家庭暴力对配偶及其子女的负面影响和伤害，阻止家庭暴力不断循环和祸延下一代。[①] 这是澳门妇联多年来干预家庭暴力的实践经验总结，有力地推动了澳门特别行政区的相关立法进程。

（2）内地干预项目的深入开展。

在我国反对家庭暴力的立法进程中，中国法学会“反对针对妇女的家庭

---

① 佚名：《澳门妇联推进反家暴》，载《社会工作》2009年第9期。

暴力对策研究与干预”项目小组分别在城市和农村实施家庭暴力干预分项目，积极推动家庭暴力干预培训工作。

分项目“城市社区家庭暴力试点干预”实施期间，在项目中期，项目小组与街道工作小组共同合作，进行家庭暴力干预培训。共举办培训16次，有1000余人参加。包括社会网络工作机构工作人员，区级街道乡级妇联干部、居民委员会干部、居民积极分子以及有暴力的家庭成员等。项目后期，吸纳培养社区志愿者参与反家庭暴力工作，选择居民委员会干部、社区志愿者进行“幸福家庭成长小组辅导员培训”，让他们掌握对施暴者进行工作的方法和技巧，并要求在居民委员会进行实践。并取得了较好效果。[①]

分项目“中国农村社区反对家庭暴力的模式探索”进行过程中，针对不同人群进行多次专题培训，包括：①采用“参与式”与授课式结合的方法，对协调组领导及直接面对当事人的办公室（工作站）成员、基层妇联干部、派出所干警、法院、检察院等机构的干部等进行“社会性别意识与家庭暴力”培训，学会从社会性别的新视角重新审视平时习以为常的传统说法。②对最先接触案件的干警进行两次专门培训，11名男性基层派出所所长和公安局机关干部参加培训。③对基层工作人员进行两次心理咨询技能的培训、聘请心理学教授讲解如何从心理学角度看待来访投诉者的心理问题，帮助他们解脱困扰。④配合宣传新修改的《婚姻法》，县妇联和县司法局联合举办培训班，特别强调其中新增加的有关家庭暴力的规定，以案说法的方式提高大家依法处理家庭暴力案件的能力。⑤聘请心理学专家对施暴者举办“幸福家庭成长小组”为名的心理治疗培训班，帮助他们全新看待家庭暴力行为，反思自己的行为。⑥对县医院和乡卫生院的部分医护人员进行“社会性别意识与家庭暴力”培训，并组织他们参观相关“医疗干预试点”。初步建立起关注和救助家庭暴力受害者的意识。[②]

---

① 陈明侠、夏吟兰、李明舜、薛宁兰：《家庭暴力防治法基础性建构研究》，中国社会科学出版社2005年版，第254~255页。

② 陈明侠、夏吟兰、李明舜、薛宁兰：《家庭暴力防治法基础性建构研究》，中国社会科学出版社2005年版，第270~271页。

这些家庭暴力干预项目的具体实践，充分表明对家庭暴力干预主体进行相关专业培训的必要性，以及对家庭暴力干预工作的重要性，为我国的家庭暴力干预培训积累了有益的宝贵经验，提供了有益借鉴，积极推动了反对家庭暴力的立法进程。

二、基层群众性自治组织干预家庭暴力培训的必要原因

对居民委员会与村民委员会的工作人员积极开展家庭暴力干预培训，主要在于以下几个方面原因：

（一）保障顺利开展家庭暴力干预工作

家庭暴力干预工作主要呈“四多”特点，即干预过程多阶段、伤害后果多方面、救助需求多层次、干预主体多元化。其中，“干预过程多阶段”是指家庭暴力干预工作贯穿事前预防、事中救助和事后救济全部过程，并且每个阶段的干预工作内容不尽相同；“伤害后果多方面”是指家庭暴力带给受害人身体、精神以及性等多方面伤害；“救助需求多层次”是指受害人根据不同伤害后果，需要医疗救助、心理辅导、法律援助等不同方面的救济；“干预主体多元化”是指在多机构合作干预家庭暴力模式下，参与家庭暴力干预的主体来自社会不同领域，有行政机关、司法机关、企事业单位、社区基层组织、社会团体、公民个人等。这些特点表明家庭暴力干预工作的复杂性与艰巨性。这就要求各干预主体应当具备相应的干预能力，需要对包括居民委员会与村民委员会在内的所有家庭暴力干预主体的工作人员开展必要的相关培训，以保障家庭暴力干预工作得以顺利开展。

（二）提高工作人员干预家庭暴力能力

家庭暴力干预能力的基本要义在于：一是家庭暴力干预主体的工作人员应熟练掌握相关救助知识和救助技能，二是家庭暴力干预主体的工作人员须兼具独立干预能力与协助其他干预主体开展相关干预工作的合作能力。但是，居民委员会与村民委员会的个别工作人员年龄偏大、文化水平偏低、综

合素质不高，缺乏对家庭暴力的专业判断，不能正确认识家庭暴力后果的严重性与干预家庭暴力的必要性，以致多以家务事为借口而消极对待家庭暴力，未能有效救助受害人。因此，为了充分发挥居民委员会与村民委员会干预家庭暴力的积极作用，我们应当借鉴美国与挪威的培训模式，通过对居民委员会与村民委员会的工作人员进行专门培训和辅导，传授家庭暴力干预技巧，提高他们的干预能力，使他们有更多机会去认识、介入家庭暴力，主动关心存在家庭暴力的家庭和人员，主动、积极介入家庭暴力问题的解决，[①]特别是面对家庭暴力受害人的多层次救助需求时，能够为受害人提供及时、有效的救助，同时保障它们能够积极配合其他干预主体开展家庭暴力干预工作，以有利于取得家庭暴力干预成效。

（三）实现《反家庭暴力法》立法宗旨

在制定《反家庭暴力法》之前，家庭暴力已经成为破坏家庭和睦稳定与影响社会和谐发展的严重社会问题。据调查表明，中国家庭暴力发生率为29.7%~35.7%，其中90%受害人是女性。[②]另有统计显示，每年有10万家庭因家庭暴力而解体。[③]因此，《反家庭暴力法》第1条开宗明义地表明制定本法的目的，即为了预防和制止家庭暴力，保护家庭成员的合法权益，维护平等、和睦、文明的家庭关系，促进家庭和谐、社会稳定。然而，《反家庭暴力法》仅为防治家庭暴力提供法律依据，并不能对家庭暴力起到立竿见影的遏制效应。在《反家庭暴力法》通过的一年内，上海市法院共收到保护令申请106件。当年的3月1日至11月15日，市公安局共接报家庭暴力警情5746起，定性为家庭暴力的有2211起，[④]占38.5%。自《反家庭暴力法》实

---

① 蒋月：《论警察介入和干预家庭暴力——若干国家和地区的经验及其对中国的启示》，载《福建行政学院福建经济管理干部学院学报》2007年第1期。

② 王琛莹：《面对家暴沉默忍耐会导致更多极端事件》，载《中国青年报》2015年3月23日，第7版。

③ 殷泓、王逸吟：《反家暴立法：让你不再沉默》，载《光明日报》2012年5月14日，第10版。

④ 佚名：《反家暴法一年实施情况怎样？妇女组织联合发布报告》，载澎湃新闻网，https://www.thepaper.cn/newsDetail_forward_1634396，最后访问日期：2018年12月18日。

施以来的两年间，北京市各级妇联组织在2016年接到涉及家庭暴力的信访投诉量为438件次，2017年为404件次，分别占据全年信访总量的18.7%和15.7%，且投诉主体97%以上为女性。在法院受理的1.7万余件离婚案件中，当事人反映有家庭暴力情节的有1800多件，占11%。法院依法共发出人身安全保护令145份。①深圳市公安系统共发出告诫书283份，其中，治安处罚49人，采取刑事强制措施27人；法院系统共受理人身安全保护令申请75宗，依法发出人身安全保护令70份；民政系统共提供人身安全庇护21人次。②并且，最高人民法院的《离婚纠纷（2016~2017）》报告称，选取2016年1月1日至2017年12月31日的离婚纠纷案件（约280万件），其中14.86%的夫妻因家庭暴力向法院申请解除婚姻关系。③由此可见，家庭暴力干预现状依然不容乐观，距离实现《反家庭暴力法》立法宗旨的前程尚远。这就需要培养一大批精干、专业、责任心强的家庭暴力干预工作人员，积极投入预防和制止家庭暴力的工作中来，有效遏制家庭暴力，维护社会稳定，促进社会和谐，以期早日实现《反家庭暴力法》的立法宗旨。

三、基层群众性自治组织干预家庭暴力培训的主要特点

针对居民委员会与村民委员会工作人员开展的家庭暴力干预培训，呈如下特点：

（一）培训目的唯一性

《反家庭暴力法》第1条立法宗旨包含了预防和制止家庭暴力的两个层次目的，即直接目的与根本目的。其中，直接目的即保护家庭成员的合法权

① 谢文英：《反家庭暴力法实施两年证据仍是诉求瓶颈》，载《检察日报》2018年4月2日，第5版。

② 李超欧、阳永艳：《深圳推动出台实施办法遏制家庭暴力》，载《深圳晚报》2017年11月26日，第2版。

③ 何生廷、云法宣：《离婚案件14%源于家庭暴力》，载《新快报》2018年11月26日，第A10版。

益，维护平等、和睦、文明的家庭关系。这是消除家庭暴力的初级目标，也是家庭暴力干预培训的较低层次目的。根本目的即促进家庭和谐、社会稳定。这是消除家庭暴力的终极目标，也是家庭暴力干预培训的最高层次目的。前者追求眼前利益，后者追求长远利益。二者之间存在条件与结果的逻辑关系，即只有在实现直接目的的基础上，才可实现根本目的。因此，实现《反家庭暴力法》的立法宗旨是家庭暴力干预培训的唯一目的，对居民委员会与村民委员会的工作人员开展相关培训工作必须以此为宗旨。否则，徒劳无益。

（二）培训内容丰富性

家庭暴力干预培训内容受制于多方面因素影响。如家庭暴力发生原因的复杂性、家庭暴力干预不同阶段工作重心的差异性、受害人救助需求的多层次性、多机构合作干预家庭暴力模式下的协同性等。这些因素决定家庭暴力干预培训内容的多样性与丰富性。其中，既有针对某一阶段干预工作的培训，也有针对受害人多层次救助需求的培训，还有不同主体之间共同配合干预家庭暴力的培训等。这就需要根据居民委员会与村民委员会在家庭暴力干预不同阶段的作用，为其工作人员安排相关培训内容。

（三）培训规划长期性

居民委员会与村民委员会工作人员的家庭暴力干预培训是一项长远工作。原因有三：一是从世界范围来看，短期内根本无法消除家庭暴力，是一场持久战。退一步讲，出于防患于未然之目的，即使家庭暴力在未来某一天得到有效遏制，也不能放松警惕，尚需必要的预防工作。二是居民委员会与村民委员会的工作人员新老交替之时，需要对新进来的工作人员开展家庭暴力干预培训。三是不同时代的家庭暴力各有特点。随着社会的快速发展，家庭暴力势必出现新的形式。干预方法也应随之不断调整、创新。因此，为了有效应对家庭暴力，须就针对居民委员会与村民委员会的工作人员干预家庭暴力的培训工作做好长期培训规划。

（四）培训主体多元性

居民委员会与村民委员会干预家庭暴力贯穿事前预防、事中救助和事后救济三个阶段，每一干预阶段各有工作重点。在事前预防阶段，工作重点在于走访和宣传，了解和掌握本辖区内有无家庭纠纷，以便及早化解矛盾，同时向基层群众普及家庭暴力知识和相关法律知识，帮助他们认识家庭暴力，培养他们反对家庭暴力的法律意识。这个阶段的家庭暴力干预需要具备相关知识，以及观察问题与调解矛盾的能力。在事中救助和事后救济阶段，工作重点在于针对受害人的不同伤害后果及其具体救助需求，为其提供必要救助，主要需要救助知识和救助技能。因此，居民委员会与村民委员会的工作人员需要法官、律师、医护人员等培训主体为其提供相关培训。这不仅是多机构合作干预家庭暴力模式的必然要求，而且高度契合了受害人的多层次救助需求。

四、基层群众性自治组织干预家庭暴力培训的具体内容

根据家庭暴力产生的复杂性、不同阶段干预工作内容的重点不同，以及受害人多层次的救助需求，家庭暴力干预培训至少应当包括下列内容。

（一）家庭美德

家庭美德是调节人们在家庭生活方面的关系和行为的道德准则，涵盖了夫妻、长幼、邻里之间的关系。它包括尊老爱幼、男女平等、夫妻和睦、勤俭持家、邻里团结等内容。对于家庭成员而言，他们同居一家，共同生活，应当融洽相处、避免无谓的纠纷，并在思想、生活、工作、经济等方面应当互相关爱、互相帮助。[①] 这种关爱和帮助无法为来自其他方面的关爱与帮助所替代。对于家庭而言，家庭美德建设有利于建立美满温馨的幸福生活，创造和睦友爱的邻里关系。对于社会而言，通过加强家庭美德建设，不断增进和优化家庭功能，提高社会人口的文明素质，实现人类社会持续健康地发

① 杨大文主编：《婚姻家庭法》，中国人民大学出版社 2015 年版，第 59 页。

展、繁荣、进步。这表明“家和万事兴”这一古训在新的社会条件下，仍然有其十分重要的现实意义。

因此，反对家庭暴力的国家立法和地方立法都有加强家庭美德建设的规定。在国家立法中，《婚姻法》第4条规定，家庭成员间应当敬老爱幼，互相帮助，维护平等、和睦、文明的婚姻家庭关系。尽管其中并未出现“家庭美德”的词语，但都是家庭美德的具体体现。《反家庭暴力法》第6条规定：国家开展家庭美德宣传教育；工会、共产主义青年团、妇女联合会、残疾人联合会与广播、电视、报刊、网络应当开展家庭美德宣传；学校、幼儿园应当开展家庭美德教育。在地方立法中，《浙江省预防和制止家庭暴力条例》第9条规定，新闻媒体应当采用多种形式，宣传健康文明的家庭风尚和家庭美德，引导全社会树立正确的家庭伦理观念。河北、河南、安徽、陕西、四川、内蒙古、宁夏、新疆等省、自治区关于预防和制止家庭暴力的条例、决议、决定中都有类似规定。这表明建设家庭美德对于反对家庭暴力的重要性。居民委员会与村民委员会的工作人员必须按照相关法律规定，接受家庭美德教育，积极推进城乡地区的家庭美德建设，使其成为反对家庭暴力的有力武器。

（二）法律知识

法律知识是家庭暴力干预者综合素质的必要组成部分，只有知法、懂法、守法，才能依法干预家庭暴力。居民委员会与村民委员会的工作人员接受法律知识培训，主要原因有二：一是干预家庭暴力的必备素质。具备相应法律观念，掌握相关法律知识，以及从什么是家庭暴力、家庭暴力的发生原因与具体类型、如何禁止家庭暴力等几个法律层面对家庭暴力有一个整体性认识，是家庭暴力干预工作人员的基本法律素养。二是履行法定义务的必然需要。《反家庭暴力法》第22条规定：居民委员会与村民委员会应当对实施家庭暴力的加害人进行法治教育。一些地方法规亦有类似规定，如《内蒙古自治区预防和制止家庭暴力条例》《海南省预防和制止家庭暴力规定》都要求基层群众性自治组织应当开展预防和制止家庭暴力的法制宣传教育活动，增强公民的法治观念。这些规定是居民委员会与村民委员会的法定义务。它们进行法制宣传教育的路径有二：一是亲自讲解法律知识，另一则是邀请警察、法官、律师或者法学教师等法律工作人员讲解法律知识。在前一路径下，首先需要对居民委员会与村民委员会的工作人员进行法律知识培训，培养其基本法律素养，帮助其掌握相关法律知识，使其深刻认识家庭暴力的严重性和干预家庭暴力的必要性，以提高其对家庭暴力的干预能力。

法律知识培训应以与反对家庭暴力有关的法律法规为主要内容。具体来说，主要包括《宪法》《反家庭暴力法》《婚姻法》《妇女权益保障法》《老年人权益保障法》《未成年人保护法》《残疾人保障法》《城市居民委员会组织法》《村民委员会组织法》《刑法》与《治安管理处罚法》，以及关于预防和制止家庭暴力的地方法规等。此外，还可以根据家庭暴力干预的具体情况，选择一些其他法律规定。

（三）紧急救治

家庭暴力多会造成受害人不同程度的身体伤害。家庭暴力干预坚持以受害人本位为核心理念的优先保护受害人原则，它要求对正在发生的家庭暴力必须及时有效制止，防止受害人进一步受害，对家庭暴力受害人应当给予及时的保护和救助。[①] 因此，在家庭暴力的事中救助和事后救济中，为了有效控制受害人伤情不再恶化，特别是在受害人伤势严重情况下，救护人员尚未赶来之前，应尽可能多争取一些抢救时间，需要对受害人采取一些必要的紧急救治措施。一般情况下，紧急救治措施都是最常见的一些医疗救治方法，如止血、排毒、敷药、包扎伤口、人工呼吸等。然而，采用这些紧急救治措施，需要具备相应的基本救治知识与救治技能。因此，居民委员会与村民委员会的工作人员应当了解并掌握针对不同情况选择使用具体的紧急救治措施、了解救治过程中的注意事项、细节等，以及紧急救治之外尚需注意的一些其他事宜，如合理饮食、保障睡眠等。

---

① 李明舜：《制定反家暴法需要正确处理的几个基本问题》，载《妇女研究论丛》2014 年第 5 期。

紧急救治措施具有必要性、临时性、及时性等特点。其中，必要性是指当时情况十分紧急，不得不采取紧急救治措施；临时性是指医疗救助不能及时赶到现场时，采取紧急救治措施以暂时应对紧急情况；及时性是指救治者要立即采取紧急救治措施，不得等待、拖延、推诿。并且，紧急救治有其适用条件：一是家庭暴力造成受害人身体伤害；二是伤害后果使受害人处于紧急状态；三是暂无他法可以应对紧急情势；四是采取紧急救治措施意在防止伤害后果进一步扩大。居民委员会与村民委员会的工作人员应当充分了解紧急救治的特点和适用条件，关键时刻做出合理判断，及时救助受害人。

（四）救助方式

在家庭暴力干预的事中救助和事后救济阶段，面对正在发生的家庭暴力或者家庭暴力刚刚结束不久的情况，需要采取一定的有效救助措施救助受害人。它呈专业性、规范性、有效性等特点。其中，专业性是指由相关专业人士对受害人实施救助措施，如公安机关、人民法院、医护人员等；规范性是指救助有其严格操作规程，救助人员必须严格遵行相关操作规程。有效性是指救助应当取得一定成效。根据相关反对家庭暴力的立法规定，居民委员会与村民委员会可以采取的家庭暴力干预措施包括劝阻、调解、批评教育、报案（警）、申请撤销监护人资格、开展法治教育、心理辅导、协助执行告诫书、协助执行人身安全保护令、矫治等。这些救助措施不仅各有特点，而且具体适用的干预阶段也不尽相同。居民委员会与村民委员会工作人员在救助受害人时，应当根据它们的特点，科学使用相关救助方式，并要注意其中的重要事项和关键细节。

（五）团队精神

团队精神是现代社会的重要价值取向之一，其核心价值是协同合作，意在发挥团队效应。多机构合作干预家庭暴力模式要求不同干预主体发扬团队精神，相互密切配合、积极协助。对此，《反家庭暴力法》和一些地方法规都有所体现。在《反家庭暴力法》中，第8条规定：居民委员会、村民委员会应当配合协助乡镇人民政府、街道办事处组织开展家庭暴力预防工作。第17条规定：公安机关应当将告诫书送交加害人、受害人，并通知居民委员会、村民委员会。居民委员会、村民委员会应当对收到告诫书的加害人、受害人进行查访，监督加害人不再实施家庭暴力。第32条规定：居民委员会、村民委员会等应当协助人民法院执行人身安全保护令。在地方法规中，《内蒙古自治区预防和制止家庭暴力条例》第8条规定：国家机关、社会团体、企业事业单位、社区居民居委会、村民居委会应当相互配合，及时调解家庭纠纷，做好心理疏导工作，预防和制止家庭暴力的发生。吉林、海南、河北、新疆等省、自治区的预防和制止家庭暴力规定、条例中也有类似规定。这些法律法规将抽象的团队精神具体化为各家庭暴力干预主体的法定义务，主要在于：一是家庭暴力干预主体来自社会不同层面，分属不同行业，并不熟悉家庭暴力的发生场所与当事人的基本情况，需要居民委员会与村民委员会的积极配合协助；二是通过合作干预，可以合力为受害人提供全方位救助。因此，无论价值引领，还是义务要求，居民委员会与村民委员会的工作人员都须具有团队精神。

五、基层群众性自治组织干预家庭暴力培训的基本机制

居民委员会与村民委员会干预家庭暴力的培训机制包括培训对象、培训主体、培训方式与培训规划等内容。

（一）家庭暴力干预培训对象

对居民委员会与村民委员会的工作人员开展家庭暴力干预培训，首先应当明确培训对象的具体范围。《城市居民委员会组织法》第7条规定：居民委员会由主任、副主任和委员共五至九人组成。《村民委员会组织法》第6条规定：村民委员会由主任、副主任和委员共三至七人组成。这两个条款仅规定居民委员会与村民委员会的组成人员。实际上，居民委员会与村民委员会除了这些必要组成人员外，还有会计、秘书、文员、司机等其他工作人

员。这些工作人员都有机会参与家庭暴力干预工作。因此，居民委员会与村民委员会的工作人员并不仅限于主任、副主任和委员，其他工作人员也应属于这一范畴，都应当接受家庭暴力干预培训。

根据《反家庭暴力法》第 4 条第 2 款规定，居民委员会与村民委员会应当依照本法和有关法律规定，做好反家庭暴力工作。尽管居民委员会与村民委员会不是国家机关，但源于《反家庭暴力法》第 3 条第 2 款之规定，反家庭暴力是国家、社会和每个家庭的共同责任，以致干预家庭暴力成为其一项法定职责。其中，组织开展相关培训活动是“做好反家庭暴力工作”的重要内容之一，接受家庭暴力干预培训则成为居民委员会与村民委员会工作人员的一项法定义务。他们应当认真对待家庭暴力干预培训，接受居民委员会与村民委员会的具体安排，切实服从、并积极配合上级部门和有关组织开展的相关培训活动，不得以任何不正当的借口推脱、逃避、拒绝接受培训，更不得故意制造无关事端严重影响培训工作。否则，应当给予相应处分，甚至必要处罚。

（二）家庭暴力干预培训主体

1. 家庭暴力干预培训主体的范围界定

《反家庭暴力法》第 4 条第 1 款、第 2 款规定：县级以上人民政府负责妇女儿童工作的机构，负责组织、协调、指导、督促有关部门做好反家庭暴力工作。县级以上人民政府有关部门、司法机关、人民团体、社会组织应当依照本法和有关法律规定，做好反家庭暴力工作。因该条位于《反家庭暴力法》“第一章总则”中，属于原则性规定，故为指导性原则。

《反家庭暴力法》第 7 条规定：县级以上人民政府有关部门、司法机关、妇女联合会应当将预防和制止家庭暴力纳入业务培训和统计工作。这就意味着国家将家庭暴力干预纳入县级以上人民政府有关部门、司法机关、妇女联合会的日常工作范畴。其中，所谓“业务培训”，是指这些单位要在其本机关和组织内部开展家庭暴力干预培训，使其工作人员熟悉家庭暴力知识、增强反对家庭暴力意识，掌握家庭暴力干预知识和技能等。所谓“业务统计”

是指这些单位应当定期统计家庭暴力干预工作的进展情况和取得的成效。第8条规定：乡镇人民政府、街道办事处应当组织开展家庭暴力预防工作，居民委员会与村民委员会应当予以配合协助。其中，为了顺利开展家庭暴力预防工作，乡镇人民政府与街道办事处也会对居民委员会与村民委员会工作人员进行相关培训。第9条规定：各级人民政府应当支持社会工作服务机构等社会组织开展家庭暴力预防知识教育服务。其中，家庭暴力预防知识教育服务形式多种多样，如发放宣传材料、开展专题讲座等，服务对象包括居民委员会与村民委员会工作人员在内的基层群众。此外，还有其他热心于反对家庭暴力的志愿者、公益人士与相关单位深入基层开展反对家庭暴力宣传、培训等活动。

由此可见，家庭暴力干预工作培训主体包括县级以上人民政府负责妇女儿童工作的机构、县级以上人民政府有关部门、司法机关、妇女联合会、乡镇人民政府、街道办事处、社会组织、志愿者、公益人士（单位）。其中，鉴于《反家庭暴力法》相关条款的明确规定，县级以上人民政府负责妇女儿童工作的机构、县级以上人民政府有关部门、司法机关、妇女联合会、乡镇人民政府、街道办事处、社会组织属于法定培训主体，其必须在各自职责范围内做好家庭暴力干预培训工作，具有法定性、职责性等特点。志愿者、公益人士（单位）则属于志愿培训主体，出于其对社会的责任感，自觉开展家庭暴力干预工作，具有自愿性、公益性等特点。这些培训主体共同织就家庭暴力干预工作的培训网络。

2. 家庭暴力干预培训主体的工作要求

家庭暴力干预培训主体在家庭暴力干预培训工作中应当做好这几个方面的工作：

第一，在工作态度上，严格按照《反家庭暴力法》与有关法律法规的规定，认真对待家庭暴力干预培训工作，不推诿、不扯皮，科学部署，真抓实干，将家庭暴力干预培训工作落到实处。

第二，在内容安排上，根据家庭暴力干预不同阶段工作的重点和特点，合理安排培训内容。必要时，可以先行调查，充分了解居民委员会与村民委员会的工作人员的家庭暴力干预能力水平和他们对培训的具体需求，然后对培训内容进行科学设计或者做必要调整和补充，以保障培训有的放矢，突出专业性和针对性。

第三，在人员选任上，注意严格把关，打造一支业务过硬的培训队伍。培训工作人员必须符合责任心强、专业水平较高、经验较为丰富、肯于吃苦耐劳等条件，绝不可以滥竽充数，敷衍塞责。

第四，在开展培训上，综合考虑培训条件、具体需要、节约成本、工作人员多寡等因素，合理安排培训活动。既可以单独开展培训活动，又可以同其他培训主体联合开展培训活动。其中，在联合培训中，各培训主体应当分工明确、密切配合，以确保完成培训任务。

（三）家庭暴力干预培训方式

尽管高度发达的科学技术为培训提供了前所未有的便利，但家庭暴力干预培训并不乐观。一是我国仍有相当农村处于偏僻落后地区，交通不便、信息不畅，目前尚未开通网络；二是即便经济相对发达的农村地区，居民委员会与村民委员会的工作人员文化水平较低，理解和接受专业问题存在一定困难。因此，家庭暴力干预培训应当注意传统培训方式与现代新技术的有机结合。

传统培训方式有集体学习、专家讲座、播放视频、专题沙龙、发放学习材料等。现代培训方式主要是利用网络在线观看或者通过微博、微信公众号等自媒体推送等。传统培训方式主要适合于落后地区和文化程度较低的受训对象，优势在于可以实现同培训者面对面交流；现代培训方式主要适合于发达地区和文化程度较高的受训对象，优势是可由受训对象根据自己的生活和工作状况合理安排或者及时调整，尤其是智能手机的普及使得现代培训方式更具灵活性和便捷性。因此，应当针对不同地区的实际情况，为受训对象选择最适合、最便捷的培训方式，既要充分发挥传统培训方式的独特优势，又要注意新媒体技术在培训中的合理运用，以便收到良好的培训效果。

（四）家庭暴力干预培训规划

从我国目前的家庭暴力干预培训大背景来看，尚未广泛开展家庭暴力干预培训活动。这就使得人们对家庭暴力的定性认识还不到位，尤其是相当一部分人因受中国传统观念的影响，对家庭暴力存在模糊甚至错误认识，在一定程度上影响对家庭暴力的干预力度。① 因此，需要制定包括对居民委员会与村民委员会工作人员在内的所有家庭暴力干预参与者的长期培训规划，并使家庭暴力干预培训工作保持定期化、常态化、制度化的良好局面。

基于《反家庭暴力法》第 4 条第 2 款的规定，县级以上人民政府有关部门应当依照本法和有关法律规定做好反家庭暴力工作，预防和制止家庭暴力便成为政府的重要职责，各级政府应当制定本区域的行动计划或工作规划，② 将预防和制止家庭暴力工作纳入社会治安综合治理、法制宣传教育、精神文明建设工作范畴，③ 并将其视为我国现阶段维护人权、保障治安秩序稳定、构建和谐社会的重要组成部分。④ 因此，各级人民政府应当根据其所辖区域内的家庭暴力现状、具体干预需要、相关立法进程等情况，制定符合本区域实际情况的家庭暴力干预培训规划。其中，至少应当包括统筹主体、受训对象、内容安排、人员选任、经费来源、建立档案、跟踪回访、数据的统计与调查等重要内容。并且，家庭暴力干预培训规划应当具有客观性、前瞻性、长期性与科学性等特点。其中，客观性是指培训规划必须立足本地实际情况，一定是在对本区域内的家庭暴力现状进行深入调查、客观评估、科学分析的基础上，充分把握域情之后所作出的统揽全局的精心规划。前瞻性是指培训规划不能仅局限于眼前现状、满足于解决当下问题，而是应当立足现在、放眼未来，既要认真考量现实需要，又要科学预测未来发展。兼顾二者，方得始终。长期性是指培训规划不能急于求成地追求短期效应，而是应

---

① 蒋月娥：《美国反家庭暴力立法考察报告》，载《中国妇运》2012 年第 4 期。

② 薛宁兰：《家庭暴力防治法中的多机构合作干预模式》，载《妇女研究论丛》2014 年第 5 期。

③ 蒋月：《我国防治家庭暴力立法的主要问题及对策》，载《福建江夏学院学报》2011 年第 1 期。

④ 吕春娟：《家庭暴力的防治——以国家公权力的介入为视角》，载《国家行政学院学报》2011 年第 4 期。

当针对家庭暴力复杂性和长期性的特点面向未来的长远规划。其中，可以考虑制定阶段性目标，采多步走战略，分阶段实施，效果将会更好。科学性是指培训规划应当为长期的家庭暴力干预培训做出合理安排，保证具有可执行性与可调适性，能够较好地适应社会的不断发展变化，并能够经得住时间和历史的考验。

当然，家庭暴力干预培训规划并非一劳永逸而一成不变。在具体执行过程中，可以根据具体情况、阶段性成效评估以及培训规划所预留的调适空间等相关因素，及时予以适当的调整或者修订培训规划，以便适应家庭暴力不断变化的新形势，有效应对新问题的挑战。

第二节　基层群众性自治组织干预家庭暴力的经费支持

一、家庭暴力干预经费支持的立法比较

顺利开展家庭暴力干预工作需要一定的经费支持，一些国家和地区的反对家庭暴力立法均有相关规定。

（一）域外国家关于家庭暴力干预经费的保障途径

域外一些国家干预家庭暴力经费的保障主要有两种途径，一是通过反对家庭暴力立法规定，使之法定化；另一则是通过政府行动计划直接划拨专款。采前一种形式的国家较多。

1. 立法规定

（1）美国。

2005 年《美国反对针对妇女的暴力法案》中，有多项条款涉及针对反对家庭暴力拨款的规定。如依据第 101 条规定：增加拨款用于支持受害人特

别助理在家庭暴力受害人和地方执法机构工作人员之间进行联络，加强保护令的执行；第401条规定：拨款用于针对向遭受家庭暴力的儿童提供包括直接咨询、支持、指导的服务项目；第906条规定：授权司法部长可以允许印第安部落政府以及部落组织将拨款用于加强部落针对印第安妇女的家庭暴力进行应对的能力；第1131条规定：向当地非营利组织拨款，以改善为被害人提供的延伸服务。

（2）日本。

《日本配偶暴力防止及被害人保护法》第27条规定："都道府县必须支付下列各项费用：（1）基于第3条①第2款规定执行同款所列业务的妇女咨询所运营所需费用（除下项所列费用外）；（2）基于第3条第2款第（3）项规定妇女咨询所实施临时保护（含委托同条第3款所定厚生劳动大臣规定的标准之人实施的情形）所需费用；（3）基于第4条②规定，都道府县知事委派的妇女咨询员进行业务所需费用；（4）基于第5条③规定，都道府县实施保护（含委托市町村、社会福祉法人及其他认为适当者实施的场合）及其相伴的必要事务所需费用。市必须支出第4条规定市长委派的妇女咨询员执行业务所需的费用。"第28条规定："国家根据政令的有关规定，都道府县依据前条第1款规定的费用中，对同款第（1）项及第（2）项所列款项，应负

① 《日本配偶暴力防止及被害人保护法》第3条规定："都道府县，在该都道府县设置的妇女咨询所及其他适当的设施，该各设施应该发挥作为配偶暴力咨询援助中心的机能。配偶暴力咨询援助中心，为防止配偶暴力及对被害人的保护，要执行下列业务：

（1）对有关被害人的各种问题，进行咨询或介绍妇女咨询员或进行咨询的机关；

（2）为使被害人的心身健康得以恢复，进行医学或心理学方面的指导及其他必要的指导；

（3）实施被害人（当被害人与其家族共同生活的场合，被害人及其共同生活的家族，在次号、六号及第5条，以及第8条的3中，亦同。）的临时保护；

（4）为促进被害人自立地进行生活，实施提供信息及其他援助；

（5）对第四章规定保护令制度的利用，提供信息及其他援助；

（6）对使被害人居住保护设施的利用，提供信息及其他援助；

前款3的临时保护，应由妇女咨询所亲自实施，或委托符合厚生劳动大臣所定基准者实施。"

② 《日本配偶暴力防止及被害人保护法》第4条规定：妇女咨询员接待被害人，进行必要的咨询指导。

③ 《日本配偶暴力防止及被害人保护法》第5条规定：都道府县可以在妇女保护设施中实施对被害人的保护。

担其十分之五。国家在预算范围内，可以补助以下各项所列费用的十分之五以内：（1）都道府县依据前条第1款规定支出的费用中，同款第（3）项及第（4）项列举的项目；（2）市依据前条第2款规定支出费用。”

（3）韩国。

《韩国家庭暴力预防和受害人保护法》第4条第4款规定：“国家和地方自治庇护机构应当依据本法第5条第2款①、第7条第2款②之规定，采取资金援助等措施来发展和扶持家庭暴力咨询中心和庇护设施。”第13条规定：“国家和地方自治庇护机构可以部分承担依据本法第5条第2款或第7条第2款所规定的咨询中心或庇护机构的建立和运营的相关费用。”

（4）老挝。

《老挝妇女发展和保护法》第39条第2款规定：“国家向为贩卖妇女、儿童和针对妇女和儿童的家庭暴力案件受害人提供帮助的机构提供预算拨款。”

（5）越南。

《越南预防和控制家庭暴力法》第6条规定：“警察在预防、控制家庭暴力方面的规定：（1）国家应当为预防、控制家庭暴力提供适当的资金支持；（2）鼓励机构、组织以及个人为预防、控制家庭暴力提供财务支持；发展预防家庭暴力模式并且为被害人提供协助。”

上述这些国家的反对家庭暴力立法合理安排干预经费来源，为家庭暴力干预工作提供法律保障，有利于保障正常开展家庭暴力干预工作。

2. 政府拨款

挪威通过“政府行动计划”拨专款推动反对针对妇女家庭暴力的工作，一是向挪威研究委员会的暴力项目提供资金；二是向妇女危机中心提供资

---

① 《韩国家庭暴力预防和受害人保护法》第5条（咨询中心的建立运行）第2款规定：任何非国家或地方自治庇护机构的个人，如欲建立和运营咨询中心，其需向城市或省的长官（以下简称省/市长）申报。

② 《韩国家庭暴力预防和受害人保护法》第7条（庇护机构的建立和运营）第2款规定：社会福利庇护机构和/或其他非营利性庇护机构在省/市长的许可下，可以建立并运营庇护机构。

金。[①] 这些举措保证政府行动计划的全面实施，积极促进家庭暴力干预工作的顺利开展，有利于增进男女两性家庭地位的平等、维护家庭和睦与社会文明，并为世界其他国家提供了极具借鉴价值的挪威经验。

（二）我国关于家庭暴力干预经费的立法现状

1. 国家层面立法

在国家层面立法，只有《反家庭暴力法》第 4 条第 3 款规定："各级人民政府应当对反家庭暴力工作给予必要的经费保障。"这一立法规定的意义在于，一是其中的"反家庭暴力工作"的内涵十分宽泛，它包括一切与家庭暴力干预相关的工作，既有行政机关和人民团体组织开展的反家庭暴力工作，又有来自民间的社会组织和志愿人士自发举办的反家庭暴力活动。但是，无论家庭暴力干预工作发端于谁，各级人民政府都应当予以经费支持。二是将保障家庭暴力经费确定为地方政府的一项法定职责，可以保证家庭暴力干预工作能够真正落到实处，有利于全面、深入地开展家庭暴力干预工作。

2. 地方层面立法

在地方层面立法，只有少数反对家庭暴力的地方法规对家庭暴力干预经费作出明确规定。《浙江省预防和制止家庭暴力条例》第 6 条第 2 款规定：预防和制止家庭暴力工作经费由政府财政依法予以保障。《重庆市预防和制止家庭暴力条例》第 6 条规定：鼓励和支持社会组织、企事业单位、公民为预防和制止家庭暴力提供捐赠或者救助服务。《内蒙古自治区预防和制止家庭暴力条例》第 17 条规定：旗县级以上人民政府应当根据实际情况设立或者指定家庭暴力受害人庇护场所，并在经费上予以保障。鼓励和支持社会组织、企业事业单位和公民为预防和制止家庭暴力工作提供捐赠或者救助服务。《北京市关于预防和制止家庭暴力的若干意见》第 3 条规定：相关单位和部门要依法履行职责，保障开展预防和制止家庭暴力工作的必要经费。综

---

① 薛宁兰：《挪威反家庭暴力的立法、实践及其启示》，载《环球法律评论》2003 年夏季号。

观这几部地方法规，浙江省规定政府财政保障家庭暴力工作经费，北京市采“谁履责，谁负担”原则，重庆市提倡社会捐赠，内蒙古自治区除庇护场所经费予以特别保障外，其他概与重庆市的做法相同。这几部地方法规关于家庭暴力干预经费的立法规定之所以如此迥异，臆测盖因各地经济发展水平之不同。众所周知，在经济发达的东部地区，地方政府的年度财政收入明显要高于经济欠发达的中西部地区政府的年度财政收入，可以支配资金较多，不会因向家庭暴力工作提供经费保障而产生过重的经济负担。而经济欠发达的中西部地区在年度财政收入偏低、可支配资金有限的情况下，捉襟见肘而无暇顾及家庭暴力工作经费亦可理解。然而，毕竟家庭暴力攸关家庭和谐与社会稳定，绝对不可小觑。地方政府应当在家庭暴力干预经费上予以必要保障。

3. 台湾地区有关规定

台湾地区“家庭暴力防治法”第 6 条规定：中央主管机关为加强推动家庭暴力及性侵害相关工作，得设置家庭暴力及性侵害防治基金；其收支保管及运用办法，由行政院定之。这一规定实现家庭暴力防治基金的专款专用，有力地保障家庭暴力干预工作的顺利开展。

二、家庭暴力干预经费筹措的具体渠道

居民委员会与村民委员会的家庭暴力干预经费通过专项基金划拨、项目基金支持与自筹基金储备等渠道筹措而来。

（一）专项基金

1. 专项基金来源

专项基金应当主要由政府财政负担，从各级政府的财政预算中拨付，同时积极鼓励当地的企业事业单位、社会组织与公民个人进行公益捐赠。

（1）政府财政负担。

从整个世界来看，预防和制止家庭暴力业已成为国家和政府的重要职

责，并且由国家或者政府负担家庭暴力干预经费已经成为大多数国家的做法。我国亦不例外。县级以上人民政府应当根据《反家庭暴力法》第 4 条第 3 款之规定，将家庭暴力防治工作纳入国民经济和社会发展规划，并将家庭暴力防治经费列入财政预算，[①] 为家庭暴力干预工作提供必要的经费保障。

不过，需要注意的是，我国幅员辽阔、人口众多，即使同处一个区域之内的居民委员会与村民委员会也存在经济上的差异。例如，有的农村地区旅游资源丰富，有的农村位于大中城市近郊而开办有产业，经济收益较高；有的农村地处偏远地区，资源匮乏，经济落后，明显不及前者。因此，各级人民政府在拨付家庭暴力干预经费时，应当考虑不同地区经济发展水平的客观差异，对于经济发展落后的地区予以适当倾斜。

（2）社会公益捐赠。

根据《公益事业捐赠法》第 8 条第 2 款规定，国家鼓励自然人、法人或者其他组织对公益事业进行捐赠。第 3 条规定：公益事业包括下列非营利事项：①救助灾害、救济贫困、扶助残疾人等困难的社会群体和个人的活动；②教育、科学、文化、卫生、体育事业；③环境保护、社会公共设施建设；④促进社会发展和进步的其他社会公共和福利事业。其中，第④项属于兜底性规定，涵盖范围比较宽泛，为社会发展需要预留下合理空间。由于家庭暴力防治工作关涉整个社会的稳定、发展与文明程度，应当纳入第④项范畴。特别是《反家庭暴力法》第 3 条第 2 款之“反家庭暴力是国家、社会和每个家庭的共同责任”的规定，企业事业单位、社会组织与公民个人都应当积极参与家庭暴力干预。这种干预不仅表现为直接参与家庭暴力的预防与救济，而且也可以向家庭暴力干预主体捐赠经费。对此，重庆、内蒙古等直辖市、自治区的预防和制止家庭暴力条例都鼓励和支持社会组织、企事业单位、公民为预防和制止家庭暴力提供捐赠。当然，捐赠须为自愿，国家和政府只能积极鼓励，不得强行摊派或者变相摊派。

---

① 夏吟兰主编：《家庭暴力防治法制度性建构研究》，中国社会科学出版社 2011 年版，第 12 页。

2. 专项基金管理

为了保障家庭暴力干预经费的收支平衡与合理使用，应当加强专项基金管理。

（1）管理主体。

为了统筹和落实家庭暴力干预工作，县级以上人民政府应当设立专门的工作机构——家庭暴力防治工作委员会或者家庭暴力防治工作办公室。它的重要工作内容之一，就是做好专项基金管理工作。从源头上把控好专项基金管理，以保证专项基金不被滥用、乱用，积极发挥其正常功能。

实际上，2009 年项目建议稿就有设立家庭暴力防治工作委员会的立法建议。建议稿第 11 条第 1 款规定："县级以上人民政府应当建立反家庭暴力委员会。乡、民族乡、镇的人民政府应当设立反家庭暴力专员。"第 12 条规定反家庭暴力委员会的主要职责为："（1）提出防治家庭暴力的立法建议；（2）协调、监督有关机关对防治家庭暴力法律法规的实施；（3）在基层人民政府或者社区设立家庭暴力投诉站、家庭暴力预防及咨询中心；（4）协调防治家庭暴力的宣传与教育工作；（5）督促、协调家庭暴力受害人保护和救助工作；（6）对家庭暴力施暴人进行心理矫治、精神治疗、戒瘾治疗或者其他辅导、治疗的组织工作；（7）进行家庭暴力防治相关数据的统计、调查；（8）本法规定的其他职责。反家庭暴力专员的主要职责为前款（1）、（2）、（4）、（5）、（7）项工作。"[①] 尽管其中没有关于家庭暴力专项基金的立法建议，但其可以蕴含于第（8）项兜底性规定之中。这一立法建议条款的重要价值在于，它为家庭暴力干预工作提供了必要的组织保障，能够在最大程度上保障家庭暴力防治工作落实到位。然而，《反家庭暴力法》并未采纳这一立法建议。我们以为，还是很有必要设置家庭暴力防治工作委员会 / 办公室。

（2）管理措施。

在家庭暴力专项基金管理中，人民政府及其家庭暴力防治工作委员会 / 办公室应当做好以下几个主要方面的工作：

---

① 夏吟兰主编：《家庭暴力防治法制度性建构研究》，中国社会科学出版社 2011 年版，第 13~14 页。

①各省、自治区、直辖市人民政府应当制定家庭暴力基金管理办法，根据本地区的实际情况对专项基金的来源、使用主体、使用程序、监管等重要内容做出具体规定，实现专项基金在使用和管理上有法可依和依法使用。

②县级以上人民政府的家庭暴力防治工作委员会/办公室应当开设专项基金账户，用于专项基金的统一管理和支付。这样就可以将家庭暴力专项基金同其他款项区别开来，避免相互混淆，有利于保证专项基金的专款专用。

③家庭暴力防治工作委员会/办公室应当科学设计专项基金的申请和审核程序，认真对待居民委员会与村民委员会申请家庭暴力干预经费，对每一笔专项基金的申请都要严格审查，把好专项基金的审批关，使之真正“取之于家庭暴力干预基金、用之于家庭暴力干预工作”。

④县级以上人民政府的家庭暴力防治工作委员会/办公室应当加强专项基金使用的监管工作，准确把握专项基金的合理去向和使用情况。除了要求使用人定期汇报专项基金的使用情况外，还要定期深入使用人的工作地点检查、巡视，一旦发现问题，要责令其及时纠正、整改，绝不姑息放纵。

（二）项目基金

反对家庭暴力已经成为国际社会的普遍共识，常常会有一些国家、国际组织、国内外的政府机构以及学术团体等为某一科研团队提供科研经费，委托其开展相关家庭暴力干预的专项研究。往往的，这些科研项目会选择基层合作试点单位，或者基于研究需要而到基层进行相关调研。其中，项目小组通常要在试点地区或者调研地区开展必要的相关宣传、调查、培训等活动。居民委员会与村民委员会在配合这些科研项目开展宣传、调查、培训等活动时，项目小组根据具体工作需要会为其提供一定的活动经费。此外，国内的一些妇联、宣传部门等，有时也会委托居民委员会与村民委员会帮助其开展相关专项活动而为它们提供一些必要费用。

（三）自筹基金

家庭暴力干预经费的这一筹措渠道，主要针对经济发达地区的居民委员会与村民委员会。在经济收益较多的情况下，可以拿出一部分收益作为专项资金，用于家庭暴力干预工作。此外，也可以接受社会公益捐赠。

三、家庭暴力干预经费用途的合理安排

家庭暴力干预经费因具体干预阶段的不同而分为预防活动的经费使用与救助工作的经费使用。

（一）预防活动的经费使用

在家庭暴力事前预防阶段，主要通过宣传、培训、走访等形式开展家庭暴力预防工作。因此，家庭暴力干预经费主要用于宣传、培训与走访等几个方面的活动。

1. 宣传

从整个预防阶段来看，宣传工作是该阶段最重要的家庭暴力干预工作，它是防患于未然的最有力措施。通过宣传活动，可以帮助人们认识家庭暴力，了解相关法律知识，树立反对家庭暴力意识。经费用于制作家庭暴力知识手册、反对家庭暴力法律读本、宣传画（页）、音像（视频）、展板、标语条幅等宣传材料。

2. 培训

家庭暴力干预培训的花费主要包括两部分，一是购买培训资料，主要为家庭暴力预防的教材与音像（视频），如反对家庭暴力的简要普法读本与专业宣讲录像等；二是必要交通费用，邀请法官、律师、心理医生等专业人士开展反对家庭暴力的法律知识宣讲、提供心理讲座或者咨询，可以不向其支付劳动报酬，但应当给予一定的交通补助。

3. 走访

因受地理环境限制、传统生活习惯以及生产经营需要等因素影响，一些

偏远落后的农村与牧区的村民或者牧民处于散居状态，甚至一户人家独居一处。村民委员会工作人员走访村民家庭时，应当给予必要的交通补助。

（二）救助工作的经费使用

救助工作发生于家庭暴力事中救助和事后救济两个阶段。干预经费主要用于培训活动、救助物品与服务场所等几个方面。

1. 培训活动

家庭暴力救助培训的花费主要包括两部分，一是购买培训资料，常见的培训资料包括家庭暴力救助的教材与音像（视频），如紧急救治的读本与实操演练的录像等；二是必要交通费用，邀请专业医护人员、心理专家开展家庭暴力的救助培训、提供心理辅导，可以不向其支付劳动报酬，但应当给予一定的交通补助。

2. 救助物品

家庭暴力干预经费用于救助物品方面，主要包括为受害人提供紧急救治的必需品和为其提供临时安置的必需品。

（1）为受害人提供紧急救治的必需品。

在家庭暴力救助中，为受害人提供紧急救治的必需品一般包括以下几种：一是药物，包括急救药物和日常药物，如止血类、镇痛类、心脏类、镇定类等药物；二是基本医疗器械，如镊子、注射器、输液器、体温计、血压计等；三是医疗辅助用品，包括处理身体外伤所需要的棉签、酒精、碘酒、纱布、绷带等。

（2）为受害人提供临时安置的必需品。

受害人遭受家庭暴力后多会产生强烈的恐惧感，为了免遭家庭暴力的再次侵害而不敢 / 不能回家，有时候需要在外躲避一段时间。在居民委员会与村民委员会没有庇护场所的情况下，需要对其作出临时性安置，其中包括为其提供必要的食物、衣物、行李、居所等物品。

3. 服务场所

针对家庭暴力受害人的服务场所一般包括家庭暴力投诉站、预防及咨询中心和庇护所。家庭暴力干预经费用于这些服务场所的费用包括维持这些服务场所的日常运营、维修这些服务场所的相关设施，以及支付工作人员的工资（志愿者提供志愿服务的除外）等。

四、家庭暴力干预经费使用的基本制度

（一）经费使用原则

居民委员会与村民委员会使用家庭暴力干预经费，应当严格遵守以下几项基本原则。

1. 专款专用

专款专用是指家庭暴力干预经费只能用作与家庭暴力干预相关的工作，绝不可以假干预家庭暴力之名而擅自挪作他用。专款专用的目的在于为家庭暴力干预工作提供必要的经费保障，使家庭暴力干预工作始终处于良性运行状态，并落到实处。否则，一旦经费被挪作他用，干预经费则会处于紧张或者赤空状态，无法正常开展家庭暴力干预工作。因此，居民委员会与村民委员会在使用家庭暴力干预经费时，不论其所使用经费是通过哪一种渠道筹措而来，都必须严格恪守这一原则，保证专款专用。

2. 厉行节约

厉行节约是指应当合理使用家庭暴力干预经费，不得随意、无故支出，禁止铺张浪费。家庭暴力干预经费支出须以需要为条件，以必要为限度。居民委员会与村民委员会使用经费时，应当通盘考虑、精打细算，根据实际需要作出合理控制。能以较少经费办理的事项，绝不花费太多的经费；能以其他方式代替解决的问题，绝不轻易动用经费。凡所用家庭暴力干预经费，一定要合情、合理、合规。

3. 公开透明

公开透明是指家庭暴力干预经费在使用过程中，应当定期对外公示，以供外界知悉经费的具体使用情况。居民委员会与村民委员会使用经费时，应当做好台账，将每一笔经费的支出项目都要详细记录在册，并且定期向外界

公布经费使用情况，供经费提供者和群众查阅、监督。从而保证一切家庭暴力干预经费的使用保持正常化、公开化、透明化，有利于避免贪腐，以实现基金的设立宗旨。

（二）经费使用程序

一般来说，家庭暴力干预经费主要来源于专项基金与自筹基金。因此，家庭暴力干预经费的使用程序因来源不同而分为专项基金使用程序与自筹基金使用程序。

1. 专项基金使用程序

家庭暴力防治工作委员会/办公室从专项基金中拨付家庭暴力干预经费，应当遵循下列程序。

（1）使用申请。

居民委员会与村民委员会申请使用家庭暴力干预经费，应当根据所辖区域上一年度家庭暴力干预工作开展情况以及对本年度家庭暴力干预工作的预估，编制好家庭暴力干预经费的年度使用计划与年度预算方案。

（2）严格审批。

家庭暴力防治工作委员会/办公室接到居民委员会与村民委员会的家庭暴力干预经费使用的申请后，应当逐项认真审查，严格审批。认真审查经费的使用计划与预算方案是否科学、合理。必要时，应当将使用计划与预算方案退回并要求其修改或者重做。

（3）会计审核。

家庭暴力防治工作委员会/办公室应当对居民委员会与村民委员会的家庭暴力干预经费使用情况进行年度会计审核。每年年底对本年度或者次年的第一季度对上一年度的家庭暴力干预经费使用情况进行会计审核。如果发现问题的，应当根据具体情况予以通报批评并要求立即整改、由上级主管部门对直接负责的主管人员和其他直接责任人员依法给予处分；情节严重的，应当追究相应法律责任。

（4）结余冲抵。

如果当年申请的家庭暴力干预经费尚有结余的，结余部分可以冲抵下一年度的部分预算经费。

2. 自筹基金使用程序

居民委员会与村民委员会自筹家庭暴力干预经费，应当遵循下列程序。

（1）拟定计划。

居民委员会与村民委员会召集组成人员，根据当年的经济收益情况，共同拟定下一年度家庭暴力干预经费使用计划，确定具体的经费额度。

（2）讨论决定。

根据《村民委员会组织法》第 24 条[①] 规定，涉及村民利益的 9 类事项，经村民会议讨论决定方可办理。家庭暴力干预经费并不属于前 8 项中的任何一项内容，但符合第（9）项“村民会议认为应当由村民会议讨论决定的涉及村民利益的其他事项”之内容。并且，第 24 条第 2 款规定，村民会议可以授权村民代表会议讨论决定前款规定的事项。因此，村民委员会应当通过村民会议或者村民代表会议讨论决定家庭暴力干预经费使用计划。而《居民委员会组织法》没有居民会议与居民代表会议的规定，但居民委员会可以邀请居民代表参加。在家庭暴力干预经费使用计划的讨论中，居民委员会与村民委员会应当发扬民主作风，保证居民与村民代表的充分发言机会，认真听

---

① 《村民委员会组织法》第 24 条规定：“涉及村民利益的事项，经村民会议讨论决定方可办理：

（1）本村享受误工补贴的人员及补贴标准；

（2）从村集体经济所得收益的使用；

（3）本村公益事业的兴办和筹资筹劳方案及建设承包方案；

（4）土地承包经营方案；

（5）村集体经济项目的立项、承包方案；

（6）宅基地的使用方案；

（7）征地补偿费的使用、分配方案；

（8）以借贷、租赁或者其他方式处分村集体财产；

（9）村民会议认为应当由村民会议讨论决定的涉及村民利益的其他事项。

村民会议可以授权村民代表会议讨论决定前款规定的事项。

法律对讨论决定村集体经济组织财产和成员权益的事项另有规定的，依照其规定。”

取居民与村民代表的合理意见和建议。

（3）经费划拨。

家庭暴力干预经费使用计划经讨论通过后，根据计划中确定的经费数额划入家庭暴力干预经费专项账户。

（4）结余累积。

如果当年的家庭暴力干预经费尚有结余的，结余部分可以累积到下一年度的预算经费。

（三）经费使用监管

1. 经费使用的监管模式

家庭暴力干预经费使用监管模式因来源渠道不同而分为专项基金监管与自筹基金监管。

（1）专项基金监管。

家庭暴力干预专项基金应采双重监管模式，即内部监管与外部监督。其中，内部监管，是指家庭暴力干预经费的提供者对经费使用情况进行监管，实行“谁审批，谁监管”原则，即由家庭暴力防治工作委员会 / 办公室通过定期检查、巡视与会计年度审核等方式予以监管。外部监督，是指由居民委员会与村民委员会的居民与村民对家庭暴力干预经费的使用情况进行监督，发现问题的，可以当面提出质询，也可以直接向有关部门检举。

（2）自筹基金监管。

家庭暴力干预自筹基金采内部监督模式，即由居民委员会与村民委员会内部的居民与村民进行监督，发现问题的，可以当面提出质询，也可以直接向有关部门检举。

2. 经费使用的定期公示

经费使用情况公示的意义主要在于保证家庭暴力干预经费使用实现专款专用，保持公开化与透明化，防止出现贪腐问题。根据《居民委员会组织法》第 16 条规定，居民委员会办理本居住地区公益事业所需费用的收支账目应当及时公布，接受居民监督。根据《村民委员会组织法》第 30 条规定，村民委员会实行村务公开制度。村民委员会应当及时公布下列事项，接受村民的监督：政府拨付和接受社会捐赠的救灾救助、补贴补助等资金、物资的管理使用情况；村民委员会协助人民政府开展工作的情况；涉及本村村民利益，村民普遍关心的其他事项。前款规定事项中，一般事项至少每季度公布一次；集体财务往来较多的，财务收支情况应当每月公布一次；涉及村民利益的重大事项应当随时公布。村民委员会应当保证所公布事项的真实性，并接受村民的查询。可见，公布账目与村务公开是居民委员会与村民委员会的法定义务，必须严格遵守。根据这两条规定，居民委员会与村民委员会应当定期公示家庭暴力干预经费使用情况，接受居民与村民的监督。

3. 经费使用的定期报告

经费使用情况报告的意义在于使经费提供者了解家庭暴力干预经费的使用情况，并为其提供监管的基本依据。因此，居民委员会与村民委员会应当定期向家庭暴力防治工作委员会 / 办公室报告家庭暴力干预经费的使用情况，接受家庭暴力防治工作委员会 / 办公室的监管。

第三节　基层群众性自治组织干预家庭暴力的立法完善

《反家庭暴力法》关于居民委员会与村民委员会干预家庭暴力的立法不足，势必影响它们的家庭暴力干预成效。这就需要尽快完善《反家庭暴力法》，以保障居民委员会与村民委员会顺利开展家庭暴力干预工作。

一、完善基层群众性自治组织干预家庭暴力立法的路径选择

从我国目前的立法活动来看，完善立法的具体路径不外乎包括修改现行法律、出台司法解释与制定实施细则。

（一）修订现行法律

法一直被视为维护和促进正义的艺术或工具，[①] 法的价值在于实现正义。因此，法律绝非束之高阁的矜持摆设，它的生命力在于实施，它的意义在于能对社会产生积极效应。尤其是今日民众对立法期待之高，已经不是有没有的问题，而是好不好、管用不管用、能不能解决实际问题。如果立法质量不高，不能解决现实问题，制定再多的法律也没有任何意义。《反家庭暴力法》自 2016 年 3 月 1 日正式实施以来，其所暴露出来的先天立法不足，在一定程度上影响实施效果，也与实现立法宗旨相去甚远。所以，为了适应社会发展和司法实践的需要，并且能够有效预防和制止家庭暴力，建议国家立法机关尽快修订《反家庭暴力法》。由于修订法律通常会涉及法律的整体构造与内容安排，《反家庭暴力法》应当针对关于居民委员会与村民委员会干预家庭暴力的立法不足做出更为科学的完善设计方案，使立法更加完善。

（二）出台司法解释

司法解释作为我国司法实践中的一种规范性法律文件，它是最高人民法院统一适用法律的一种方式，具有保证法律和政策适用、弥补立法不足、为立法发展提供有利条件等功能，[②] 对于发挥法律功能、统一司法尺度、确保司法公正具有极为重要的作用。鉴于《反家庭暴力法》的立法不足，为了积极促进它的正确适用、充分发挥其应有功能，实现有效预防和制止家庭暴力，最高人民法院应当根据《反家庭暴力法》的实施情况，针对其立法不足与司法实践中遇到的一些突出问题，认真分析总结经验，从中找出规律性的东西来，及时出台相关司法解释，尽可能弥补《反家庭暴力法》的立法不足，以更加有利于司法审判工作。

---

① 张文显：《法哲学范畴研究》，中国政法大学出版社 2001 年版，第 201~202 页。

② 王伟国：《最高人民法院民商事类司法解释研究》，中国人民大学出版社 2010 版，第 17~18 页。

（三）制定实施细则

实施细则是为了更好地贯彻执行某一法律，由法律授权的有关机关或者部门在不违背法律原则的前提下，针对法律规定的不够具体、详细、系统等问题，结合相关实际情况，对法律所做的具体的、详细的解释和补充，意在弥补原条文中的漏洞，使法律易于理解与操作。它具有规范性、补充性和辅助性、可操作性强等特点。由于《反家庭暴力法》所规定的家庭暴力干预主体来自社会不同方面，涉及行政干预、司法干预、社会干预等不同领域，在立法尚不完善的情况下，十分有必要通过制定实施细则的方式对这些家庭暴力干预主体的职责予以具体化、细致化，使其各司其职、各负其责，以保证法律的正确实施。这就可以保障包括居民委员会与村民委员会在内的家庭暴力干预主体在干预家庭暴力时，根据自己的职责开展有关具体工作，同时也有利于多机构合作干预家庭暴力模式的实现。

综观上述三个完善路径，修订现行法律乃为最佳选择。然而，基于法律的稳定性与滞后性等特点，以及就以往的法律修订经验来看，对于在刚刚实施不足四年的短暂时间内便启动《反家庭暴力法》的修订程序不太可能，而出台司法解释与制定实施细则则比较现实。不过，笔者以为，现代社会发展速度过快，法律必须与时俱进，紧跟时代发展步伐，根据实际情况的变化对法律进行及时的制定、修改、废止与清理，力求使之与社会发展始终保持相一致，适应社会发展的实际需要。这就意味着现代社会的法律修订亦需提速。因此，应当将修订《反家庭暴力法》作为优先选项，并且应当快速行动起来，绝不可以有任何拖沓。此外，建议国家立法机关在完善《反家庭暴力法》时，应当就其存在的立法不足，积极开展相关调研活动，广泛收集不同方面意见，认真听取学者的合理建议，充分吸收相关研究成果，结合家庭暴力干预工作的实际情况，科学设计居民委员会与村民委员会的干预家庭暴力制度，以实现居民委员会与村民委员会的家庭暴力干预工作的规范化、明确化与具体化，为它们开展家庭暴力干预工作创造便利条件，以有利于贯彻预防为主之原则、实现防患于未然之目的。

二、完善基层群众性自治组织干预家庭暴力立法的具体建议

为了有效干预家庭暴力，在此仅针对《反家庭暴力法》关于居民委员会与村民委员会干预家庭暴力的立法不足，提出一些较为科学的可行性完善建议，并将之草拟成具体的立法建议条款，以供国家立法机关在修改《反家庭暴力法》之时予以合理借鉴。

（一）关于明确居民委员会与村民委员会干预家庭暴力地位的建议

建议《反家庭暴力法》应当重申居民委员会与村民委员会的基层群众性自治组织的法律属性，使之实现同《城市居民委员会组织法》与《村民委员会组织法》的有效衔接，以明确它们在家庭暴力干预中的法律地位。

第××条　居民委员会与村民委员会应当充分发挥基层群众性自治组织的自我管理、自我教育、自我服务的功能，积极开展家庭暴力预防工作，劝阻、制止正在发生的家庭暴力，并配合其他有关国家机关、人民团体、社会组织和志愿者等做好相关家庭暴力防治工作。

（二）关于增加居民委员会与村民委员会干预家庭暴力职责的建议

建议《反家庭暴力法》规定居民委员会与村民委员会干预家庭暴力职责，以实现其干预家庭暴力工作的规范化、明确化与具体化。

第××条　居民委员会与村民委员会应当在防治家庭暴力中履行下列职责：

（1）宣传相关法律、法规和国家政策；

（2）开展家庭美德建设和防治家庭暴力的宣传教育；

（3）协助乡镇人民政府、街道办事处、妇女联合会、共产主义青年团、残疾人联合会等单位开展家庭暴力预防工作；

（4）依法做好家庭纠纷的调解工作，及时化解矛盾，预防家庭暴力的发生；

（5）对正在实施的家庭暴力，应当及时劝阻、制止或者向当地公安机关

报案；

（6）受理家庭暴力受害人的投诉、反映或者求助，应当给予帮助、处理，并做好回访工作；

（7）根据家庭暴力受害人意愿，及时将家庭暴力受害人转介到有关机构；

（8）对家庭暴力加害人进行法治教育；

（9）必要时，对家庭暴力加害人、受害人进行心理辅导；

（10）协助公安机关查访收到告诫书的加害人、受害人，监督加害人不再实施家庭暴力；

（11）代替家庭暴力受害人申请人身安全保护令；

（12）协助人民法院执行人身安全保护令；

（13）配合办理家庭暴力案件的公安人员、审判人员、法律援助人员调查取证工作，必要时出庭作证；

（14）配合有关政府部门建立家庭暴力防治咨询服务中心、家庭暴力投诉站及受害人的庇护场所；

（15）定期向上级主管部门或者有关单位报告家庭暴力干预工作的进展情况；

（16）其他应当履行的职责。

（三）关于居民委员会与村民委员会设立家庭暴力干预负责人的建议

建议《反家庭暴力法》在居民委员会与村民委员会中设置专门处理家庭暴力的负责人，以便于其积极开展家庭暴力干预工作。

第 ×× 条　居民委员会与村民委员会应当根据具体情况，指定 1 人或者数人专门负责处理家庭暴力事务。负责专门处理家庭暴力事务的工作人员应当符合如下基本条件：

（1）思想端正，身体健康；

（2）热心基层群众事业；

（3）接受过一定的法律知识训练；

（4）其他应当具备的条件。

（四）关于开展居民委员会与村民委员会干预家庭暴力培训的建议

建议《反家庭暴力法》借鉴域外一些国家以及我国澳门特别行政区与台湾地区的相关规定，增设针对家庭暴力干预工作人员培训的条款。并且，根据居民委员会与村民委员会在家庭暴力干预体系中的应然地位与功能定位，就相关培训内容作出明确规定，为开展家庭暴力干预培训活动提供重要依据。

第××条　县级以上人民政府应当定期组织对公安机关、检察机关、审判机关、人民团体、基层群众性自治组织、社会组织的工作人员以及志愿者开展防治家庭暴力的知识和技能等方面的培训活动，以提高他们预防和制止家庭暴力的能力。

第××条　为了预防和制止家庭暴力，应当对居民委员会与村民委员会的工作人员开展下列内容的培训：

（1）尊老爱幼、男女平等、夫妻和睦等家庭美德；

（2）与反对家庭暴力有关的法律常识；

（3）针对家庭暴力受害人的临时性紧急救治措施和常规救助措施；

（4）协助配合有关国家机关、人民团体、社会组织和志愿者开展家庭暴力防治工作应当注意的有关事项；

（5）其他应当培训的内容。

（五）关于设置居民委员会与村民委员会适用特殊干预措施的建议

建议《反家庭暴力法》在对正在实施家庭暴力的加害人劝阻无效的情况下，应当授权居民委员会与村民委员会可以针对当事人采取一些特殊干预措施，以防止家庭暴力事态进一步扩大，使受害人得到及时、有效保护。其中，包括针对加害人的特殊干预措施与保护受害人的特殊措施。

第××条　为了防止家庭暴力事态进一步扩大，对于加害人拒绝劝阻、调解、批评教育，可能会造成人身伤害或者其他严重后果的，居民委员会与村民委员会可以对加害人采取下列特殊措施：

（1）扭送；

（2）临时性限制人身自由。

第××条 为了保护家庭暴力受害人，在对加害人劝阻、调解、批评教育无效的情况下，居民委员会与村民委员会可以隔离受害人，将其转移至安全地方。

（六）关于设立家庭暴力防治工作委员会（或者防治办公室）的建议

建议《反家庭暴力法》设立家庭暴力防治工作委员会（家庭暴力防治工作办公室），可以有效指导、协调、监督政府各有关部门、社会组织以及其他单位做好家庭暴力干预工作，防止它们之间相互推诿、扯皮，最大程度上保护和救助受害人。

第××条 县级以上人民政府应当设立家庭暴力防治工作委员会或者家庭暴力防治工作办公室，履行以下职责：

（1）提出防治家庭暴力的立法建议；

（2）协调、监督有关机关、组织和其他单位实施防治家庭暴力法律法规；

（3）协调防治家庭暴力的宣传、教育与培训工作；

（4）在基层人民政府或者具备条件的城市、农村社区设立家庭暴力投诉站、家庭暴力预防及咨询中心与受害人庇护场所；

（5）督促、协调有关机关、组织和其他单位做好家庭暴力受害人的保护和救助工作；

（6）对加害人进行法治教育、心理矫治、精神治疗、戒瘾治疗或者其他辅导、治疗的组织、协调工作；

（7）进行家庭暴力防治相关数据的统计、调查；

（8）管理家庭暴力防治经费；

（9）其他应当履行的职责。

（七）关于居民委员会与村民委员会及其工作人员法律责任的建议

建议《反家庭暴力法》增加居民委员会与村民委员会及其工作人员法律责任的条款，以督促居民委员会与村民委员会及其工作人员认真开展家庭暴力干预工作。

第××条　居民委员会与村民委员会及其工作人员在家庭暴力干预中造成不良后果的，根据具体情节及其后果的严重程度，依法追究其相应法律责任。

三、完善基层群众性自治组织干预家庭暴力立法的积极意义

不可否认，从立法技术的角度讲，笔者草拟的上述几个建议条款在制度设计层面上可能还存在一些不够完善难尽人意的地方，[①] 但对于完善居民委员会与村民委员会干预家庭暴力立法具有十分重要的积极意义，主要体现在具体与宏观两个层面。

（一）具体意义

所谓具体意义，是指完善居民委员会与村民委员会干预家庭暴力立法对于它们干预家庭暴力所具有的价值。

1. 有利于居民委员会与村民委员会发挥积极作用

作为重要的家庭暴力干预主体，居民委员会与村民委员会处于家庭暴力干预的最前沿，它们是干预家庭暴力的第一道防线。然而，囿于《反家庭暴力法》的立法不足，居民委员会与村民委员会无法正常发挥干预家庭暴力的积极作用。只有通过完善《反家庭暴力法》，明确居民委员会与村民委员会在家庭暴力干预体系中的地位及其干预家庭暴力的具体职责和在家庭暴力中可以采取的特殊干预措施，才能充分发挥它们干预家庭暴力的主动性与积极性，在一定程度上有利于改观消极态度，避免发生推诿现象。对于居民委员会与村民委员会而言，这不仅有助于其目标明确、有的放矢，而且便于其采取适当、有效的干预措施，以保障它们干预家庭暴力取得实效，彻底改变它们成为家庭暴力干预制度虚饰角色的尴尬。

---

① 卢文捷：《夫妻忠实义务制度研究》，中国政法大学出版社 2016 年版，第 329 页。

2. 有利于居民委员会与村民委员会保护受害对象

有效保护受害人，既是《反家庭暴力法》的立法宗旨之一，又是评价家庭暴力干预成效的重要依据。对于保护家庭暴力受害人应做广义理解，即包含保护与救助两层含义，一是保护受害人不受侵扰；二是在受害人受到侵害时，对其予以必要救助。前者针对家庭暴力的事前救济，后者在于家庭暴力的事中和事后救济。因此，鉴于居民委员会与村民委员会处于家庭暴力干预的最前沿，是整个家庭暴力干预工作的基层重心，只有充分发挥它们在干预家庭暴力中的积极作用，保障其采取有效救济措施，才能取得家庭暴力干预成效，防止家庭暴力继续向纵深发展，使受害人得到有效救济。

（二）宏观意义

所谓宏观意义，是指完善居民委员会与村民委员会干预家庭暴力立法对于整个反对家庭暴力制度所具有的价值。

1. 有利于完善《反家庭暴力法》相关制度

截至目前，尽管我国已经初步建立起以《反家庭暴力法》为统领、以《婚姻法》《妇女权益保障法》《老年人权益保障法》《未成年人保护法》和《残疾人保障法》的相关规定及关于反对家庭暴力的地方性法规等法律法规为重要组成部分的反对家庭暴力法律体系，为预防和制止家庭暴力提供了重要法律依据，但这一反对家庭暴力法律体系依然存在诸多立法不足。通过完善居民委员会与村民委员会干预家庭暴力立法，可以在一定程度上弥补《反家庭暴力法》以及整个反对家庭暴力法律体系的立法不足，促进这些法律法规得到进一步完善，建构一套科学、系统、成熟的反对家庭暴力法律制度，以利于干预主体顺利、有效地开展家庭暴力干预工作。

2. 有利于实现《反家庭暴力法》立法宗旨

根据《反家庭暴力法》第 1 条规定：其根本宗旨是预防和制止家庭暴力，保护家庭成员的合法权益，维护平等、和睦、文明的家庭关系，促进家庭和谐、社会稳定。第 3 条第 2 款规定，反家庭暴力是国家、社会和每个家庭的共同责任。这就表明《反家庭暴力法》立法宗旨的实现离不开举国上下的共同行动，需要各干预家庭暴力主体的密切配合与鼎力协助。完善居民委员会与村民委员会干预家庭暴力立法，在于调动它们干预家庭暴力的主动性与积极性，发挥它们干预家庭暴力的积极作用，做好家庭暴力防治工作，从源头上杜绝发生家庭暴力，以有利于早日实现《反家庭暴力法》的立法宗旨。

结 语

家庭暴力是人性之恶、家庭之痛、社会之患、文明之殇。[①]它既是违背家庭成员之间生之相亲相爱、死之相纪相念的基本人伦的行为，也是人性缺失的极端行为。法律必须予以规范。[②]笔者以为，通过法律规制家庭暴力的真正意义，并不仅仅在于救助受害人而帮其免受家庭暴力之痛苦，不再成为家庭暴力的殉难者，而是要彻底消除家庭暴力，让每一个人都成为家庭暴力的坚定反对者与幸福婚姻家庭的持久拥有者，以建立平等、和睦的婚姻家庭关系。这既是《反家庭暴力法》的立法宗旨，又是反对家庭暴力的终极目标。

实现这一目标的根本保障在于完善的法律制度。在一个相对和谐的社会，必定有一套成熟的法律制度与之相匹配，法律制度同时强化着社会的和谐。[③]换而言之，社会和谐与法律制度密不可分，法律制度是社会和谐的根本保障，缺乏法律制度的社会则无法实现和谐。然而，我国的反对家庭暴力立法虽已初具规模，但仍不够完善。这在一定程度上削弱了它对家庭暴力的规制作用，并使家庭暴力干预主体受到掣肘。因此，本研究基于基层群众性自治组织干预家庭暴力这一基点，仅是针对《婚姻法》《反家庭暴力法》以及其他相关法律法规关于居民委员会与村民委员会干预家庭暴力的立法不足，努力尝试较为深入的有益探索，并提出一些较为科学具体的立法建议，

---

① 张晓娜、周帧：《婚姻家庭专家解读反家暴法的亮点与争议》，载《民主与法制时报》2016年5月8日，第7版。

② 王歌雅、司丹：《家庭暴力的法律规制与道德救赎》，载《中华女子学院学报》2012年第4期。

③ 徐爱国：《思想史视野下的法治现象》，北京大学出版社2009年版，第206页。

意在促进反对家庭暴力立法的不断完善，建构一套科学系统的反对家庭暴力法律制度，以便有效预防和制止家庭暴力，实现家庭和睦与社会和谐。

但愿这一美好愿望指日可待！

参考文献

一、著作类

1. 周叶中主编:《宪法》,高等教育出版社 2011 年版。

2. 周叶中:《宪法学》,法律出版社 1999 年版。

3. 陈明侠、夏吟兰、李明舜、薛宁兰主编:《家庭暴力防治法基础性建构研究》,中国社会科学出版社 2005 年版。

4. 夏吟兰主编:《家庭暴力防治法制度性建构研究》,中国社会科学出版社 2011 年版。

5. 沈宗灵主编:《法理学》,北京大学出版社 2009 年版。

6. 杨大文主编:《婚姻家庭法》,中国人民大学出版社 2015 年版。

7. 费孝通:《乡土中国生育制度》,北京大学出版社 1998 年版。

8. 张文显:《法哲学范畴研究》,中国政法大学出版社 2001 年版。

9. 张文显:《法哲学通论》,辽宁人民出版社 2009 年版。

10. 苏惠渔主编:《刑法学》,中国政法大学出版社 2012 年版。

11. 蒋月:《20 世纪婚姻家庭法:从传统到现代化》,中国社会科学出版社 2015 年版。

12. 卢文捷:《夫妻忠实义务制度研究》,中国政法大学出版社 2016 年版。

13. 徐爱国:《思想史视野下的法治现象》,北京大学出版社 2009 年版。

二、论文类

（一）期刊论文

1. 刘雅斌：《基层群众性自治组织的宪法定位》，载《黑龙江省政法管理干部学院学报》2012 年第 3 期。

2. 卫学莉：《基层群众性自治组织职能定位与优化》，载《人民论坛》2015 年 9 月中旬刊。

3. 赫莉：《多元参与与城乡基层社会治理》，载《甘肃社会科学》2013 年第 6 期。

4. 赵立新：《地方性法规名称初探》，载《吉林人大》2014 年第 8 期。

5. 李明舜：《制定反家暴法需要正确处理的几个基本问题》，载《妇女研究论丛》2014 年第 5 期。

6. 薛宁兰：《论我国家庭暴力法的定位与宗旨——基于反家庭暴力法（征求意见稿）的思考》，载《中华女子学院学报》2015 年第 2 期。

7. 陈苇、姜大伟、石婷：《防治家庭暴力情况调查报告——以重庆市某区某街道社区为调查对象》，载《海峡法学》2011 年第 3 期。

8. 陈苇、石雷：《防治家庭暴力的地方实践研究——以重庆市某区 2009—2010 年防治家庭暴力情况为对象》，载《甘肃社会科学》2013 年第 3 期。

9. 薛宁兰：《家庭暴力防治法中的多机构合作干预模式》，载《妇女研究论丛》2014 年第 5 期。

10. 朱严谨：《充分发挥基层民主自治组织在预防和阻止家庭暴力中的作用——浅谈有效预防和阻止家庭暴力制度的构建》，载《湖南公安高等专科学校学报》2009 年第 6 期。

11. 卢文捷：《家庭暴力界定之要素考察》，载《公民与法（法学版）》2010 年第 11 期。

12. 李茂强、陈诗颖：《社会工作视角下多机构联合干预家庭暴力探析》，载《韶关学院学报·社会科学》2014年第9期。

13. 张红艳、高东帅:《家庭暴力问题的成因及预防对策》,载《南华大学学报(社会科学版)》2005年第1期。

14. 蒋月:《论警察介入和干预家庭暴力——若干国家和地区的经验及其对中国的启示》,载《福建行政学院福建经济管理干部学院学报》2007年第1期。

15. 曾聪俐:《原则与规则之间:民法基本原则的司法适用——从两则案例谈起》,载《湖北警官学院学报》2014年第7期。

16. 李洪祥、闫晓玲:《吉林省长春市2008至2010年预防和制止家庭暴力实践情况的调查报告》,载《当代法学》2012年第3期。

17. 蒋月:《我国防治家庭暴力立法的主要问题及对策》,载《福建江夏学院学报》2011年第1期。

18. 王歌雅、司丹:《家庭暴力的法律规制与道德救赎》,载《中华女子学院学报》2012年第4期。

19. 于东辉:《〈家庭暴力防治法〉立法建构的思考》,载《法学杂志》2007年第4期。

20. 卢文捷:《反思·借鉴·重构——关于完善我国家庭暴力概念的思考》,载《行政与法》2011年第10期。

21. 张洪林:《反家庭暴力法的立法整合与趋势》,载《法学》2012年第2期。

22. 赵晓红:《反家庭暴力的法律思考——论法律资源的整合与新法律体系的建构》,载《北方论丛》2007年第6期。

23. 周长军、李军海:《论家庭暴力防治法的立法建构》,载《甘肃政法学院学报》2005年第8期。

24. 黄列:《家庭暴力:从国际到国内的应对(上)》,载《环球法律评论》2002年春季号。

25. 蒋月娥:《美国反家庭暴力立法考察报告》,载《中国妇运》2012年第 4 期。

26. 赵颖：《美国警察针对家庭暴力的逮捕政策及干预模式研究》，载《中国人民公安大学学报》2005 年第 1 期。

27. 薛宁兰：《挪威反家庭暴力的立法、实践及其启示》，载《环球法律评论》2003 年夏季号。

28. 佚名：《澳门妇联推进反家暴》，载《社会工作》2009 年第 9 期。

29. 陈明侠：《婚姻法修改与禁止家庭暴力》，载黄松有主编：《民事审判指导与参考》（总第 24 集），法律出版社 2006 年版。

30. 吕春娟：《家庭暴力的防治——以国家公权力的介入为视角》，载《国家行政学院学报》2011 年第 4 期。

（二）学位论文

1. 陈顺洪：《中国基层社会治理体制创新研究》，湘潭大学 2014 年硕士学位论文。

2. 张莉：《家庭暴力问题研究》，厦门大学 2002 年硕士学位论文。

3. 陈忠：《法律原则的适用问题研究》，云南大学 2014 年硕士学位论文。

4. 洪新德：《家庭暴力防治法律研究》，中国政法大学 2007 年硕士学位论文。

5. 罗杰：《家庭暴力立法与实践研究——以民事法律规制为中心》，西南政法大学 2012 年博士学位论文。

三、报纸类

1. 陈丽平：《反家暴法草案送审稿已报国务院：访全国妇联权益部部长蒋月娥》，载《法制日报》2014 年 6 月 3 日。

2. 王琛莹：《面对家暴沉默忍耐会导致更多极端事件》，载《中国青年报》2015 年 3 月 23 日。

3. 殷泓、王逸吟：《反家暴立法：让你不再沉默》，载《光明日报》2012

年 5 月 14 日。

4. 谢文英:《反家庭暴力法实施两年证据仍是诉求瓶颈》，载《检察日报》2018 年 4 月 2 日。

5. 李超欧、阳永艳:《深圳推动出台实施办法遏制家庭暴力》，载《深圳晚报》2017 年 11 月 26 日。

6. 何生廷、云法宣:《离婚案件 14% 源于家庭暴力》，载《新快报》2018 年 11 月 26 日。

7. 张晓娜、周頔:《婚姻家庭专家解读反家暴法的亮点与争议》，载《民主与法制时报》2016 年 5 月 8 日。

四、网络资源类

佚名:《反家暴法一年实施情况怎样？妇女组织联合发布报告》，载澎湃新闻网，https：//www.thepaper.cn/newsDetail_forward_1634396。

后 记

本书是我的第二本专著。这是2015年度中国婚姻家庭研究基金项目《基层群众性自治组织干预家庭暴力研究》的最终研究成果。

研究缘起于《婚姻法》第43条关于居民委员会与村民委员会干预家庭暴力的规定。我对这一问题的思考始于2014年下半年，经过大约一年时间的深入思考之后，基本上确定了研究框架。此时，恰逢全国妇联中国婚姻家庭研究会面向全国招标“2015年度中国婚姻家庭研究基金项目”，有幸于2015年10月30日获得立项。立项之后，我便在教学之余全身心投入项目研究的前期准备工作。但是，2015年12月27日，第十二届全国人民代表大会常务委员会第十八次会议通过《反家庭暴力法》。我只能停止已经开始的研究工作，反复研读《反家庭暴力法》，重新审视已经确定下来的研究内容，修改既定研究提纲。最后，确定以《婚姻法》第43条与《反家庭暴力法》关于居民委员会与村民委员会干预家庭暴力的相关规定作为基本研究依据。

两年多的研究工作十分艰辛，完全超出我的想象。

一是搜索知网、万方等学术期刊网站，查阅天津图书馆和天津市内的多所高校图书馆，除了朱严谨发表于《湖南公安高等专科学校学报》2009年第6期的《充分发挥基层民主自治组织在预防和阻止家庭暴力中的作用——浅谈有效预防和阻止家庭暴力制度的构建》一文之外，再也找不到其他专门研究居民委员会与村民委员会干预家庭暴力的论述。大多是在一些关于干预家庭暴力的论著中只言片语地有所提及而已。我不得不面临“巧妇难为无米之炊”的研究困窘。不过，这对我而言，不啻塞翁失马。研究过程中，我常常为了一个小问题而静下心来深入思考。因此，本书很多内容都是自己独立思考的结果，不乏创新之处。

二是2017年春节过后不久，我做了一个手术。尽管手术不大，但因我的体质较差，加之手术部位一坐下来随即便会疼痛，给我带来了不小的困扰。这一下子打乱了我的研究计划，被迫搁浅。出院后的第三天，我除了坚持到校上课，便是半躺在床上写作。然而，屋漏偏逢连阴雨，在我手术的两个多月后，年近七旬的父亲入院安装心脏起搏器。就在父亲手术后的第四天，母亲又因静脉曲张而入院手术。那一段时间，我再一次不得不中止研究工作，每天都疲惫不堪地拖着尚未恢复的病体往返于家、学校与医院之间。即便如此，为了按时结项，我在暑假来临之前将父母送回老家后，便开启凌晨3点模式。当周边的一切还沉睡在静谧中时，我便准时起床开始写作。

当我按照研究计划提前1个多月于2017年11月初完成研究成果时，回味几个月以来的辛苦，不禁感慨万千。其中，最让我欣慰的是，在我研究过程中得到诸多的支持和帮助。即将付梓之际，我必须要向他们表示由衷的感谢。

感谢中国婚姻家庭研究会。感谢为我提供科研基金，使我顺利完成这一项目的研究工作。

感谢恩师夏吟兰教授。感谢老师之前赠我的《家庭暴力防治法制度性建构研究》。这本由老师主编的专著中收录有中国法学会“反对针对妇女的家庭暴力对策研究与干预”项目的研究成果《中华人民共和国家庭暴力防治法（专家建议稿）》、我国数十部地方反对家庭暴力法规，以及十多部域外反对家庭暴力法律，为我提供了丰富的法律文献。并且，在项目结项评审会上，老师叮嘱我要按照评审专家的意见修改研究成果。殷殷之情溢于言表，令我感动不已。由于我在天津工作，大多是在学术会议期间同老师匆匆见上一面。对于老师这些年来的关爱，自觉无以回报。老师是我国《反家庭暴力法》的见证者、亲历者、推动者、参与者，对于《反家庭暴力法》功不可没，为其作出重要贡献。在此，谨向老师为推动《反家庭暴力法》的不懈努力致敬！

感谢澳门妇联的何欢颜女士。研究需要《澳门特别行政区预防及打击家庭暴力法》，我在网上反复搜索，终无结果。在搜索中偶然看到澳门妇联开办的家庭暴力受害人庇护所——励苑，便十分冒昧地向何女士发了一封求助邮件，希望得到她的帮助。何女士很快便给我回复，并在半日之内给我传递过来《澳门特别行政区预防及打击家庭暴力法》。对此，我十分感动。我与何女士素昧平生，她不仅没有拒绝我的求助，而且十分迅速地帮我找到了《澳门特别行政区预防及打击家庭暴力法》。感谢她的善良、热忱、友爱。并祝何女士好人一生平安！

感谢我的学生。他们牺牲假期时间，帮助我深入基层调查，使我获得第一手的研究资料。

感谢《中华女子学院学报》《西安石油大学学报（社科版）》《江苏警官学院学报》与《行政与法》等学报。本书的部分内容以阶段性成果的形式在这些学报上得以陆续问世，可以使人们提前了解我对居民委员会与村民委员会干预家庭暴力的一些思考，以及感受我对于完善《反家庭暴力法》的绵薄之力。

感谢人民法院出版社教普编辑部负责人李安尼女士和责任编辑邓灿女士。感谢她们为本书出版所付出的辛苦。

最后，囿于本人的研究水平有限，本书尚有诸多不足之处，恳请诸位同仁批评指正，不胜感谢！

卢文捷

2019 年 12 月